Das große Reimmichl Hausbuch

DAS GROSSE Reimmichl HAUSBUCH

Mit einem Vorwort von Dr. Walter Sackl

EDITION
HAUSBUCH

Bildnachweis: Zeichnung S. 309, von Illustrator Werner Moll,
aus: Weingartner-Lugger, *Tiroler Priesteroriginale,*
mit Genehmigung des Tyrolia-Verlages, Innsbruck - Wien
Die restlichen Illustrationen stammen aus alten Reimmichl-
Kalendern, © by Tyrolia-Verlag, Innsbruck - Wien

Dieses Buch wurde der Umwelt zuliebe
auf chlorfrei gebleichtem Papier gedruckt.

Im Auftrag hergestellte Sonderausgabe

Textcopyright © by Tyrolia-Verlag, Innsbruck - Wien
Umschlaggestaltung von HP unter Verwendung eines
freundlicherweise vom Tourismusverband St. Veit
im Defereggental, Tirol, zur Verfügung gestellten Dias
Copyright © dieser Ausgabe 1994 by Tosa Verlag, Wien
Printed in Austria

Reimmichl, der Geschichtenschreiber

Sebastian Rieger-Reimmichl stammt wie sein steirisches Ebenbild Peter Rosegger aus einem Bergbauernhof. In einem von hohen Bergen umkränzten Hochtal konnte eine Persönlichkeit reifen, die Joseph Georg Oberkofler einen »Menschen mit kindlichem Herz und sonnigem Gemüt, tief verwurzelt in alttirolischer Art« nennt.

Seine angeborene Aufgewecktheit und Neugierde hat den »Wastl«, wie der kleine Sebastian von seinen Eltern gerufen wurde, als Siebenmonatskind vorzeitig das Licht der Welt erblicken lassen. Diese Eigenschaft hat ihn zeitlebens begleitet, ihn die Zeichen der Zeit erkennen lassen. Es ging ihm um Wohl und Wehe seiner Mitmenschen, seines Volkes, der damals wirtschaftlich arg benachteiligten, ja gefährdeten Tiroler Bauern. Vor der Jahrhundertwende betrug ihr Anteil an der Gesamtbevölkerung des Landes immerhin gut zwei Drittel.

Es war ihm ein gesellschaftliches Anliegen, sich um diesen wichtigen Stand, um alle in der Landwirtschaft Tätigen in erster Linie zu kümmern. Mit seinem Schreibtalent wußte er ein Volk zu gewinnen, eines, das bislang eher lese-unwillig war. Dank seiner Zeitungsarbeit wurde er zum »Mann des Volkes«, zum Volksboten-Redakteur, zum »Bötl-Mann«.

Aber wie kam es, daß aus dem am 28. Mai 1867 zu St. Veit in Defereggen, im heutigen Osttirol, geborenen

5

Sebastian Rieger der Reimmichl wurde? Nach seinem Studium in Brixen kam der junge, dort geweihte Priester (1891) nach Stilfes nahe dem bekannten Südtiroler Wallfahrtsort Maria Trens und alsbald nach Sexten (1892 bis 1894). Dort schlug die Geburtsstunde seiner Schriftstellerei, und am 1. März 1994 waren es hundert Jahre, daß das Pseudonym Reimmichl erstmals gedruckt verwendet worden ist. »Was der Reimmichl erzählt« wurde alsbald zum anerkannten Markenzeichen für begeistert gelesene, zumeist lustige, aber stets herzwarme, frohmachende Geschichten.

Rudolf Holzer aus Sexten hat darüber heimatkundliche Nachforschungen angestellt und erzählt an anderer Stelle ausführlich, wie es zum »Reimmichl« gekommen ist.

In Sexten ist auch das »Tiroler Hirtenspiel« entstanden und erstmals von Schülern aufgeführt worden. Uns ist es im wohl originellsten Volksbuch, in Reimmichls so erfolgreichen »Weihnacht in Tirol«, erhalten geblieben. In einer seiner ersten, größeren Erzählungen, in den »Fahnlbua«, hat Reimmichl sein zur zweiten Tiroler Volkshymne gewordenes Lied »Tirol isch lei oans« (vertont von Vinzenz Goller) eingefügt.

Von 1894–1897 wirkte Kooperator Rieger in Dölsach/Osttirol und kam dann über Sand in Taufers 1897 als Redakteur zur Brixner Chronik und zum »Tiroler Volksboten« nach Brixen, wo 1898 auch sein erstes Buch »Aus den Tiroler Bergen« herausgekommen ist. Um von der redaktionellen Knochenarbeit, die ihm weniger lag, entlastet zu werden, ließ sich Reimmichl 1898 als Expositus nach Gries am Brenner versetzen. Hier konnte er sein großes Talent »ausleben«, seine ersten größeren Erzählungen und Romane veröffentlichen, die vorher im »Volksboten« begeisterte Zustimmung erfahren hatten.

In der Tiroler Geschichte festgeschrieben ist sein wesentlicher Beitrag zur Gründung des Tiroler Bauernbundes 1904 in Sterzing. Dem christlich-sozialen Gedankengut verbunden, war er der erste, der Dienstbotenehrungen angeregt und verwirklicht hat.

1914 übersiedelt Reimmichl nach Heiligkreuz bei Hall in Tirol, wo er 1915 mit dem Erbe seiner Eltern ein kleines Häuschen errichten konnte, das bis zu seinem Tod am 2. Dezember 1953 seine Arbeits- und Wirkungsstätte geblieben ist. Zumal für seinen Kalender (1920), der ab 1925 »Reimmichls Volkskalender« heißt und bis zum heutigen Tag erfolgreich ist.

Hier stellt sich die Frage, ob die große Zustimmung, die sein Kalender und vor allem auch seine zu Lebzeiten erschienenen 66 Bücher gefunden haben, sich entsprechend finanziell ausgewirkt hat. Der persönlich äußerst bescheidene Volksdichter hat nie Vermögen angehäuft, er hat im Gegenteil seine Möglichkeiten für Notleidende, vor allem nach den beiden Weltkriegen, in großzügiger Weise genützt. Nicht zuletzt bekamen Studierende ihren Teil davon ab.

Wie sehr ihn die Schreibarbeit auch zum »Stubenhokker« machte, so trieb es Reimmichl in der kargen Freizeit hinauf in die Berge und hinaus in die weite Welt. Sein Fernweh führte ihn ins »Land der Mitternachtssonne« ebenso wie nach Nordafrika, nach Frankreich, England,

7

Holland, Deutschland, in die Schweiz und nach Italien sowie öfters in die Kaiserstadt Wien. Eine Reise in den Fernen Osten scheiterte nur wegen »Überfluß an Geldmangel«, wie er einmal bemerkt.

Viele seiner Erlebnisse und Erfahrungen haben Reimmichls Weltoffenheit, seinen Horizont geweitet, haben in Büchern und auch im Kalender Eingang gefunden, der unlängst wieder »literarisches Vollkornbrot« genannt worden ist.»Lebensweisheit und Menschlichkeit« werden als Kriterien seines Werkes angesprochen, das über das deutschsprachige Gebiet hinaus – es gibt englische, italienische und slowenische Buchausgaben – Anerkennung gefunden hat.

Das Geheimnis von Reimmichls literarischer Langlebigkeit liegt nach dem Germanisten Hans Pörmbacher, Universität Nijmegen,»in seiner Begabung als Erzähler, die Darstellungskraft und Erfindungsreichtum vereint, in der genauen Kenntnis der Menschen, für die er schrieb, und in seiner humorvollen, positiven und doch nicht unrealistischen Lebensauffassung« (Literatur-Lexikon, 1991).

In diesem großen »Hausbuch« mit vornehmlich heiteren Geschichten des großen Erzählers Reimmichl wird dokumentiert, was sein langjähriger Weggefährte Karl Weingartner als besonderes Kennzeichen dieses Volksdichters umschreibt, nämlich die Handlung »in die spannungsgeladene Erzählung so einzuwickeln, daß alles in Lachen und Weinen, in Freude und Trost ausgeklungen ist«.

8

Erlebte »Dichtung und Wahrheit«:

Der Kugel-Klaus

Er war in Oberaußerhinterhollenstein geboren und hieß von Rechts wegen nicht Kugel-Klaus. Auf den Namen Nikolaus war er an zweiter Stelle, nicht an erster, getauft worden, doch nannte man ihn schon, als er noch in der Wiege schaukelte, immer nur den Klaus, weil dieser zweite Name viel leichter auszusprechen und kürzer war als der erste, richtige, lange Taufname. Mit einem Jahr konnte der Bub schon gehen, und in diesem seinem jüngsten Zeitalter aß er wie ein Knecht eine Pfanne nach der anderen voll grobes Türkenmus mit einem großen Schmalztumpf in der Mitte. Davon wurde er dick und rund wie eine Kugel. Auch sonst nahm er fortwährend die Eigenschaften einer Kegelkugel an, die immer auf dem Wege ist und ohne Rast, auf und ab, hin und wieder kugelt. Er war die lebendige Unruhe, ein wahres Quecksilberknöllchen, überall und nirgends. Am liebsten stieg er auf Bänke, Tische, Kästen, Zäune, auch auf Bäumchen, kugelte regelrecht herunter, erlitt aber nie einen Schaden, gab auch keinen Wehlaut von sich, sondern rieb nur den Leibesteil, an dem er aufgefallen war. Er hatte schon mehrere Hosen zerrissen. Endlich bekam er eine rechte Hose, wie die großen Männer sie tragen, nicht mehr eine kleine, die rückwärts hinauf zugeknöpfelt ist. Nun durfte er mit der Mutter zur Kirche gehen, und da ging ihm ein neues

Leben auf. Als er das erstemal den großen weiten, geschlossenen Kirchenraum überblickte, lachte ihm das Herz, und sofort benützte er die Gelegenheit, um einen schnellen Rundlauf durch das ganze Gotteshaus zu unternehmen. Mit Not fing ihn der Mesner ein und stellte ihn der verzweifelten Mutter zurück. Seitdem hegte der Klaus eine Feindschaft gegen den Mesner. Diesem war er schon deshalb abhold, weil der Mesner, wenn er dem Pfarrer das Velum (Schultertuch) oder den Rauchmantel umlegte, stets die schöne rote Seite nach innen kehrte, so daß man sie nicht sehen konnte, und die wüste gelbe Seite nach außen.

In der Kirche gab es so viel Neues und Merkwürdiges zu sehen, zu hören, daß die Fragen des Klaus an die Mutter kein Ende nahmen. Warum denn die Engelein auf dem Altar und an den Wänden so stockstill blieben, fragte er, und nicht in der großen Kirche herumfliegen. Warum die Orgel einen solchen Jammer schlage – ob ihr jemand in den Bauch steche, daß sie so gräßlich schreien müsse? Warum der Pfarrer auf der Kanzel mit den Händen so herum gable und zwacke, als ob er Fliegen erwischen wolle? Alle Mahnungen der Mutter, in der Kirche müsse man beten und dürfe nicht schwätzen, nützten nichts. Der Klaus gab mit Fragen keinen Augenblick nach, so daß jegliche Andacht der armen Frau dahinschwand wie Sonnenschein im Regenprasseln. Sie mußte schließlich nur froh sein, wenn sie immer ein Zipfelchen vom Hosenträger des Buben in der Hand behielt und er ihr nicht entwischen konnte. Einmal versank sie aber doch so tief in Andacht, daß sie einschlief. Als sie die Augen wieder aufschlug, war der Bub verschwunden. – Laub und Staub nichts mehr zu sehen von einem Klaus. Um Gottes willen, wo ist er denn? Ängstlich forschend schaute sie nach allen Seiten. Da bemerkte sie, daß viele Leute lachten und ihre Augen zur Kanzel hinauf richteten. Der kleine Unruheteufel war richtig droben auf der Kanzel. Sein Köpfchen guckte nur ein klein wenig über den Kanzelrand, dafür reckte er aber die Händchen weiter empor und gabelte, gaukelte mit ihnen herum, offenbar in der guten Meinung, den Pfarrer nachzuahmen. Die Mutter wußte sich keine Hilfe und wagte nicht mehr hinaufzublicken. Da tat es einen Rumpler, und der Klaus kugelte rumpeldipumpel wie ein Kegel über die Kanzelstiege herunter. Doch schon war der Mesner da, der ihn etwas rauh aufhob. Ihn biß der Klaus in einen Finger, dann eilte er zur Mutter hin und schmiegte sich fest an sie. Durch seine runde Körperfigur und das fortwährende Kugeln erhielt er allgemein den vollen Namen Kugel-Klaus. Die Leute in der Gemeinde mochten den Bub gut leiden, er die Leute auch.

Es dauerte nicht mehr lange, und der Klaus mußte in die Schule. Er wurde Abc-Schütze und kam in die erste Bank. Da begannen auch die ersten Leiden, Sorgen und Heimsuchungen des Lebens. Die Buchstaben wollten gar nicht in den Krauskopf des kugligen Klaus hinein. Tag und Nacht hatte er vor diesen »buckeligen Männlein«, wie er die Buchstaben nannte, keine Ruhe. Selbst im Traum erschienen sie ihm in riesengroßer Gestalt und drohten, ihn zu überfallen, so daß er laut aufschrie. Einzelne Buchstaben konnte er sich absolut nicht merken, und er wünschte, man solle ihnen eine Glocke anhängen wie den Ziegen, damit man sie leichter erkenne. Beim Klaus bedurfte es einer eigenen Lehrweise. Wenn er aufsagen mußte, stellte sich der Lehrer eng neben ihn und zog an seinem rechten Ohr, als ob er einen Wecker aufziehen wollte, und sogleich intonierte der Klaus mit kräftiger Stimme:»Ji... kaa... ell... emm... enn... ooho!« Solang es flott weiterging, ließ der Schulmeister am Ohrgriff etwas locker, hielt aber das Ohr des Schülers in seiner Hand. Wenn dieser anfing zu zetern, zu stocken, zu schweigen, zog der Lehrer stärker am Ohr, und mit heldenmütiger Stimme fiel der Klaus wieder ein:»Päää... kuuuh... err... eeß... tee usw.« Dabei nickte er zu jedem Buchstaben mit dem Kopf wie der Kuckuck an der Uhr.

Als Klaus die Buchstaben von Angesicht zu Angesicht so gut kennengelernt hatte, daß er sie nicht mehr verwechseln konnte, ging es mit dem Lesen rasch voran, und das Schreiben machte ihm auch keine Schwierigkeit. Hatte er doch nicht nur einen Wirbel, sondern auch einiges Talent im Kopf. Dem Pfarrer gefiel der muntere Kerl, und nach dem dritten Schuljahr erwählte er ihn zum Ministranten. Die Gebetlein lernte der Klaus mit einiger Mühe, doch kannte er sie schließlich recht gut. Schlimmer stand es mit den Tätigkeiten. Er machte unzählige Bücklinge und Verneigungen, wo sie nicht gehörten, er verwarf auf der linken Seite das Buch, auf der rechten Seite Teller und Kännchen samt Wein und Wasser. Auch vergaß er nicht, das Birett des Pfarrers sich selbst aufzusetzen, und behielt es während der halben Messe auf. Einmal stieß er

beim eiligen Herübertragen des Buches von der rechten
Seite auf die linke mit dem Fuß an das Stufeneck und
kugelte über alle drei Stufen hinunter auf den Boden.
Dort blieb er, das Buch aufgeschlagen vor sich haltend,
auf dem Rücken liegen und schaute lachend zum Pfarrer
hinauf. Als dieser ihm mit dem Finger drohte, suchte er
aufzustehen, verfing sich aber mit den Schuhen im Mi-
nistrantenröcklein und kugelte lange Zeit am Boden hin
und her, das Buch nicht auslassend. Erst mit Hilfe des
Mesners vermochte er sich zu erheben. In der Sakristei
drinnen nahm ihn der Mesner scharf ins Gebet.

»Du bist der leibhaftige Schadenteufel«, rief er, »Buch,
Röcklein, das weiße, schöne Hemd, alles ist hin, zerrissen, verdreckt! . . . Du solltest einmal pfündig auf den
Kopf fallen, vielleicht würdest du dann gescheiter. Aber
du fallst immer auf den Kumpf.«

»Wohin falle ich?« erkundigte sich der Klaus.

»Auf den Kumpf – das wirst du wohl verstehen.«

»Ich nicht.«

»Dann will ich dir's sagen. Den Kopf mit dem Gesicht
hat man vorn, den Kumpf hinten. Mit dem Kopf tut man
denken, mit dem Kumpf tut man stillsitzen. Verstehst
du's jetzt?«

»Ja, ja, ja«, lachte der Bub. Die Aufklärung gefiel ihm.

Zu Hause beschäftigte er sich mit verschiedenen Lei-
besübungen, doch in etwas anderer Art als die übrigen
Kinder. Einmal machte er einen Spaziergang auf dem
Haussöller droben, aber nicht innerhalb des Geländers,
sondern außen herum, am Söllerbaum sich hinturnend.

»Klaus! Klaus!« rief die Mutter vom Garten heraus,

»was machst du wieder? Du wirst doch wie andere Leut'
innen am Söller gehen können und nicht außen auf dem
Tragbaum, du fällst noch herunter.«

Und gesagt, war es schon geschehen. Der Bub kugelte
vier Meter tief hinab auf den weichen Erdboden des Gar-
tens. Durch eine kühne Wendung brachte er es zustande,
daß er nicht auf den Kopf fiel, sondern auf den Kumpf,
den er ein wenig streichelte, rasch in die Höhe springend.

»Es ist schrecklich, was ich für eine Angst haben muß
um dich«, klagte die Mutter, »du hättest dir Hals und
Bein brechen können.«

»Mutter«, entschuldigte er sich, »ich kann nichts dafür,
daß ich kein Hals, kein Bein gebrochen hab.«

»Du, du Schafskalb du!« jammerte sie, »man weiß
nicht, ob du zu dumm oder zu gescheit bist.«

Die gute Frau hatte viel Mühe und Arbeit. Neben der
umfangreichen Hauswirtschaft, der sie opferwilllig und
tadellos genügte, oblag ihr noch die Erziehung der Kinder, großteils wenigstens. Der Vater betrieb ein gutgehendes, wandelndes Geschäft im Lande und war sehr wenig
zu Hause. Merkwürdigerweise hatte die Mutter von all
ihren sechs Kindern den Klaus am liebsten, obwohl ihr
dieser mehr Kummer und Sorgen bereitete als die anderen mitsammen, vielleicht gerade deshalb.

Nicht fern vom Haus war ein mit dichtem, sehr glat-
tem Bürstengras überwachsener, sechzig Meter weit steil
abfallender Rain, der eine schöne Gelegenheit bot,
Rutschpartien zu machen. Diese ließ sich der Klaus um so
weniger entgehen, als er an Werktagen immer eine weiß-
graue, dicke Lodenhose trug, auf der die schußartig ra-

schen Abfahrten trefflich vonstatten gingen. Nachbarsleute machten die Mutter aufmerksam, daß der Bub mit seinem Schußrutschen sich höchster Lebensgefahr aussetze. Wie leicht konnte er das Gleichgewicht verlieren, sich überschlagen, Kopf unter, Kumpf über hinabkugeln, Rücken und Hals brechen. Die Frau nahm den Klaus scharf ins Gebet, mahnte und warnte ihn, stellte ihm auch in Aussicht, daß sie ihn streng bestrafen werde, wenn er das Rainreiten nicht unterlasse. Er dürfe ja nicht glauben, daß es ihr verborgen bleibe, wenn er ihrem Befehl zuwiderhandle. Sobald sie am Hinterteil seiner Hose die grasgrünen Farben erblicke, sei es ihr klar, was er gemacht. Mehrere Tage lang gehorchte der Klaus. Eines Abends aber kam er hochrot im Gesicht nach Hause, und die Mutter beobachtete sofort, daß die Kumpfseite seiner Hose nicht nur grasgrün, sondern krautgrün war. Da nahm sie hinter dem Spiegel eine Birkenrute hervor und schlug damit dem Klaus auf die Hände – bald auf die eine, bald auf die andere – so gut sie es zustande brachte. Aber ihre Kraft war viel zu schwach, der Takt ihrer Schläge viel zu rasch. Je mehr sie schlug, desto lauter und heller lachte der Klaus. Da schrie sie ergrimmt:

»Du Unfug! Du Flegel! Du Ungut! Lache nur. – Das Lachen wird dir schon vergehen. – ich wichse dich jetzt alle Tag – so oft ich Zeit hab im Tag. – Du wirst mich noch kennenlernen.«

Sie holte in noch schnellerem Takt zum Schlagen aus, der kleine Strick aber lachte noch heftiger, noch schallender, plötzlich ging die Stubentür auf, und unerwartet, in ganzer Größe, kam der Vater herein. Er überblickte sogleich die Lage, nahm ein dickeres Birkenstäbchen, das auch hinter dem Spiegel steckte, in die Hand, faßte den Klaus am Kragen, legte ihn auf die Bank und begann auf den Kumpf des Buben Takt zu geben, nicht mehr den schnellen Sechsachteltakt der Mutter, sondern den langsamen, großen Alla-breve-Takt – eins, zwei – eins, zwei – eins, zwei – aber männlich kräftig, klatschend. Und augenblicklich begann die Symphonie:»Auauau – oioioi – eee – weeeh – uuiau.« Das Konzert nahm aber kein rasches Ende. Der Vater gab noch längere Zeit und immer kräftiger Takt, während der Klaus nur noch im halblauten Diskant dazu sang:»Oooo – oooh.« – Die Mutter griff jetzt nach dem Arm des Mannes und bat ihn, Schluß zu machen, es sei genug. Da ließ der Vater den Buben los, nötigte ihn, die Mutter um Verzeihung zu bitten, und schob ihn zur Tür hinaus mit den Worten:

»So, jetzt gehst du hinauf in die Kammer und legst dich nieder. Zu essen bekommst du heute nichts.«

Nach diesem Tag blieben die Rutschfahrten über den Hochrain aus. Der Klaus wurde ein Jahr älter und ein Quentchen gescheiter, und es entstand die Frage, was aus dem Buben werden solle. Da erschien eines Morgens der Pfarrer und riet den Eltern, sie sollten den Buben studieren lassen.

»Studieren?« rief die Mutter überrascht und doch erwartungsvoll,»auf Geistlich studieren?«

»Warum nicht? Aus so einem lebendigen, frischen Buben kann leicht ein Priester werden«, entgegnete der Pfarrer.

Die Mutter konnte ihre Freude nicht verhehlen, und

auch der Vater schien dem Vorschlag nicht abgeneigt zu sein.

»Er hat einen runden, großen Kopf, und wenn nicht lauter Stroh drinnen ist, könnte sich vielleicht etwas machen lassen mit ihm«, äußerte er.

»Von Stroh hab ich wenig entdeckt«, sagte der Pfarrer, »ein bißchen viel Quecksilber ist schon drinnen, aber das schadet nicht sehr.«

Man rief den Buben herein und fragte ihn, wie er sich zur Sache stelle. Der Klaus war überglücklich. Etwas Lieberes konnte er sich nicht wünschen, als studieren, Pfarrer werden, und namentlich einmal von daheim wegkommen, wo immer noch der Birkenzweig als Jahresregent herrschte. Der Pfarrer bereitete ihn dann gründlich zur Aufnahmeprüfung vor, die er glänzend bestand. Und nun kam er im Herbst auf das Gymnasium in X.

Eine Zeitlang ging das Studieren recht gut. Es war ja alles neu und interessant. Nach zwei Monaten aber wollte es das Unglück, daß der junge Student vom Lande neben einem Stadtler namens Fridolin zu sitzen kam und mit diesem dicke Freundschaft schloß. Der Fridolin verdiente am allerwenigsten seinen schönen Namen. Frieden hielt er nur mit den Schulgegenständen, die er vollkommen in Ruhe ließ. Ganz schlimm war er zwar nicht, aber mit allen Salben des Stadträubertums geschmiert, voll von Kniffen, Spitzbübereien und immer tolle Streiche ausbrütend. Seinem Freunde Klaus redete er ein, das viele Lernen und Studieren sei ein Unsinn. Man komme mit viel weniger glatt durch, und für das spätere Leben brauche man vieles gar nicht. Der Mathematikprofessor namentlich sei ein Schulfuchser, ein Zifferntreffer und -schopper, ein Studentenschinder, wie er im Buch stehe. Bei ihm müsse man nur schauen, wie man ihn belügen und hinters Licht führen könne. Professor Rauch von der Mathematik war eine Persönlichkeit, an der sich bereits die jungen Studenten, allerdings beeinflußt von den älteren, gern rieben. Schon durch seine äußere Erscheinung fiel er auf. Er war ein kurzbeiniges Männlein, aber sehr beleibt, hatte einen eigenen Gang, beim Unterricht seine eigenartigen Gesten und Gebärden, die zum Lachen reizten. Winter und Sommer trug er über den Rock ein dickwolliges, schwarzes Halbmäntelchen und auf dem Kopf einen niedern, aber großen, schwarzen Hut mit zweimal handbreitem Rand. Von den Studenten wurden seine Art und seine Bewegungen viel nachgeäfft. Und der Klaus lernte das sehr bald. Er horchte jetzt leider viel aufmerksamer auf den Unterricht, den ihm sein Kamerad Fridolin erteilte, als auf den der Professoren. Das Studium hängte er mehr und mehr an den Nagel, und schließlich fiel er in die bekannte Studentenkrankheit, die man »Faulenzia« nennt. Die Schulstunden wurden ihm lang, lang, furchtbar lang. Einmal hing er halb sitzend, halb liegend in der Bank drinnen, den Kopf schwer auf den rechten Arm stützend. Da rief der Lateinprofessor vom Katheder herab: »Nikolaus! Bring dir morgen einen Polster mit zum Schlafen.« – Der Angerufene fuhr jäh in die Höhe, schnappte dann aber, von Freund Fridolin inspiriert, die Antwort heraus: »Ich könnte ja das ganze Bett mitbringen!« – Der Professor wurde rot, zog ein dünnes Büchlein aus der Tasche, kritzelte etwas hinein und sagte: »Un-

18

verschämter Fratz, du! Du wirst mich noch kennenlernen.« – Einige Wochen später war es, beim Deutschunter-
richt, die dritte Schulstunde vormittags. Unausstehbar
langsam ging die Zeit voran, und noch keine Erlösung zu
erwarten durch den Klang der Schulglocke. Der Klaus
hob seine Hand empor als Bitte, daß er eines Bedürfnisses
wegen hinausgehen dürfe, was der Professor bewilligte.
Und schon war der Schlingel draußen. Er bog um die
Ecke und sah nach der großen Ganguhr, neben der die
Schulglocke hing. Himmel Laudon, erst halb elf Uhr!
Noch eine Ewigkeit von dreißig Minuten bis zum Stundenschluß. Ein blitzartiger Gedanke. Flink kraxelte der
Ausreißer, der gut turnen konnte, am Uhrgehäuse empor,
rückte den Zeiger der Uhr auf Punkt elf voraus. Dann
rasch herunter, mit beiden Händen den Strick der Schul-
glocke erfassend, läutete er kräftig die Stunde aus. Und
zurück in die Klasse. Hinter der Tür stand schon der
Professor, seine Taschenuhr in der Hand drehend und
rufend:
»Es stimmt nicht, es ist ein Irrtum, es dauert noch eine
halbe Stunde.«
Den hereintretenden Klaus fragte er:
»Wer hat geläutet?«
»Die Uhr hat geläutet«, erwiderte der Gefragte.
»Nein. Es muß eine unbefugte Hand eingegriffen ha-
ben. Wer war draußen?«
»Ich hab keinen Menschen gesehen.«
Die Studenten packten ihre Bücher und Hefte, der
Klaus am schleunigsten. Draußen am Gang war auch
schon Lärm und großes Durcheinander, Studenten und

Professoren, die alle zur Uhr hinaufschauten ... Ja, es ist elf Uhr – stimmt genau ... Nein, es stimmt nicht. Nur ein Student oder ein von außen bestellter Eindringling dürfte den Streich ausgeführt haben ... Der Unterricht konnte in keiner Klasse mehr fortgesetzt werden, die Störung war zu groß, man mußte den Stundenschluß gelten lassen. Wohl wurden noch ein paar Verhöre und Untersuchungen angestellt, doch hatten sie keinen Erfolg. Der Täter wäre unentdeckt geblieben, wenn er sich nicht selbst verraten hätte. Aus Sucht nach Ruhm, als Held zu erscheinen, offenbarte er nicht nur dem Freund Fridolin, sondern auch anderen Mitschülern den Sachverhalt. Er wurde ausgeplaudert und drang schließlich bis zum Ohr des Herrn Direktors. Und nun stak der Klaus im Sack. Leugnen konnte und wollte er nicht, denn das Lügen war ihm von Jugend an verhaßt. Als Strafe für die Missetat erhielt er drei Stunden »Kleiner Karzer« (Einsperren) unter Ausschluß des Mittagessens. Auch das ging vorüber. Der Klaus studierte jetzt wieder ein bißchen, aber viel zu wenig. Die Faulenzia war schon zur akuten Krankheit ausgewachsen. Alle Mahnungen und Warnungen der Professoren, in Güte und Strenge, halfen nichts. Nach Hause schrieb der Klaus nicht sehr oft, und seine Briefe hatten immer, wenn auch in verschiedener Fassung, den gleichen Inhalt, der beiläufig so lautete: »Mir geht es recht gut. Das Studieren ist zwar äußerst schwer und streng, doch mit Fleiß und Talent kommt man schon weiter.« Das Weiterkommen bestand aber darin, daß der Range am Schluß des ersten Semesters drei »Kaumgenügend« auf dem Buckel hatte. Da schrieb nun der Klassenprofessor einen

Brief an Klausens Vater, worin er diesem mitteilte, daß der Sohn keinerlei Forderungen entspreche, ungemein nachlässig und nur auf kleinere und größere Spitzbübereien bedacht sei. Am besten und sehr zu raten wäre es, den Buben nach Hause zu nehmen, weil sein längeres Bleiben in der Klasse gar keinen Zweck habe. Der Vater erschien nicht und gab auch keine Antwort auf das Schreiben. Leider und ganz unerklärlicherweise war der Brief des Professors verlorengegangen und niemals in die Hand des Vaters gekommen. So blieb der Klaus nichtstudierend beim Studium, ließ es sich wohl sein und war glücklich, wenn ihm ab und zu ein loser Streich gelang. Das hatte keine Not. Eines Morgens kam er früher als sonst in die Klasse, wo erst die Hälfte der Schüler anwesend war. Noch einmal hinaus in den Gang tretend, sah er, wie der Mathematikprofessor daherpendelte, seinen Halbmantel und den Hut an eine Fensterklinke hängte und mit einigen anderen Professoren in das Konferenzzimmer trat. Ah, die Herren haben noch eine Konferenz. Da kann sich der Klaus schon noch etwas erlauben. Er setzte sich den weiten, breiten Hut des Mathematikers auf das Haupt, legte sich den wollenen Halbmantel, der ihm bis auf die Schuhe hinabreichte, um die Schulter, knöpfelte ihn vorn zu und schritt langsam, gewichtig in die Klasse hinein, wo er das Katheder bestieg. Die Schüler waren anfangs paff. Was ist denn das für einer? Er sieht aus wie ein ganz verzwergter Geistlicher. Als der Spitzbub aber seinen Mund öffnete und sie mit dem vom Professor gern gebrauchten Ausdruck: »Meine werten Schüler?« begrüßte, ging ein tosendes Gelächter los und ein nicht endendes Beifallklatschen. Eine Zeitlang äffte der Leichtfuß in Worten, Gesten, Gebärden den Mathematiker nach, dann hielt er es aber für geraten, unsichtbar zu werden. Er schritt rasch zur Tür. Dort stieß er aber mit dem eintretenden Professor zusammen. Einen Augenblick starrten beide einander an, da schrie der Professor: »Ah, da ist mein Hut! Was hast du angefangen damit?«

»Nichts, nichts«, erwiderte der Lausbub, »ich wollte nur sehen, ob ich auch einen so großen, gescheiten Kopf habe wie der Herr Professor.«

»Und mein Mantel?«

»Den hab ich probiert, ob er warm ist.«

»So, so. Das ist sonnenklar. Du hast mich personifiziert, mich lächerlich gemacht. – Eine solche Impertinenz, ja Fratzerei! – Das soll dir teuer zu stehen kommen . . . Jetzt die Sachen an ihren Platz und dann marsch in die Klasse! Das andere wird sich finden.«

Und es fand sich alsbald. Der Missetäter empfing in beiden Händen spanische Überschläge – je zwei Stück, gut gewogen –, die den ruhmreichen Namen »Patzen« trugen. Auch das ging vorüber.

Gegen Ende des Schuljahres beschäftigten sich die zwei edlen Freunde Klaus und Fridolin eifrigst mit Literatur, das heißt, sie verwendeten das Studium darauf, spaßhaft Knittelreime zu fabrizieren, wobei sie sich Mühe gaben, einer den anderen zu übertreffen. Und da war es abermals eines Vormittags, diesmal in der ersten Schulstunde, die der Mathematikprofessor Rauch zu halten hatte. Der Klaus blätterte in seinem deutschen Sprachbuch und kicherte vergnügt. Dann schob er das Buch, halb geöffnet, seinem links von ihm sitzenden Freund Fridolin zu und wies mit dem Finger auf das freie Blatt vor der Titelseite, wo ein vierzeiliger Reim geschrieben stand. Der Fridolin überblickte die Zeilen, brach unwillkürlich in ein halblautes Lachen aus und flüsterte etwas seinem lachenden Freunde zu. Da stand aber schon der Professor vor ihnen. Man hätte es den kurzen Beinen des Mathematikers gar nicht zutrauen mögen, daß sie so rasche Sprünge machen könnten. Der Fridolin fand gerade noch Zeit, das Buch in der Zwischenbank zu verstecken.

»Warum lacht ihr da?« fragte scharf der Professor.

»Wegen nichts, Herr Professor«, stotterte der Fridolin.

»Wegen nichts lachen die Narren. Ich habe das Intermezzo zwischen euch beiden schon gesehen. Es handelt sich um ein schlechtes Buch, wo Schändlichkeiten darinnen stehen, wahrscheinlich.«

»Nein, nein. Bloß die Glocke von Schiller steht drinnen.«

»Die Glocke von Schiller enthält nichts Lachhaftes. Heraus mit dem Buch!«

»Herr Professor, das Buch ist beschmutzt. Deswegen haben wir gelacht.«

»Das ist erlogen. Heraus mit dem Buch, augenblicklich!«

Da der Student immer noch zögerte, griff der Professor selbst in die Zwischenbank, zog das Buch hervor, öffnete es, sah den Namen des Klaus als des Bucheigentümers und dann die vier Zeilen eines Gedichtes. – Er las die Reimerei, runzelte die Stirn, wurde zornrot und warf einen vernichtenden Blick auf den Klaus. Das Gedicht lautete:

>»Ich will euch etwas sagen,
Der Herr Professor Rauch,
Der hat recht viel zu tragen
An seinem großen Bauch.«

Der Professor riß das Blatt mit dem vierzeiligen Reim aus dem Buch, steckte es zu sich und erklärte gekränkt:
»Dieses Blatt werde ich mir aufbehalten als Andenken an einen meiner nichtswürdigsten Schüler, von dem ich hoffentlich erlöst werde.«

Der Klaus hat später noch viel gedichtet, und dieses sein erstes Gedicht war literarisch nicht einmal das schlechteste; aber für ihn wurde es verhängnisvoll. Vorläufig kam es ihm zu Bewußtsein, daß es höchste Zeit sei, ordentlich zu studieren, und er warf sich jetzt mit ganzer Gewalt über die Schulbücher. Doch konnte er unmöglich das, was er durch Monate verfaulenzt hatte, in den zwei Wochen, die es bis zum Jahresschluß noch dauerte, hereinbringen. Er kugelte Kumpf über Kopf aus dem Gymnasium hinaus oder, wie die Studenten sagten, er flog glänzend mit zwei und einem halben »Sechser«. Sein Abgangszeugnis umfaßte sämtliche damals gebrauchte Fortschrittsnoten und lautete: Sittliches Betragen minder entsprechend, Fleiß nachlässig, Religion lobenswert, Naturgeschichte befriedigend, Geographie genügend, Deutsch kaum genügend, Latein nicht genügend, Mathematik nicht genügend, Turnen vorzüglich. Am Schluß stand noch folgender Satz: »Der Schüler kann nicht aufsteigen, sondern muß die erste Klasse wiederholen, wird aber in unserer Anstalt nicht mehr aufgenommen.« – Der Fridolin war auch geflogen, und zwar auf den Flügeln von zwei »Siebenern« = ganz ungenügend, welche Note auch damals äußerst selten Gebrauch fand. In Studentenkreisen wurde viel über die Zeugnisse der zwei Freunde gelacht, und die beiden Helden lachten mit. Dem Klaus verging aber sehr bald das Lachen, und mit schwerem Herzen trat er die Heimreise an. Konnte er sich doch den feierlichen Empfang dort wohl ausmalen. Wenn nur der Vater nicht daheim, sondern hoffentlich auswärts auf Geschäftsreise war! Mit der Mutter ließ sich leichter ein Einvernehmen treffen, und sie würde in ihrer Güte schon die Möglichkeit finden, zwischen ihm und dem Vater zu vermitteln. Er richtete seine Heimkehr so ein, daß er erst zur Nachtzeit beim Vaterhaus anlangte. Vier Stunden hatte er letztlich zu Fuß wandern müssen, und er war so furchtbar müde, daß er keinen anderen Wunsch hatte, als nur einmal rasten und schlafen zu können. Dem Vaterhaus näher kommend, sah er kein einziges beleuchtetes Fenster. Alles stockdunkel. Die Haupt- und auch die Hintertür fand er versperrt. Wenn er nur auf den Söller hinaufgelangen könnte! Die Söllertür oben war immer offen, das wußte er, und durch diese kam er hinein in die Knechtekammer, wo es die Möglichkeit gab, sich unangemeldet, ohne Störung der Nachtruhe des Hauses in ein Bett zu legen und gleich einzuschlafen. An den Söller angelehnt stand ein großer Scheitermeiler, frisch gespaltenes, zum Trocknen aufgeschichtetes Holz. Wenn er da hinaufgelangte, war alles gewonnen. Als guter Turner kletterte er an einer kräftigen Stange, die den Meiler abschloß, empor, erreichte die Höhe und tappte sich mit äußerster Vorsicht über die Scheiterzeile hin. Noch war er nicht in der Mitte, da knarrte und knatterte das Holz, die Schichtung gab nach, und der ganze Krempel brach mit ungeheurem Gepolter zusammen. Der Klaus kugelte, über den Scheitern liegend, Kopf und Kumpf, hinab auf den Vorplatz des Hauses, ohne eine Beschädigung davonzutragen. Im Hause drinnen wurde es licht und lebendig. Und alsbald traten, mit Wasser in der Hand, ein Knecht und der Vater aus dem Haus. Der Vater fragte:

»Wo sind sie etwa, die Spitzbuben, die Einbrecher?«

»Guten Abend!« rief der Klaus, vom Holz aufstehend.

»Was? Was? Du bist es?« schrie der Vater, »wie kommst du daher? Hast du den Scheiterstock umgeworfen?«

»Nein, er ist selber umgefallen, weil ich auf den Söller hinaufsteigen wollte«, sagte der Bub.

»Bist du immer noch der gleiche, verrückte Tollkopf? Was hattest du auf dem Söller droben zu tun?«

»Die beiden Türen sind versperrt gewesen, und ich konnte nur durch die Söllertür ins Haus kommen.«

»Du hättest doch klopfen können.«

»Ich wollte euch nicht wecken und niemanden in der Nachtruhe stören.«

Man führte den Ankömmling in die Stube, wo auch schon die Mutter herbeieilte.

»Klaus! Klaus! Mein lieber Bub!« rief sie, »warum kommst du so spät?«

»Weil es in Germstadt draußen so früh Nacht geworden ist«, antwortete er.

»Du hast jedenfalls noch nichts gegessen und wirst sehr hungrig sein.«

»Nein, gar nicht. Ich hab in Germstadt drei Brotwekken gekauft und sie auf dem Herweg verspeist. Nur müde bin ich und furchtbar schläfrig.«

»Wie ist es mit dem Studium gegangen?« fragte der Vater.

»Nicht ganz schlecht«, erwiderte der pensionierte Student.

»Laß einmal dein Zeugnis sehen.«

»Das hab ich nicht bei mir, sondern im Koffer. Er kommt morgen früh.«

»Ein Schulzeugnis trägt man doch in der Tasche und packt es nicht in den Koffer.«

»Ich hab es nur im Koffer sicher gehabt.«

»Ist es so wertvoll?«

»Das weiß ich nicht. Aber ich möchte schlafen, schlafen, schlafen.«

Da blieb nichts übrig. Die Mutter richtete schnell ein Bett her, der Klaus kugelte wie ein Prügel auf das Lager und schlief. – Ein ruhiges Gewissen ist das sanfteste Polsterkissen. – Am Morgen brachte der Postbote den Koffer. Der Student im Ruhestand packte sehr langsam aus, fand mit Mühe das Schulzeugnis und reichte es dem Vater. Dieser überschaute aufmerksam die Urkunde, sein Gesicht wurde lang und länger, seine Augen größer, seine Stirn runzeliger. Plötzlich warf er dem Sohn das Zeugnis an den Kopf und schrie grimmig:

»Du Strick! Du Nichtsnutz! Du Faultier! Ein solches Schandzeugnis heimzubringen ist unerhört. Wir alle müssen uns schämen, das ganze Haus, die Familie. Und du machst dir nichts daraus.«

»Vater, ich kann nicht helfen«, stotterte der Gescholtene,»es ist einmal so gegangen.«

»So, so! Wenn du nicht helfen kannst, will ich dir helfen.«

Mit diesen Worten nahm der Vater das Birkenstäbchen hinter dem Spiegel hervor, legte den Schädling auf die Bank und maß ihm eine so reichliche Tracht Prügel über den Kumpf, daß schließlich die Mutter sich ins Mittel legen und dem erzürnten Mann Einhalt gebieten mußte. Der Klaus hatte während des Empfangs der Strafe keinen Laut von sich gegeben und ruhig die Belohnung hingenommen, weil er überzeugt war, sie redlich verdient zu haben. Nun fuhr ihn aber der Vater wiederum an:

»Jetzt will ich dir noch etwas sagen. Statt zu studieren, kannst du nun schustern. Morgen geb ich dich zum Schuster Dores.«

»Nein, nein«, wimmerte der Sohn,»nicht zum Schuster! Lieber geh ich zu einem Kaminfeger.«

»Was dir lieber ist, das spielt keine Rolle.«

Der erstickte Student kam jedoch weder zum Kaminfeger noch zum Schuster. Vorläufig mußte er die Kühe hüten. Da schrien ihm die anderen Knaben hin und hin nach:»Kuhpriester! Kuhpriester! Kuhpriester!« Das ärgerte ihn schwer, und er hätte sich leicht rächen können. Aber ein Student, als den er sich immer noch fühlte, kann doch nicht mit Volksschülern raufen. So blieb er immer allein und hatte nun Zeit genug, an das verflossene, verlorene Jahr zu denken. Da überkam ihn eine aufrichtige, tiefe, bittere Reue über all sein Tun und Treiben, Lassen und Spaßen. Er besuchte fleißig die Kirche und betete mehr als jemals vorher. Oft ging er zum Pfarrer. Noch öfter als er ging die Mutter zum Seelsorger. Es wurde hin und her verhandelt, der Pfarrer schrieb viele Briefe, und schließlich gelang es ihm, den Klaus in einem anderen Gymnasium unterzubringen. Der Mutter gelang es, allerdings mit Mühe, den Vater zu bewegen, daß er den Sohn noch einmal das Studium aufnehmen ließ. Und nun rumpelte der Klaus recht und schlecht, das heißt vielmehr recht als schlecht, durch alle acht Klassen des Gymnasiums, ohne jemals zu fliegen. Nach der Reifeprüfung, die er mit Auszeichnung bestand, kugelte er glatt in den »Schwarzen Rock« hinein. Die Mutter war überglücklich, der Vater nicht unglücklich. Dem Theologen gefiel es im

schwarzen Rock so gut, daß er ihn lebenslang nicht mehr auszog. Mit seinem ehemaligen Mathematikprofessor Rauch schloß er später nicht nur Frieden, sondern Freundschaft.

DIE BLASEGGERBUBEN

Ja, ja, die Blaseggerbuben – der Lenz, der Hansl und der Bartl –, solche Buben mag man suchen, und finden tut man sie überhaupt nur in den hohen Bergen. Anderthalb Stunden über dem Kirchdorf auf dem luftigen Blasegg, wo der Jochwind zu keiner Jahreszeit aussetzt, waren sie daheim. Bei dem eisfrischen Wasser, das neben dem Hause aus dem Boden hüpft, bei steinhartem, kohlschwarzem Brot, bei Friegelsuppe und Hafermus wuchsen sie auf und bekamen von dieser Atzung nicht nur lange, flachsgelbe Haare, sondern auch kirschrote Wangen und wasserhelle Augen, die wie Feuerlein glühten und vor lauter Frische und Lebendigkeit herauszukugeln drohten. Überhaupt war an den drei Knaben alles Leben und Bewegung. Das eisfrische Wasser vom Blasegg schien durch ihre Glieder zu sickern und ihnen keinen Augenblick Ruhe zu lassen. Aber nicht nur äußerlich sprudelte das Leben, sondern auch in ihren Köpfen kribbelte und krabbelte es von urwüchsigen Einfällen und kühnen Vorstellungen, die sie vor jedermann, ohne Ansehen der Person, so offen und treuherzig zum besten gaben, wie es nur solch furchtlose Berglerbuben tun können. An dieser letzteren Eigenschaft der Buben hatte aber auch ihr Vater sein Verdienst und seine Schuld.

Einstmals haben mir die drei Buben ordentlich warm gemacht. Ich war als junger Kooperator in dem Ort angestellt und hatte die drei Buben in der Schule. Es kam die

Religionsprüfung, und da ich nicht zu den Geschicktesten im Unterrichten gehörte, war mir etwas bang zumute. Es ging aber besser, als ich gehofft hatte.

Die zwei jüngeren Blaseggerbuben, der Bartl und der Hansl, saßen in der ersten Bank, der Lenz in der vierten. An den beiden jüngeren war ich unauffällig vorbeigegondelt, ohne eine Frage an sie zu stellen. Ich fürchtete nicht ohne Grund ihre unmittelbaren Einfälle und die keineswegs schulgerechten Sprüchlein, die sie gar vorlaut hervorsprudelten. Nun war ich beim Lenz, ihrem älteren Bruder, angelangt:

»Du, Lorenz, sag mir aus der Biblischen Geschichte, wer hat den Heiland sehnsüchtig zu schauen verlangt?«

»Der Zwergl Zachäus!« schnappte der Lenz.

»Also gut, der Zöllner Zachäus. Was tat Zachäus?«

Schweigen.

»Sag's, du weißt's ja. Zachäus stieg auf einen Maul...«

»...auf einen Maulesel!« fiel der Knabe ein.

»Bsch – bsch – paß auf! Er stieg auf einen Maulbeer...«

»Er stieg auf einen Maulbeeresel«, antwortete der Knabe nun ganz entschieden.

»Nein, nein! Er stieg auf einen Maulbeerbaum, willst du sagen. Und was wollte er da sehen? Nun, den Durchzug...«

»...den Durchzug der Israeliten durch das Rote Meer«, lautete die siegesfrohe Antwort.

Allgemeines Lachen.

»Lorenz, du paßt heute nicht auf. Jetzt sag mir etwas anderes. Wie lautet die vierte Bitte?«

»Die vierte Bitte lautet: Gib uns heute unser tägliches Brot.«

»Recht so. Aber warum bitten wir denn um das tägliche Brot, nicht um das wöchentliche oder monatliche oder gar um das jährliche Brot?«

»Weil so ein altes Brot schimmelig werden täte«, schnabelte der Lenz.

Das Lachen wurde stürmisch, ich mußte den Knaben niedersitzen lassen. Inzwischen hatte sich der Dekan erhoben und fragte, ob der kühne Antwortgeber nicht ein Bruder von den zwei rotwangigen Knirpsen in der ersten Bank sei. Auf meine Bejahung wandte er sich an diese. Nun konnte die Suppe schmalzig werden.

»Kleiner, sag, wie heißt du?« fragte der Dekan den Bartl.

Dieser schaute mit seinen großen Augen den Herrn starr an und sagte gar nichts.

»Schau, wie sagt denn dein Vater, wenn er dich ruft?« half der Dekan. »Schenier dich nicht und sag, wie du heißt.«

»Pamper heiß ich«, sprudelte der Knabe. »Mein Vater sagt allemal: Du bist schon mein tapferer Pamper!«

Das schallende Gelächter ob dieser Antwort reizte den Knaben, und er krähte frisch und mutig in die Versammlung hinein:

»Wenn ich nicht Pamper heiß, dann heiß ich Bartl.«

»So ist's recht«, ermunterte der Dekan. »Ja freilich, Bartl heißt du. Aber schau, wenn man schön redet, sagt man nicht Bartl, sondern Bartlmä.«

Der Knabe nickte.

Nun kam die Reihe an Hansl.

»Und wie heißt denn du, mein Kleiner?«

Der Hansl überlegte und zog seine klugen Schlüsse aus all dem Vorhergegangenen, dann kollerte es frisch und munter heraus:

»Ich heiß Hanslmä!«

Nun war die Lustigkeit auf der Tagesordnung.

»Also gut, du heißt Johann«, verbesserte der Dekan. »Nun sag, tut ihr auch beten daheim?«

»Ja, alle Tag z'nachts einen Rosenkranz und eine Litanei und einen Korb voll Vaterunser! Wenn wir nicht beten, sagt der Vater, laßt er den »Nothelfer« (= Birkenrute) tanzen auf unsern Ranzen.«

»Könnt ihr hübsch beten?«

Statt einer Antwort beteten nun die Knirpse miteinander zweistimmig, hell und klingend, das Vaterunser, Ave Maria und den »Glaubengott«. Das ging prächtig.

»Sehr schön«, lobte der Dekan. »Könnt ihr noch ein anderes Gebet?«

»Ich wohl«, krähte der Bartl, »zum heiligen Tunnig (Antonius) in der Tunnigkapelle!« Und ohne eine weitere Frage abzuwarten, trillerte er:

> »Heiliger Tunnig,
> laß 's Kindl nit fall'n
> i kann dir koans schnitzen,
> i kann dir koans mal'n.«

»Das ist nicht gar so ein schönes«, lächelte der Dekan. Dann wandte er sich an den Hansl:

»Kannst du ein schöneres?«

»Ja, ja«, erwiderte dieser freudig, »zu Unserm Herrn im Elend droben in den Bergmahdern. Der Vater betet's allemal, wenn wir den schweren Korb hinauftragen müssen.«

»Wie heißt denn das?«

»O mein Gott und Herr,
es geht fast nimmer mehr;
bei all mein Kreist'n und Schnauf'n
zieh mich weiter in Himmel auf'n!«

»Das ist nicht übel; aber könnt ihr auch eines zum heiligen Schutzengel?«

»Woll, ja – woll, ja«, stürmten die beiden, und ohne weitere Mahnung begannen sie abermals zweistimmig in hellem Gesang:

»Heiliger Schutzengel mein,
laß uns fromm und g'sund und lustig sein
und tu den Teufel brav schneuzen,
daß er uns nit kann zur Sünde reizen,
und tu uns fein den Weg anzeigen,
wo man leicht kann in Himmel steigen!«

»Kinder, wer hat euch denn die Gebetlein gelehrt?« fragte der Dekan lächelnd.

»Der Vater hat sie uns gelernt«, schnabelte der Bartl. »Er hat uns noch einen Haufen andere gelernt, zum heiligen Fritz und zum heiligen Florian.«

Und schon spitzten die beiden wieder den Mund, um ein neues Verschen im Duett loszulassen. Der Dekan fuhr ihnen aber dazwischen:

»Es ist schon gut, Kinder. Sagt dem Vater, die Gebetlein wären sonst schon recht, nur ein bißchen frisch, ein bißchen gar zu frisch! Er soll euch die anderen auch lehren, die im Katechismus stehen. Und jetzt sagt ihr mir noch etwas anderes. Was hat denn unser Herr für euch getan?«

»Er ist für uns gekreuzigt worden und am Kreuze gestorben.«

»Schön. Wer hat denn unsern Herrn gekreuzigt, Johann?«

Der Knabe überlegte. Das konnte gefährlich werden. Mir gruselte. Da platzte er auch schon heraus:

»Der Bischof und der Dekan!«

»Ja wie denn?« fragte der Dekan überrascht.

»Der Hansl hat falsch . . .« suchte schnell der Bartl den Bruder zu korrigieren. »Die Schriftgelehrten und Hohenpriester haben unsern Herrn kreuzigen lassen!«

»Aber der Koprater hat gesagt, die Hohenpriester sind der Bischof und der Dekan!« bestand der Hansl auf seiner Ansicht.

Mir schoß das Blut in den Kopf. Allerdings hatte ich, um den Kindern den Begriff »Hohepriester« zu erklären, das Beispiel gebracht, bei uns seien der Bischof und der Dekan die Obersten der Priester oder die Hohenpriester. Es wäre mir aber nicht im Traume eingefallen, daß mich der unglückliche Hansl so gründlich auf den Holzweg führen würde. Der Dekan schaute mich erst etwas zweifelhaft an, als ich den Irrtum aber aufgeklärt hatte, mußte er doch wieder lachen.

Als die Prüfung mit all den fraglichen Erfolgen beendigt war, erhielt ich vom Herrn Dekan, der mir wohlwollte und den ich heute noch verehre, ein Privatissimum über die Art und Weise des Unterrichtens.

Seit jener denkwürdigen Religionsprüfung waren mehr als ein Dutzend Jahre verflossen. Ich war aus jener Gegend weit fortgekommen und hatte von den Blaseggerbuben nichts mehr gehört. Aber erinnert hab ich mich oft an sie, und gern hätt' ich erfahren, wie es ihnen geht.

Da kommt an einem Ostermontag plötzlich der Lenz zu meiner Tür hereingeschneit, um seinen alten Katecheten zu besuchen. Ein großer, schöner, strammer Bursch ist's geworden und hat schon seine drei Jahre bei den Kaiserjägern in Wien abgedient. Ich habe gleich auf den ersten Blick gesehen, daß er noch ebenso kernfrisch und gesund ist an Leib und Seele wie ehedem, als er den Schulranzen auf der Achsel hatte.

»Und wie geht's?«

»Gut, ausgezeichnet«, sagte er; »der Bartl und der Hansl sind von den Schützen heimgekommen, und jetzt erarbeiten wir's leicht. Der Vater und die Mutter brauchen gar nicht mehr mitzuhelfen und können ihre Beiner rasten lassen. Es haben wir drei kaum Arbeit. Von daheim fortgehen will keiner, weil wir an das Blasegg angewachsen sind. – Um die ganze Kaiserstadt Wien und um das halbe Österreich dazu würde ich unser luftiges Blasegg nicht hergeben. So schön wie auf dem Blasegg ist's nirgends auf der Welt. Wenn uns der liebe Herrgott nur alle hübsch beisammen und den Vater und die Mutter recht, recht lang am Leben laßt, dann fehlt uns gar nichts.«

»Und was tut denn der Vater jetzt?«

»Ein bißchen Besen binden tut er und den ganzen Tag lachen und singen.«

»Was singt er denn?«

»Oh, halt die Verslein und Gebetlein, die er uns als Buben gelernt hat.«

»Ah so, die Verslein und Gebetlein! Weißt du noch, Lenz, wie ihr mich damals vor dem Herrn Dekan habt in der Butter sitzenlassen?«

»Und ob ich's weiß! Wir haben ja unsre Übernamen von dorther. Mich heißen sie noch alleweil den Maulbeeresel und die andern zwei den Pamper und den Hanslmä. Jetzt getrauen sie sich's freilich nimmer laut zu sagen; denn wir haben einmal alle drei mitsammen am Kirchplatz gründlich aufgeräumt. Seitdem haben wir Frieden.«

»Ja, ja, ihr seid halt die Blaseggerbuben!«

DER TAUFGÖT

Lieber Lippl und Gevatter! Endlich ist er angekommen. Es war auch nicht mehr zu früh. Sechs Mädel hintereinander – da möcht man schier verzagt werden. Aber jetzt – Viktoria! – ist der Prinz da – ein nudeldicker kugelrunder Pamper, der in der ersten Stund schon seine fünf Kilo gewogen hat. Jetzt ist Gefahr im Verzug. Der Heidenkerl schreit mir das Haus so voll an, daß mir schier die Mauern über dem Kopf zusammenfallen. Sei so gut und komm schnell und hilf mir, aus dem verstockten Heiden einen ehrlichen Christenmenschen machen. Wenn Du selber nicht Zeit hast, so schick mir halt wieder die Gevatterin; aber eins von beiden muß kommen. Bis zum Donnerstag warten wir mit dem Taufwasser. Unterdessen viele Grüße an Dich und die Grete von mir, der Mariann, dem Halbdutzend Mädel und besonders von dem jungen Stammhalter, der bereits die Regierung über das ganze Haus in die Hand genommen hat. Ich verbleibe Dein Hans Flegger, Gevatter und Lergetbauer in Elbendorf.«

Diesen Brief erhielt an einem schönen Augusttage der Stauden-Lippl von Kernwend. – Der Lerget-Hans und der Stauden-Lippl waren von Militärzeiten her gute Freunde und hatten einander versprochen, sich gegenseitig ihre Kinder aus der Taufe zu heben. Aber die zwei alten Kameraden waren durch Berg und Tal voneinander getrennt, und der nächste Weg von Kernwend nach Elbendorf führte über das Kreuzjoch. Man hatte fünf Stunden zu gehen. Die sechs Mädel waren alle von der Grete, des Lippls treuer Ehehälfte, unter das Taufwasser gehalten worden, aber nun, da endlich ein Prinz erschienen, wollte der Lippl selber in großer Gala ausrücken. Er fand jedoch in diesem Vorsatze einen heftigen Widerstand von seiten der Grete. Mit hundert Gründen suchte sie ihn zu überzeugen, daß er daheim bleiben und ihr das Patengeschäft überlassen müsse. Er sei nicht weltläufig und ein unbeholfener Kegel, der überall anstoße, keinen Weg finde, den Geldbeutel verliere und das Regendach vergesse usw. usw. Aber der Lippl blieb standhaft, erklärend:

»Weibele, gusch! – Diesmal geh ich, und mögen die Preußen auf dem Kreuzjoch stehen . . . Übrigens, wenn du mich nicht sicher hast, kannst mitgehen und mir den Rücken decken. Die Gevattersleut haben gewiß eine Endsfreud, wenn wir beide mitsammen kommen. Wir können bei der Tauf auch beide miteinander das Kind heben, ich beim Kopf und du bei den Füßen, das nimmt sich feierlich aus. Jetzt tu, wie du willst. Ich geh auf alle Fälle, und keine sechs Paar Ochsen halten mich zurück.«

Die Grete zog ein messerkrummes Gesicht und sprach kein Wort mehr. Nach Verlauf eines trotzigen Schmollstündchens äußerte sie aber dem Lippl ihren freien und ungezwungenen Willen, ihn auf seiner Patenreise zu begleiten. – Am folgenden Morgen stiegen die beiden munter und friedlich den Berg gegen das Kreuzjoch hinan. Die Grete trug ihr schwarzes Festtagskleid, eine blauseidene Schürze, ein rotseidenes Halstuch und den weichen Gupfhut aus Hasenhaar. Der Lippl war in voller Gala; er hatte seine bocksledernen Kniehosen an mit weißer Federkielstickerei, schwarze Strümpfe, blanke Schnallenschuhe, die schöngeblümte seidene Weste mit zwei Reihen von Knöpfen, die aus Silberzwanzigern bestanden, seinen langen Bratlfrack, an dem er die Tapferkeits- und Kriegsmedaille befestigt hatte, seinen steifen, wollhaarigen Pudelhut – über seinen breiten Wanst baumelte als Uhrgehänge eine dicke »Stierkette«, und aus einer Tasche seines Bratlfrackes guckte eine große Tabaksdose aus purlauterm, blinkendem Silber. – Der Lippl wollte als Göt des neugeborenen Prinzen Aufsehen und Eindruck machen.

Je höher sie den Berg hinaufkamen, desto heißer brannte die Sonnenkugel, desto ärger drückte und zwängte die steife, enge Paradeuniform den Lippl. Halblitergroße Schweißtropfen standen auf seinen Polsterwangen, und von der Glatze herunter stürzten förmlich Bergbäche. Die Hauptursache dieser Überschwemmung bildete wohl das runde Wänstchen des Lippl, denn er hatte zwei Zentner – nach neuem Maß und Gewicht über 100 Kilo – eigene Fleischwaren den Berg hinauf zu tragen. Das Dampfbad wurde dem geplagten Taufgöt nachgerade unerträglich, und er begann sich langsam zu häuten. Zuerst zog er seinen Bratlfrack aus, nach fünf Minuten löste er seine Halsbinde, nach weiteren hundert Schritten streifte er seine Weste mit den Zwanzigerknöpfen ab, später zog er auch die Schuhe und Strümpfe aus. Während er die Uniformstücke eins nach dem andern mit einem Spagat zusammenband, daß ja keines verlorengehe, sagte er wie entschuldigend zur Grete: »Es wär' schade um das hübsche Gwand. Auf so einem weiten Weg wird alles verdorben, und morgen bei der Taufe stünd ich da wie ein Schmalzlotter.« – Dann warf er den Pack über die Achsel und stampfte vorwärts. Glücklich kamen die beiden über das Joch und jenseits ein paar hundert Schritte hinab. Beim sogenannten Kalten Brünnl wurde gerastet und eine kräftige Jause genommen. Nachdem der Lippl sich sattsam gestärkt, einen Eimer Wasser getrunken und aus seiner silbernen Tabaksdose drei mächtige Prisen genommen hatte, wurde ihm so pudelwonnig, daß er ein paar fette Jauchzer loszulassen versuchte. Frau Grete nannte ihn dafür einen alten Esel, der Lippl aber faßte die Grete an den Armen und hopste mit ihr im Bärenwalzerschritt auf der Wiese herum. Dafür bekam er eine saftige Ohrfeige, und dann stiegen die beiden wieder friedsam zu Tale. – Sie waren zum Lahnzipf ober der Alm gekommen, da wollte der Lippl abermals eine Nasenstärkung zu sich nehmen. Er griff in den rechten Hosensack, dann in den linken, und sein puterrotes Gesicht wurde auf einmal käseweiß. Dann nahm er den Kleiderpack von der Schulter und durchsuchte in fieberhafter Aufregung alle Taschen.

»Hermannstadt, Zara, Mantua, Ferrara!« schrie er plötzlich, »jetzt hab ich meine silberne Tabaksdose verloren.«

»Hab mir's gedacht, es geht nicht ab ohne ein Ärgernis«, schnappte zornig die Grete; »wenn man den Esel vor die Türe laßt, verzettelt er schon etwas . . . Aber such doch besser!«

Der Lippl durchstöberte noch einmal alle Taschen und Falten, aber die silberne Dose war verschwunden.

»Laub und Staub nichts mehr«, jammerte er, »wahrscheinlich hab ich sie beim Kalten Brünnl liegengelassen, dort hab ich das letzte Mal geschnupft.«

»So geht's«, zankte die Frau; »wenn der Esel tanzt, verliert er die Eisen – und Übermut tut selten gut. Jetzt kannst wieder eine halbe Stunde bergauf schwitzen und dir dein Nasentrog holen. Recht geschieht dir. Ich rühr mich keinen Schritt darnach.«

»Ich hol mir die Dose schon selber. Mein Gewand laß ich da. Sei so gut, wart auf mich und hüt mir das Gewand«, bat der Lippl.

Die Grete knurrte etwas zwischen den Zähnen, und der Lippl stieg wieder bergan. Er pustete und keuchte, und da er nebenbei mit seinen kleinen Äuglein jedes Fleckchen Weges mustern mußte, kam er nur langsam vorwärts. Die silberne Dose ließ sich nirgends erblicken. Endlich war das Kalte Brünnl erreicht, aber auch dort suchte der Lippl vergebens. Die Dose war wie in den Boden versunken. Alle Plätzchen hatte er schon drei-, viermal abgesucht ohne jeglichen Erfolg. Er mußte die Büchse doch auf dem Weg verloren haben. Suchend und forschend stieg er wieder den Berg hinab.

Der Grete war unterdessen die Zeit zu lang geworden. Vom Joch herunter wehte ein kühler Wind, und da sie auch geschwitzt hatte, spürte sie ein Frösteln. Über eine Stunde hatte sie bereits gewartet, und vom Lippl war immer noch nichts zu sehen. Da sprach sie ungeduldig zu sich selber:

»Ich mag mir wegen dem Palmesel keinen Katarrh zuziehen, er wird schon nachkommen, wenn er genug herumgetrampelt hat. Sein Gewand ist auch sicher da, man sieht und hört in der ganzen Alm keinen Mensch und keine Seele.«

Darauf nahm sie ihren Zegger in die Hand und stapfte rüstig bergab, des Lippls Kleidung schön zusammengebunden am Fleck liegenlassend.

Eine Viertelstunde später kam der Lippl den Berg heruntergerumpelt. In seinem Wirbel war er, ohne es zu merken, bedeutend nach links abgeseitelt und auf einen Nebenweg geraten. Er dachte immer nur an das Wetter, das ihm seine treue Ehehälfte machen werde, wenn er ohne Silberdose zurückkehrte. Schwitzend und brodelnd erreichte er endlich ein Plätzchen, das jenem täuschend ähnlich sah, wo er die Grete verlassen hatte. – Aber, Himmelherrschaft, wo war denn die Grete? Tückisch auf und davon, und seine Kleider hatte sie auch mitgenommen, die dumme Kuh! – Er schrie ein paarmal aus vollen Kräften:

»Hooo – Grete! – Grete! – Greeete!«

Nur das Echo spottete auf der anderen Bergseite, sonst kein Laut. Nun wurde der Lippl zornig.

»Die dumme Runggungel«, knirschte er, »hätt' meinetwegen bis ins Merika laufen können, wenn sie mein Gewand dagelassen hätt' . . . Hätt' ihr schon einfallen mögen, daß ich nicht im Seiltänzerkostüm in den Bergen herumlaufen kann, und wenn mir ein Mensch begegnet, muß ich flüchten wie Adam im Paradiese.«

Er stand da in Hemd und kurzer Lederhose, barfuß bis an die Knie, auf dem Kopfe aber den festtäglichen, steifen Pudelhut – armselig wie Veit im Kessel. Doch bald kam

44

ihm der tröstende Gedanke, die Grete könne noch nicht weit sein, und wenn er laufe, werde er sie baldigst einholen. Er begann einen Dauerlauf, so rasch seine dicken Beine und das überschwere Wänstlein es zuließen. In der Eile und im Eifer jedoch irrte er immer mehr vom richtigen Almwege ab und kam auf einen rinnenförmigen Geißpfad. Dieser führte zwar in kürzerer Strecke zu Tal, war aber sehr steil und holperig, und der arme Lippl schwitzte und schnaufte nicht nur wie ein Elefant, sondern trat sich auch die Füße wund. Je tiefer er in den Wald hinunterkam, desto grimmiger schalt und fluchte er.

Und die Prüfungen waren noch lange nicht zu Ende. Über dem Wendelberg zog sich ein Wetter zusammen. Schon blitzte und krachte es nach Noten. Vor dem Wetter hatte der Lippl allemal Respekt, wenn er aber im Wald von einem solchen überrascht wurde, befiel ihn eine wahre Höllenangst. Darum nahm er jetzt die Füße erst recht über die Achseln und stürmte wie ein Verzweifelter bergab. Er hatte die äußersten Felder von Elbendorf noch nicht erreicht, da begann es in Strömen zu regnen. Er hielt nach allen Seiten Ausschau. Kein Zipfel von der Grete war zu erblicken. Wahrscheinlich hockte sie längst schon mit seinen Kleidern im Trockenen beim Gevatter, und er stand blank und bloß da im kalten Sturzbad. Es packte ihn eine fürchterliche Wut. Und wenn er für das ganze Dorf zum Gespötte ward und wenn ihn die Kühe auslachten, er mußte hin zum Gevatter, mußte seiner Grete in die Zöpfe fahren und ihr den Standpunkt handgreiflich machen. Fünf Minuten später rannte er schon durch das Dorf. Ein Haufen Buben lief lachend und johlend hinter ihm her. Endlich hatte er den Lergethof erreicht und kugelte förmlich zur Türe hinein. Im Hausflur begegnete ihm der Gevatter. Im ersten Augenblick wollte dieser ihn hinauswerfen, erkannte ihn aber noch rechtzeitig und schrie:

»Um Gottes willen, Lippl, Gevatter, in was für einem Aufzug kommst denn du daher?«

»Wo ist denn die Grete?« knirschte der Lippl.

»Was für eine Grete? Die Gevatterin? Die ist nicht da! Soll sie auch kommen?« fragte erstaunt der Hans.

»Was? Nicht da? Wo ist denn nachher das Laster?« kochte der Lippl vor Wut, »sie ist mir droben auf der Alm davongelaufen und hat mein Gewand mitgenommen.«

»Das Gewand genommen? Ja, was wär' denn das?« erstaunte der Gevatter, dann zog er den Lippl, weil die Dienstboten neugierig ihre Köpfe zu den Türen heraussteckten, in das hintere Stübchen, wo dieser soweit zur Ruhe kam, daß er sein Mißgeschick erzählen konnte. Der Lergetbauer suchte die Gevatterin zu entschuldigen, sie habe es nicht bös gemeint und werde sicher irgendwo vor dem Wetter Unterstand gesucht und auf ihn gewartet haben. Der Lippl war aber durch kein Zureden zu besänftigen und fauchte wie ein gereizter Löwe. Da wurden draußen im Gange wieder Schritte laut. Der Hans machte die Türe auf und herein trat – die Grete.

»Ist der Palmesel schon da?« – »Ah, kommst jetzt, du Laster?« schrien die Grete und der Lippl zugleich.

»Legst dein Gewand heut nimmer an?« – »Wo hast mein Gewand?« schrien abermals beide in gleichem Atem.

46

»Wo mein Gewand ist, will ich wissen!« schäumte der Lippl. Die Grete wurde blaß und rot, dann fuhr sie los:

»Jetzt fragt der Kalbsschlägel, wo er sein Gewand hat. Wirst wohl wissen, wo du's gelassen hast.«

»Und du solltest auch wissen, daß ich nicht wie der Hudermuch oder wie ein Zigeuner halbsangelegter im Land herumwandern kann ... Hättest's liegenlassen, wo's gelegen ist, wenn du schon selbst nicht hast warten können, du Zipperliese!« begehrte der Lippl auf.

»Hab's eh liegengelassen. Hätten mich doch meine Finger gereut, dir deine Fahne voranzutragen.«

»Das Gewand ist aber fort gewesen, wie ich zurückgekommen bin.«

»O himmlisches Jerusalem, jetzt hat der Batzenlippl sein Gewand auch verloren! Dann will er noch großen Taufgöt machen und ist selbst dummer als das kleinste Wickelkind. Ein solcher Tattenmuch! Das nächste Mal mag ich ihm noch eine Glocke anhängen, sonst kommt er selber in Verlust.«

»Weib, bring mich nicht zum Grobwerden. Gib Antwort, was ich dich frag! – Du hast mein Gewand mitgenommen?«

»Ist mir nicht im Traum eingefallen.«

»Hast du's liegen gelassen?«

»Genau auf dem Fleck, wo du's hingelegt hast.«

»Dann ist das Gewand gestohlen worden.«

»Gestohlen worden, wo auf der ganzen Alm kein Mensch und keine Seel herumgewesen! – Verloren hast's – den Platz hast nicht mehr gefunden.«

»Das ist nicht wahr, ich bin schnurgerade auf das Platzl

hingekommen . . . Ich kenn ja die ganze Gegend wie mein Leibltaschl.«

»Genau so; darum hast auch das Taschl samt dem Leibl (Weste) verloren . . . übrigens, wenn du die Gegend so gut kennst, hättest auch den Almweg finden müssen. Ich bin den geraden Weg hergegangen, und wenn du nicht irgendwo nebenaus geseitelt wärest, hätten wir uns droben im Wald treffen müssen.«

»Und wenn du schön gewartet hättest und nicht ausgerissen wärest wie ein Knopf aus dem Rock, dann hätten wir uns gar nicht verloren, und mein Gewand wär' auch da.«

»Einen solchen Tottelmoises, der sein Gewand verliert, wenn er zehn Schritte aus dem Hause macht, sollt' man einsperren und gar nicht mehr auslassen.«

So stritt das edle Paar hin und her, bis sich endlich der Gevatter ins Mittel legte. Sie sollten jetzt einen Kaffee trinken und fein ausrasten, mahnte er – er werde sofort den Großknecht auf die Alm schicken und das Gewand suchen lassen. Wahrscheinlich finde man dasselbe heute noch, und dann sei der Schaden ja wieder gut. – Der Großknecht ging, kam am selbigen Tag jedoch nicht zurück und am folgenden Morgen auch nicht. Die Taufe ließ sich nicht mehr länger aufschieben. Da der Lippl sein eigenes Gewand verloren hatte und ein fremdes, das auch nur einigermaßen seinem Leibesumfang sich angepaßt hätte, nicht aufzutreiben war, mußte die Grete allein den Prinzen aus der Taufe heben. Kaum war die Taufe vollendet, erschien der Großknecht und brachte dem Lippl seine Kleider mit der Nachricht, es sei gestern zu früh finster geworden, und er habe erst heute die Sachen am Lahnzipf gefunden. Die Grete warf dem Lippl einen bedeutsamen Blick zu, der soviel heißen sollte als: »Jetzt siehst du's, du Blimselkaspar!« – Der Lippl faltete nun die Kleider auseinander. Es war alles in Ordnung und fehlte kein Häftelchen. Plötzlich fiel aus einer Tasche des Bratlfrackes – die silberne Tabaksdose heraus. Der Gevatter lachte hellauf, und die Grete gab grantig vom Leder –

»Ein solcher Teigaff!« schrie sie, »da geht er stundenlang eine Dose suchen, die er gar nicht verloren hat, und verliert sein Gewand, das er gar nicht mehr suchen geht.«

»Und wenn ich dich einmal verlier, du alte Hummel, dann hat's gar keine Gefahr, weil man dich über drei Landgerichte hinaus summsen hört«, replizierte der Lippl.

Der Lergetbauer mußte wiederum dazwischentreten, sonst wäre das gevatterte Ehepaar sich noch in die Haare geraten.

Die Heimfahrt der feindlichen Gatten verlief ohne Zwischenfall. Acht Tage später erhielt der Lerget-Hans vom Stauden-Lippl einen Brief, worin dieser schrieb, die vergangene Patenreise werde er sich sein Lebtag merken, und wenn ihm, dem Hans, hundert Prinzen geboren werden, werde er, der Lippl, keinen einzigen mehr aus der Taufe heben.

EINER, DEN DER TEUFEL HOLT

Schlauch-Edl, also Eduard, hieß er und lebte mit seiner kaum besseren Ehehälfte in einer Kleingütlerkeusche unweit des Dorfes Breitenstein. Der Schlauch-Edl war einer jener feinen Ritter, die ernten, wo sie nicht gesät, und finden, was niemand verloren hat. Er fand z. B. mit großer Leichtigkeit die fetten Speckseiten im Rauchfang des Nachbarn, er fand die Butterknollen und Käslaibe in den Speisekammern der Dörfler, er fand mitunter ein verlaufenes Huhn, faßte dasselbe geschickt am Kragen und brachte es mit einem kühnen Schwung aus dem dornigen Erdenleben in ein besseres Jenseits, er fand ab und zu ein mageres Geldbeutelein usw. Auch wußte der Edl in finsteren Herbstnächten ebenso reichliche Ernte zu halten in den Kartoffeläckern der Bergbauern wie in den Obstgärten der Breitensteiner. – Der Edl hatte schon oft ein beschauliches Leben hinter vergitterten Fenstern geführt, hatte aber in diesen müßigen Stunden seine Fingerkünste nicht verlernt.

In einer lauen Nacht des Frühherbstes befand sich der Edl wieder auf einem Beutezug; aber diesmal sollte ihn ein böses Verhängnis ereilen. – Der Buschritter war nämlich auf seinen Schleichwegen um das Dorf bemerkt worden, und jetzt harrten seiner vier kräftige Arme, die bereit waren, jeden Augenblick zuzugreifen; es gehörten aber die vier Arme zwei Männern, die bei den »schwarzen Feichten«, eine Viertelstunde vom Dorfe entfernt, hinter einem Wacholderstrauche lagen. Die beiden Männer waren der Hollen-Jos, ein baumlanger, bärenstarker Wirtsknecht, und der Bach-Christl, ein kurzes, gedrungenes Männlein, dem man seine Kraft und Gelenkigkeit nicht ansah.

Die Turmuhr im Dorfe schlug elf – da huschte eine dunkle Gestalt den Hohlweg heran zu den »schwarzen Feichten«.

»Er ist's«, lispelte es hinter dem Strauche, »los und drauf!«

»Halt, noch nicht!«

Es war richtig der Schlauch-Edl; er hatte einen großen Korb auf dem Rücken und keuchte unter seiner Last. Bei den »schwarzen Feichten« stellte er den Korb zur Erde, wischte sich den Schweiß von der Stirn, horchte dann gespannt nach allen Seiten und huschte, den Korb zurücklassend, zwischen den Bäumen wieder fort, hinab zum Scheidegger-Hof.

»Du, der hat noch ein G'schäftl«, flüsterte der Bach-Christl, »schauen wir einmal nach, was denn für Schätze im Korb vergraben liegen.«

Die beiden kamen hervor und suchten den Korb zu heben, vermochten es aber nur mit großer Anstrengung.

»Sapperlot, der hat aufgelegt«, meinte der Hollen-Jos, »der Korb wiegt stark einen Zentner.«

Sie untersuchten den Inhalt und fanden unterschiedliche brauchbare Dinge: Fleischhenkel, Brotlaibe, ein Bügeleisen, Uhrgewichte, ein Paar Schuhe, einen halben Zuckerhut und manches mehr.

»Du, mir fällt was ein!« sagte plötzlich der Bach-Christl, »aber es wird nicht gehen.«

»Was denn?« fragte der andere.

»Ich tät' gern ein bißchen Geister spielen . . . Wenn wir die Sachen da forträumen und ich setz mich in den Korb – du klaubst die Fetzen wieder oben drauf –, ich wett, der Lump merkt nichts und trägt mich fort.«

»Christl, du bist ein Kapitalfuchs! Das machen wir – das machen wir! Es gibt eine Mohrenhetz!«

»Aber wenn er's merkt? . . . ich kann mich nicht wehren im Korb drinnen.«

»Bin alleweil noch ich da . . . Ich steck mich hinter den Busch . . . wenn er's nicht sogleich merkt, geh ich hinter euch drein . . . sobald's fehlt, komm ich als Nothelfer.«

»Also, gehn wir's frisch an!«

Die beiden trugen die gestohlenen Sachen hinter die Büsche, dann hockte sich der Christl in den Korb – er vermochte ganz kommod darin zu sitzen –, der Jos breitete einen leeren Sack über ihn, legte noch ein paar Fleischhenkel und Brotlaibe darauf und verkroch sich dann hinter die Sträucher.

Über eine Weile kam der Edl zurück. Er langte eine Menge Äpfel aus seinen gefüllten Taschen und warf sie in den Korb; dann bückte er sich, steckte seine Arme in die Tragfesseln des Korbes und stand mit einem tiefen »Aaah!« langsam auf . . . Er mochte ein paar hundert Schritte fortgegangen sein, als er hinter sich einen unheimlichen Jauchzer vernahm. Er schrak zusammen und beschleunigte seinen Gang. Da hörte er plötzlich ganz nahe ein fürchterliches Zischen. Es zuckte ihm durch den

ganzen Leib; jetzt wieder so nahe und unheimlich: »Sch –
sch – sch!« und jetzt noch unmittelbarer und schreckli-
cher: »Ouuh – uuh!«

»Alle guten Geister!« schrie der Edl.

Jetzt kam es schon zum Korb, jetzt krallte es sich ein –
der Edl keuchte und rannte, was seine Beine nur vermochten –, jetzt wieder das Kratzen am Korb. Der Edl
jammerte auf:

»Heiliger . . .«

Da tat es einen schrillen Pfiff, und jetzt über dem Kop-
fe einen wildgellenden Jauchzer. – Der Edl wollte den
Korb fallen lassen, da packte es ihn schon mit feurigen
Krallen an beiden Ohren. Der Edl schrie jämmerlich:

»Barmherzigkeit! Barmherzigkeit! – Der Böse! – Der
Teufel!«

Der Teufel fauchte wild:

»Woher die Sachen?«

»Gekauft, Herr Teufel – alles gekauft!« greinte der
Schelm.

Der Böse riß ihn fürchterlich an den Ohren.

»Geschenkt, Herr Teufel – geschenkt bekommen!«
winselte der Dieb.

Der Teufel riß noch ärger, und der Strolch bekannte
endlich:

»Gestohlen, Herr Teufel – gestohlen!«

»Wo – wo – wo?« bellte der Satan.

»Beim Scheidegger, beim Riedhofer, beim Wenter,
beim Glaser, beim Flanker«, winselte der Dieb.

Der Böse lachte heiser, der Edl aber fing an zu bitten:

»Herr Teufel, laß mich rasten, ich bin hin, ganz hin!«

»Rasten in der Hölle!« gurgelte der Böse, »vorwärts, vorwärts!«

Der Edl rannte weiter. Da stieg der Mond hinter den Bergen herauf, und nun sah der gehetzte Dieb im Mondschatten neben dem Wege sich selbst – den Korb – und darüber den Teufel mit den Pferdefüßen, mit dem langen Schwanz, mit den krummen Hörnern, mit der spitzen Kappe – er rannte noch wilder. Da fing es wieder an ganz unheimlich zu pfeifen, zu zischen, zu juchzen – neben ihm, hinter ihm, über ihm –, dabei tanzten schon eine Menge kleiner, feuriger Teufelchen neben ihm her und zwickten ihn in die Waden, in die Arme. Der Edl drohte umzusinken. Da kamen sie zu einer hohen Linde, die einen mächtigen Ast über den Weg hinstreckte. Der Teufel brüllte:

»Halt!«

Der Edl stand und zitterte, während der Teufel ihm langsam Wort für Wort in die Ohren heulte:

»Hab heut nicht ganz Gewalt über dich . . . Bei der nächsten Schelmerei bist du mein . . . Heut will ich dich noch einmal beuteln und loslassen.«

Er fuhr ihm in die Haare, schopfbeutelte ihn kräftig und gab ihm zum Schluß ein paar saftige Ohrfeigen. Während dieser Kur schrie der Edl mit jämmerlicher Stimme in einem fort:

»Herr Teufel, vergelt's Gott, zu tausendmal vergelt's Gott!«

Im nächsten Augenblick erfaßte der vermeintliche Teufel den Ast des Lindenbaumes und schwang sich mit einem gellenden Jauchzer hinauf ins Laubwerk. – Der arme

Schelm aber ließ den Korb fallen und rannte mit Windeseile nach Hause.

Als der Edl verschwunden war, stieg der Bach-Christl vom Baume, der Hollen-Jos kam eben heran, und die beiden lachten sich halb krank. Erst spät gingen sie zurück nach Breitenstein. Am nächsten Tag fand man die gestohlenen Sachen bei den »schwarzen Feichten«, ohne daß die Leute sich das Ding erklären konnten. Den Schlauch-Edl sah man einige Tage nicht – es hieß, er sei krank.

Am folgenden Sonntag ging der Edl beichten, und er soll lange im Beichtstuhl drinnen gewesen sein. Ebenso hat er von der Zeit an nichts mehr gefunden, obwohl noch so manche Schelmerei, die in Breitenstein vorkam, auf seine Rechnung gesetzt wurde.

Der Heiratsurlaub

Der Schuster-Franzl war ein einschichtiger Mensch. Eltern hatte er keine mehr. Geschwister hatte er nie gehabt, auch wußte er von keinem Verwandten, der sich je um ihn gekümmert hätte. Seit dem Winter 1915, da er als Landsturmmann eingerückt war, hatte er auch keine Herberge mehr, denn die alte Barbl, eine Bekannte seiner Mutter, die ihn umsonst ins Quartier genommen hatte, war kurz darauf gestorben, und ihre Hütte war in fremde Hände übergegangen. Verblieb also dem Franzl nur noch der Ort Amberg als Zuständigkeitsgemeinde und beim dortigen Gemeindeamt sein ganzes Eigentum, bestehend aus einem Koffer mit etlichen Zivilkleidern und seinem Schusterhandwerkszeug.

Der Franzl war ein lustiger Vogel, voll Schnaxen und Faxen, den immer der Hafer stach, auch wenn er keinen hatte, ein Mensch, ganz unten durch, wie man zu sagen pflegt. Nicht ein Vaterunser lang konnte er den Mund halten, keinen halben Tag ließ er vergehen, ohne Possen und Unfug zu treiben. Durch seine vorlauten Bemerkungen und tollen Streiche erwarb er sich nichts weniger als die Zuneigung der Vorgesetzten, im Gegenteil, der Franzl hatte mehr an den Strafen als am Dienst zu tragen. So kam es auch, daß er in zwei Jahren nie einen Urlaub erhielt. Seine Kameraden waren alle schon zweimal und öfter in Urlaub zu Hause gewesen, der Franzl brummte immer an der Front. Einmal hatte er den Urlaub schon in der Tasche, aber im letzten Augenblick, bevor er heimreisen sollte, stellte er wieder etwas an, und der Urlaub wurde ihm gestrichen wie ein Einser vor der Null. Doch Urlaub mußte er kriegen, und sollte es Paris kosten! Wenigstens acht, vierzehn Tage lang wollte er wieder einmal Mensch sein und auch nachschauen, ob die Dinge in Amberg ohne ihn wohl keinen Schaden litten. Ende Jänner 1917 meldete er sich zum Rapport und bat um einen Heiratsurlaub. Er müsse sich unbedingt verehelichen, erklärte er, denn der Pächter daheim verwirtschafte ihm Haus und Hof. Wie ihm bestimmt mitgeteilt worden sei, wäre sein Vieh schon magerer als die sieben Kühe Pharaos im Ägypterland, und das Feld täte gänzlich verwildern; er müsse das Gut wieder in die Hand nehmen, und dazu brauche er notwendig ein Mensch, auf das er sich verlassen könne wie auf sich selbst. Akkurat gelang es ihm, dem Oberleutnant die blitzblaue Geschichte glaubhaft zu machen. Der Oberleutnant verwies ihn mit der Sache an den Militärpfarrer, wo der Franzl die Farben noch blauer auftrug; doch hatte das Ding böse Haken, weil der Pfarrer auf gewissen Dokumenten bestand, die dem Heiratswerber fehlten. Da zwickte und drückte der Franzl so lange mit den Augenlidern, bis ihm das helle Wasser über das Gesicht tröpfelte, und er sagte in weinerlichem Ton:

»Die Dokumente bekomm ich leicht, aber mit dem Hin- und Herschreiben vergeht eine halbe Ewigkeit. Unterdessen verlier ich meine Braut; sie hat mir berichtet, daß sie nicht mehr länger wartet, denn sie kriegt einen andern. Es gibt nur ein Mittel: ich muß schnell heimfahren und die Sach' in Ordnung bringen, sonst schnappt mir der Lump das Madl weg, und ich bin ein geschlagener Häuter. Mein Gütl kracht unter den Schulden, und das Madl hätt' Geld. Wenn die Heirat zu Brocken geht, dann kümmre ich mich um alles nicht mehr, sondern wandre nach Amerika aus, oder i tu noch etwas Dummeres.«

Dem Geistlichen erbarmte der Jammerer; nach einigem Überlegen sagte er, wenn die Dinge so liegen, wäre es allerdings das Beste, schnell heimzufahren und die Dokumente sofort anher schicken zu lassen, worauf dann dem Heimatpfarrer die nötigen Lizenzen von hier umgehend zukommen würden. – Und richtig erhielt der Spitzbub einen vierzehntägigen Heiratsurlaub.

Als er am nächsten Tage über Bozen herausfuhr, grinste er wie ein Fuchs, dem es gelungen ist, einen Hühnerbraten aus der Pfanne zu stibitzen, auch lachte er über seinen Hof und die mageren Kühe, die irgendwo im Pomeranzenland standen, und noch mehr über die reiche Braut, die sicher noch mit den Mucken flog. Schon grübelte er, was für einen speckfetten Bären er den Herren Offizieren aufbinden wolle, wenn er unverrichteter Dinge vom Heiratsurlaub zurückkehrte.

Daheim in Amberg vertauschte er die Uniform gleich mit dem Zivilgewand, und er fühlte sich frisch und froh und frei wie ein Vogel, der aus dem engen, finstern Käfig hinaus in die weite, helle Welt entflohen ist. Aber die Verproviantierung stieß auf Schwierigkeiten. Er hatte keinen Neukreuzer im Sack, und sein anderes Besitztum, außer dem Rock am Leibe und dem Schusterwerkzeug, war nicht so groß, daß er den Daumen darauflegen konnte. Das Handwerksgerät zu verkaufen schien ihm nicht ratsam, denn er sägte sich damit den letzten Ast ab, auf dem er nach dem Krieg anhocken konnte. So beschloß er denn, sich selbst in dem einen oder anderen Hause, wo er früher gearbeitet hatte, zu Gast zu laden. Beim Gemeindevorsteher machte er den ersten Versuch; aber die Frau Bürgermeisterin schnitt ein greinsaures Gesicht und gab ihm schon nach einem Tag zu verstehen, daß seine eigenmächtige Einquartierung nicht unter das Kriegsdienstleistungsgesetz falle. Beim Tuftner, beim Mair, beim Hußl und beim Schiern ging es ihm nicht viel besser. Wohl horchte man einige Stunden auf seine lustigen und grauslichen Geschichten, aber dann begann sogleich die Klagemetten über die dürren Ähren und hungrigen Zeiten, über die schmalen Mehlkarten und das letzte Pätzlein Schmalz im Topfe. Wenn der Franzl dicke Ohren machte und den Jammer nicht verstehen wollte, wurde aus der Klagemette eine Rumpelmetten, und er mußte um ein Haus weiterziehen. Am sechsten Tag kam er zum Hirbesser, der mit drei erwachsenen Töchtern und einem alten Knechte droben am Berg hauste. Schon unter der Tür begrüßte ihn der Bauer.

»Ah, das ist recht, jetzt kommt der Schuster! Weißt, Franzl, könntest uns wohl das Schuhwerk ein bißchen zusammenflicken und etliche Paar neue machen; ich hab noch zwölf Pfund Leder.«

Pfui Teuxl, sind das im Hinterland jetzt lederne Menschen geworden! Soll ich mir wirklich den Urlaub verschustern? Aber von Tür zu Tür Schnallen drücken wie ein Gemeindepfründner mag ich auch nicht. Es wird nichts anderes übrigbleiben, als ein bißchen zu arbeiten. Unehr ist's keine, und im Notfall frißt der Teufel Schwaben. So kann ich wenigstens ohne Schande meinen Löffel in die Pfanne stecken, und nebenbei verdien ich mir etwas, so daß ich vom Urlaub noch später was zu beißen hab. Gedacht und beschlossen. Der Franzl holte vom Gemeindeamt sein Handwerkszeug, schlug beim Hirbesser auf dem Dreifuß seine Residenz auf und begann wacker zu nageln, zu pflastern und zu steppen. Tagaus, tagein ging es nun pum, pum mit dem Hammer und tritsch, tratsch mit dem Schnabel, das Mundwerk war noch flinker als der Hammer und brachte tausend Geschichten vom Kriegsleben zu Gehör, wobei die drei Hirbesser-Mädel, die neben ihm ihre Spinnrädchen drehten oder nicht drehten, die aufmerksamsten Zuhörerinnen abgaben.

»Giglgeigen«, erzählte er, »auf dem Col di Lana, da hab ich eine nette Himmelfahrt gemacht. Unser drei Kompanien sind droben auf dem Berggupf gestanden, und auf einmal geht der ganze Berg mit uns in die Luft. Neunzig Meter bin ich in die Höhe geflogen und dann auf der andern Seite wieder herab, mitten in eine Heutriste hinein. Da bin ich so weich aufgefallen wie damals, als mich Sankt Petrus als kleines Kind vom Himmel in die Wiege herabgeworfen hat, und nicht ein Gliedlein hat mir wehgetan.«

Die Mädchen lachten hellauf, das jüngste frug:

»Habt Ihr nicht furchtbar zu kalt gehabt da droben – und gar bei Nacht?«

»Oh, in der Nacht sind wir in die Kanonenrohre hineingeschloffen, da drinnen ist's wärmer wie in einem

Ofen. Wenn zehn Schuß aus einer Kanone geschossen werden, kühlt sie Tag und Nacht nimmer aus.«

»Wie ist's denn mit dem Essen gewesen«, fragte die zweite Hirbessertochter, »habt Ihr wohl immer genug gehabt?«

»Genug, hahaha! Halb genug auch selten, meistens grad so viel, daß Leib und Seel zusammengehangen sind. Meinen Kameraden ist's besser gegangen als mir; denn sie haben fast jede Woche ein Packl erhalten mit Würsten, Speck, Gugelhupf, Brot und dergleichen. Aber so ein armer Teufel wie ich, der keinen Menschen hat auf der ganzen Welt und verlassen ist wie der Stein auf der Straßen, der darf sich so etwas nicht einbilden. Oft sind mir die Augen naß geworden vor lauter Zuschauen, wie die andern essen; die weggeworfenen Speckschwarten hab ich aufgeklaubt und stundenlang daran genagt, und ganze Nächte hab ich an den leeren Wursthäuten gekaut. Hunger tut weh.«

»Du armer Häuter«, weinte Nesl (Agnes), die älteste und schönste Hirbessertochter, »hast wirklich nie etwas bekommen?«

»Nichts, gar nichts«, sagte der Franzl, die Rührung des Mädchens wohl beachtend und gleich bemüht, dieselbe auszunützen; »durch all die zwei Jahre hat mir kein Sterbensmensch eine Zeile geschrieben, noch weniger Brosamen geschickt. Oft hab ich einen Hunger gehabt, daß ich bei hellichtem Tag die Sterne sah, buchstäblich wahr, ich hab zu Mittag den Himmel voll Sterne gesehen. Und einmal hab ich auf einer welschen Alm Gras gefressen wie das liebe Vieh.«

»Um 's Himmels willen, Gras essen kann doch ein Mensch nicht!« rief das Mädchen.

»Warum denn nicht? Gras ist eine prächtige Nahrung, vom Gras kommen Milch und Butter. Es bleibt sich gleich, ob man's ein bißl früher und in grünem Zustand ißt oder später, wenn's durch die Kuh gegangen ist. Ich hab einmal auf der welschen Alm einen breiten Grasfleck wurzweg abgeweidet – so gewiß, als ich da sitz, ich lüg nicht –, und geschmeckt hat's mir besser als die saftigsten Butterkrapfen . . . Übrigens ist für so einen armen Teufel, wie ich bin, alles gut genug; am besten wär's, es treffet ihn eine Kugel, er versäumt ja doch nichts auf der Welt.«

Jetzt kam allen drei Mädchen das Elend, und die lichten Tränen kugelten ihnen über die Wangen. Der Franzl aber lachte hellauf und jodelte:

»Juhei und juhua,
bin a lebfrischa Bua,
und i tauschet koan Herrn;
bald mi 's Buasein nimmer freut,
kann i Frühmesser wer'n.«

Sagte die Nesl nach einer Weile:

»Franzl, wenn du wieder eingerückt bist, schreibst mir eine Karte und gibst mir deine Adresse an, gelt? Nachher kriegst eine Antwort von mir, und ich bericht dir alle Neuigkeiten von daheim.«

Eine Karte schicken wollte er schon, versprach der Franzl enttäuscht, aber die Neuigkeiten von daheim täten ihn nicht sonderlich wundern. Patsch, patsch, fiel der

Hammer auf die Sohlen, und sein Zungenradl stand eine Viertelstunde still; dann kehrte er es wieder an und erzählte neue Geschichten, bald lustige, bald rührende, just wie sie ihm in den Schnabel kamen. Nach drei Tagen machte er eine Entdeckung: Die Nesl ging nicht mehr aus der Stube, solang er drinnen war, und schaute ihn immerfort so stracks an, als ob sie seine Barthärlein zählen wollte. Das gab nun dem Franzl zu kopfen, und auch er warf tausend verstohlene Blicke auf das Mädchen. Immer besser gefiel es ihm jetzt auf seinem Dreifuß, immer lustiger schusterte er drauflos. Leider kam allzubald das Ende der Herrlichkeit.

Er hatte von seinem Urlaub bloß mehr den Sonntag und den halben Montag, am Montagnachmittag sollte ihn die Eisenbahn wieder an die Front führen. Nicht so hell wie sonst klang an diesem Sonntag sein Lachen. Nach der Vesper stapfte er gleich dem Hirbesserhofe zu, wo er die Nesl allein zu Hause traf; die andern waren noch nicht von der Kirche heimgekommen. Müd setzte er sich hinter den Tisch, stützte den Kopf in die Hände und tat einen Seufzer, so lang wie die Ellbögner Straße, dann keuchte er:

»O Nesl, mir geht's schlecht, weißt, ich bin nicht mit rechten Dingen im Urlaub da.«

»Um Gottes willen, du wirst doch nicht desertiert sein?« erschrak das Mädchen.

»Das nicht, aber ich hab den Herren einen blauen Rauch vorgemacht und den Urlaub herausgeschwindelt. Sobald ich zurückkehr, muß ich Farbe bekennen, und da gibt's einen Krach. Am End lassen sie mich gar erschießen.«

»Heiliges Kreuz, das wär' ja schrecklich! Wegen so
einer Kleinigkeit werden sie die Leut nicht erschießen.
Franzl, es muß doch ein Mittel geben, daß du draus-
kommst.«

»Es gäb schon ein Mittel, und du, Nesl, könntest mir
helfen. Brauchst bloß sieben, acht Zeilen für mich nieder-
zuschreiben, daß ich sie beim Kommando vorweisen
kann, dann bin ich gerettet.«

»Alles schreib ich, von Herzen gern, sag grad, was ich
schreiben soll.«

»Das will ich dir genau angeben; aber zuerst muß ich
dich ein bißchen aufdeutschen. Weißt, in alle Ewigkeit
hätten sie mir keinen Urlaub gegeben. Da hab ich gesagt,
ich muß nach Hause fahren, um mich kriegstrauen zu

lassen, und richtig hab ich einen Heiratsurlaub bekommen.«

»Geh, geh, Franzl«, errötete das Mädchen, »jetzt treibst wieder Spaß.«

»Tät' mir gar nicht heraufgehen, das Spaßen – da schau.«

Er zog den Urlaubsschein aus der Tasche und reichte ihn dem Mädchen. Akkurat stand da drinnen, daß der Franzl zum Zwecke der Verehelichung vierzehn Tage beurlaubt wurde.

»Was nachher?« fragte sie.

»Jetzt nimmst einen Bogen Papier«, erklärte er, »und schreibst, daß aus der Heirat nichts werden kann, weil du mich nicht mehr magst. Bittschön, Nesl!«

Das Mädchen errötete noch heftiger und sagte:

»Aber das ist ja eine aufgelegte Lug.«

Da sprang er in die Höhe, sperrte die Augen auf und riß den Mund weit auseinander, so daß er aussah wie der leibhaftige Vollmond, stand auch scheinbar so überrascht da, als ob ihn ein Stern vom Himmel geschneuzt hätte. Dann rief er:

»Was sagst, Nesl, es wär' eine Lug? Ja, das ist noch hundertmal besser. Du magst mich also!«

»Das hab ich nicht gesagt«, stotterte das Mädchen.

»Ja wie denn sonst? Wenn's eine Lug ist, daß du mich nicht magst, dann kann die Wahrheit nur sein, daß du mich magst; etwas anderes gibt's nicht.«

»Dir ist doch kein Ernst mit dem Heiraten.«

»Mir? Großheiliger Ernst ist mir. Ich bin jetzt lang genug ein einschichtiger, verlassener und vergessener

66

Häuter gewesen. Möcht grad einmal einen Menschen haben, dem ich mit Leib und Seele angehören, dem ich offen ein liebes Wort schreiben, den ich von Herzen gern haben kann. Nesl, du wärst dieser Mensch, und du könntest mich sternglücklich machen.«

»Warum hast denn nicht früher und ordentlich um mich gefragt?«

»Himmlische Geigen, ich hätt' mich in alle Ewigkeit nicht getraut. Du bist ja reich, eine angesehene Bauerntochter und das schönste Mädchen in ganz Amberg – was sag ich in Amberg? –, im ganzen Land, und ich bin arm wie eine Kirchenmaus, der reinste Niemand, ein Kieselstein, den man in den Bach wirft. Aber weil du mir's ins Maul gibst, so getrau ich mich jetzt und werb in allen Ehren um deine Hand . . . Mein Gott, es wird wohl nichts nützen, denn dein Vater gibt's nicht zu.«

»Franzl«, sagte das Mädchen mit strahlenden Augen, »wenn wir zwei es miteinander richtig haben, dann bringt uns keine Gewalt der Erden auseinander. Mit dem Vater laß nur mich verhandeln, ich weiß schon, wie er herumzukriegen ist. Jetzt gehst fort von da, und abends um sechs, halb sieben kommst wieder herauf, dir die Antwort zu holen.«

Gesagt, getan. Als der Franzl am Abend seinen Kopf wieder zur Stubentür hereinsteckte, war der Hirbesser von seiner Tochter schon überwunden. Er brummte wohl noch ein wenig wie ein in den Schweif gezwickter Bär; aber schließlich machte er gute Miene zum bösen Spiel, ließ Werberkrapfen backen, aß selber am tapfersten mit und bestimmte, um doch auch seine Herrschermacht zu zeigen, daß die Hochzeit erst nach Ostern stattfinden solle. Bis dahin brauche man notwendig die Zeit, um sich einzurichten. – Am nächsten Morgen ging der Alte mit seiner Tochter und dem vermeintlichen Nachfolger, recte Schwiegersohn, zum Pfarrer von Amberg und ließ die nötigen Dokumente, die von der Militärbehörde zur Heirat verlangt wurden, ausfertigen. Der Pfarrer legte auch ein Schriftstück bei, worin die Verzögerung der Heirat aufgeklärt war.

Als der Franzl am Abend mit der Eisenbahn über den Brenner gondelte, jauchzte er bald zum einen Fenster hinaus, bald zum andern, schlug sich auf die Brust und sagte:

»Bub deines Vaters, diesmal hast dich selbst übertroffen und bist sogar dem Glück zu schlau geworden, oder richtiger, das Glück dir. Dem Schneidigen gehört die Welt, und ein frischer, lustiger Mensch geht nicht unter.«

Beim Regiment konnte er sich mit seinen Schriften vollkommen ausweisen; er hatte keinen Anstand. Zu Ostern bekam er wieder einen Heiratsurlaub und wurde mit der Hirbesser-Nesl in Amberg getraut. Da unterdessen seine Kompanie zu einem Dienst im Hinterland kommandiert war, reichte der Hirbesser um einen Alpenurlaub für den Schwiegersohn ein, der auch bewilligt wurde. Den ganzen Sommer brachte der Franzl auf der Alm zu, jauchzte und jodelte alle Täler voll und redete mit seinem Schnabel allen Bergen Löcher in den Wanst. Jede Woche einmal kam er nach Hause herab, und schon zur Türe hinein sang er:

»Und droben auf'm Berg,
da kannt'st 's Reden verler'n,
i mueß unter die Leut',
i will koan Einsiedl wer'n.«

DIE PUPPE

Herr Munker, Professor der Latinität – das heißt der edlen lateinischen Sprache, war ein putziges, knollendickes Männlein mit einer blanken Tellerglatze, einem spiegelnden Vollmondgesicht, einer dickglasigen, runden Hornbrille, hinter der zwei kleine, stechende Äuglein schimmerten, die aber so kurzsichtig waren, daß sie drei Spannen vor der Nase eine Kuh nicht mehr von einer Geiß unterscheiden konnten – mit einem speckigen, näselnden Stimmorgan, das kein reines »a« und »u« hervorbrachte, sondern statt »a« jedesmal »ä« und statt »u« »o« sagte – mit einem abgeschabten Schwalbenfrack, dessen magerer Schwanz Hinterpommern nur halb verdeckte – mit einer halben Portion Strenge, einer viertel Portion Grobheit und einer ganzen Portion schlecht verborgener Herzensgüte. Außerdem verstand Professor Munker die »Latinität« aus dem Fundament und gab nicht nach, bis auch seine Schüler diesen »wichtigsten aller Gegenstände« im kleinen Finger hatten. Jede Nachlässigkeit und alles Nichtwissen wurde unerbittlich mit Nachsitzen bestraft. »Sie bleiben näch der Schole eine Stonde zorück ond ziehen die läteinische Grämmätik besser zo Räte!« lautete das jedesmalige Urteil über faule Schüler. Und während dieser nachsitzenden Strafstunde waren die armen Häftlinge vor dem Herrn Professor keineswegs sicher. Er blieb zwar nicht wachehalber in der Klasse, sondern hockte drüben im Konferenzzimmer hinter einer

Zeitung, kam aber regelrecht alle Viertelstunden, oft auch alle fünf Minuten herüber in die Klasse, nachzuschauen, ob wohl keiner der eingesperrten Vögel ausgeflogen sei. Gewöhnlich steckte er nur den Kopf ein wenig zur Türe herein und zog sich dann wieder mit einem wohlgefälligen »So – so – schön – schön« zurück. Nur ab und zu, wenn er in besonders gütiger Stimmung war, kam er ganz herein, blieb jedoch vor den ersten Bänken stehen und hielt »seinen lieben Freunden« eine wohlmeinende, gerührte Ansprache. Zu seinen »allerliebsten Freunden« gehörte der Student Knabl, der jede Woche zirka dreimal nachsitzen mußte. Der Knabl war einer von der Sorte des Nant und des Pips. Er hatte Talent für drei, verwendete dasselbe jedoch leider nicht zur Pflege der Wissenschaft, sondern nur für die freien Künste, das heißt zum Aushecken verwegener Pläne und zum Ausführen toller Streiche. Im Klassenbuch war sehr wenig Löbliches von ihm zu lesen, desto lauter und rühmender feierten ihn aber seine Kameraden als Helden und Mann.

Es war zu Mitte November. In diesem Halbmonat hatte der Knabl akkurat zwölfmal nachhocken müssen. Nun wurde ihm die Geschichte zu langweilig, und er beschloß, sich einen Stellvertreter, oder besser, einen »Stellversitzer« anzuschaffen. Und kaum gedacht, ward der Plan zum Werk gemacht. Der Knabl nahm eine alte Hose, stopfte dieselbe mit Stroh aus, in die obere Öffnung steckte er einen vollen Strohsack; den Strohsack bekleidete er mit Weste und Rock; oben band er einen heraustehenden Kürbis fest, und dem Kürbis setzte er sein Studentenkappl auf, mit dem Schilde nach hinten. In die

Rockärmel steckte er zwei krumme Hölzer, die den gedankenschweren Kürbis auf der Bank stützen sollten. Diese Strohfigur erhielt nun die verantwortungsvolle Aufgabe, anstatt des Knabl die bitteren Nachsitzungen abzuhalten. Knabl rechnete dabei auf die Kurzsichtigkeit des Herrn Professors, der sicher den strohernen Knabl vom leibhaftigen nicht unterscheiden konnte. Unter tosendem Jubel der Kameraden brachte Knabl die Puppe eines schönen Nachmittags in die Klasse. Es war Mittwoch, daher bloß eine Stunde, und zwar Latein. Vor Ankunft des Professors wurde die Puppe unter den letzten Bänken verborgen. Der Unterricht begann, aber ein Flüstern und Kichern in den oberen Regionen wollte nicht verstummen. Da schrie Herr Munker erbost:

»Wäs ist dä droben für ein Märkt? . . . Knäbl, treiben Sie wieder einmäl Frätzereien?«

Frech erhob sich der Angerufene und sagte laut: »Aber ich muß recht sehr bitten, Herr Professor, ich tue gar nichts.«

»Hälten Sie den Mond, Sie vorlauter, frecher Borsche«, schnaubte nun der Professor, »glauben Sie, ich läß mir von Ihnen auftrompfen? . . . Äber jetzt bleiben Sie geräd stehen, wir wollen sehen, ob Sie etwas können . . . Übersetzen Sie – Zeile fünfzehn, den Äbsätz.«

Die Übersetzung des Knabl war sehr unsicher und holperig. Nach einer kleinen Weile rief der Professor schon unwillig:

»Knäbl, Knäbl, ich hege den Verdächt, däß Sie gär nichts stodiert häben . . . Jetzt sägen Sie ons einige Vokäbeln . . . Wäs heißt trägen?«

»Tragen heißt ferre«, antwortete Knabl richtig.

»Präsens! Perfekt! Pärtizip!«

»Fero – fertuli – ferlatum«, replizierte Knabl.

Herr Munker fiel beinahe in Ohnmacht.

»O bärmherziger Himmel!« stöhnte er, »Knäbl, Sie sind däs größte Mondkälb, däs in ein Päär Stiefeln geht. Merken Sie sich, Sie schändlicher Borsche, däs ist eine Todsünde, ein Verbrechen gegen die edle Lätinität . . . O Schände! O Schmäch! . . . Knäbl, Sie bleiben heute näch der Schole zwei Stonden zorück ond flicken Ihre bodenlose Onkenntnis aus.«

Ein Lachen ging durch die Klasse. Da wurde der Professor nervös und beteilte noch zwei Studenten, den Spiegel und Schmöller, mit je einer Strafstunde.

Es war drei Uhr. Das Klassenzimmer leerte sich langsam, auch der Professor ging. Nur die drei Nachsitzer blieben lachend zurück. Aber auch der Knabl blieb nicht lange. Er holte die Puppe unter den Bänken hervor und setzte sie kunstgerecht an seinen Platz. Dann lachte er hell auf. Die Strohfigur hockte in solch wunderbarer Haltung da, den Kürbiskopf auf die zwei Ärmel gestützt und fleißig über ein offenes Buch geneigt, daß selbst ein schärferes Auge als das des kurzsichtigen Professors auf den ersten Blick getäuscht worden wäre. Nachdem Knabl seinen Strohmann noch ordentlich auf dem Sitz befestigt hatte, mahnte er seine zwei Haftgenossen, ihn ja nicht durch auffälliges Lachen zu verraten, dann schlich er zur Tür hinaus, huschte die Treppen hinunter und schlüpfte in ein der Schule gegenüberliegendes Bierhaus. – Droben im Klassenzimmer blieb es eine Zeitlang ruhig. Der Spiegel und der Schmöller kicherten leise in sich hinein. Nach einer Viertelstunde schob der Professor das erste Mal seinen runden Kopf zur Tür herein, später kam er noch zweimal, sagte: »So – so – schön – schön«, und ging wieder. Da, vor Ablauf der Stunde, erschien er zum vierten Male, trat aber vollends in das Zimmer herein, stellte sich vor die erste Bank hin, nahm eine würdevolle Position an, faßte den vermeintlichen Knabl scharf ins Auge, ohne das Blendwerk zu erkennen, räusperte sich und begann auf die in der vorletzten Bank hockende Puppe einzureden.

»Knäbl«, sagte er in rührseligem Ton, »Sie ton mir leid. Sie roinieren sich Ihre gänze Zokonft. Sie mit Ihrem schönen Tälent könnten einmäl eine hohe Stofe in der bürgerlichen Gesellschäft erklimmen, wenn Sie nor wollten. Äber nein, Sie schlägen meine väterlichen Ermähnongen in den Wind, vergräben Ihr schönes Tälent in die Erde ond kümmern sich nicht om den Ausgäng. – Knäbl, Knäbl, ich säge Ihnen, mit dieser Lebensführong kommen Sie auf den Hond, dä werden Sie ein Taugenichts, ein Broder Liederlich, ein Lomp! . . . Knäbl, ich äppelliere än Ihr Ehrgefühl. Sie häben mich heute dorch Ihre bodenlose Onkenntnis ond dorch die Schändong der edlen Lätinität schwer beleidigt, Sie häben meine Ächtung verloren. Ich will äber noch einmäl Gnäde vor Recht ergehen lässen. Ich schenke Ihnen meine Ächtong wieder und will Ihnen auch die zweite Sträfstonde nächsehen, wenn Sie mich om Verzeihong bitten ond Besserong geloben.«

Er schaute gespannt auf den vermeintlichen Knabl, aber dieser rührte sich nicht und sagte kein Wort.

»Knäbl, häben Sie gehört, wäs ich säg? Jetzt antworten

Sie mir. Empfinden Sie Reue über Ihre heutige Mißhändlong der läteinischen Spräche, ond wollen Sie mir Genogtoong leisten?«

Wieder blieb alles still. Die beiden andern Studenten bissen verzweifelt in ihre Taschentücher, hielten die Hände vors Gesicht und glaubten, vor verhaltenem Lachen zerspritzen zu müssen.

»Knäbl, sind Sie taub? Häben Sie kein Ohr für die goten Rätschläge Ihres Lehrers! Regt sich kein Fonken Ehrgefühl in Ihrer Brost? – Jetzt reden Sie, ich befehle es Ihnen!«

Der Knabl rührte sich nicht und sprach kein Wort. Da wurde der Professor rot vor Zorn und donnerte auf den gefühllosen Sünder herab:

»Wäs? – Trotz? – Trotz? . . . Knäbl, Trotz leid ich keinen, äbsolot nicht! . . . Eine Portion Leichtsinn känn ich jongen Leuten verzeihen – Jogend hät bekänntlich keine Togend – äber Trotz ist Bosheit ond moß onnächsichtlich besträft werden . . . Knäbl, wenn Sie nicht augenblicklich reden, diktiere ich Ihnen zwei Täge Kärzer – dänn können Sie trotzen.«

Der Knabl tut keinen Muckser und gibt keinen Laut von sich. Da wird der Professor ganz wütend, rennt stürmenden Schrittes auf den Widerhaarigen zu, ohne auch in nächster Nähe das Trugbild zu erkennen, und schreit zahnbrecherisch:

»Sie Lümmel, Sie ongehobelter Klotz, wissen Sie, wäs Sie Ihrem Professor scholdig sind? – Gleich stehen Sie auf! – Wenn Sie mit einem Herrn Professor reden, häben Sie zu stehen, däs verlängt der Respekt.«

Aber der Knabl rührt sich nicht. Der Professor bringt vor Aufregung kein Wort mehr heraus, sondern stampft nur im höchsten Zorn wütend mit dem Fuß auf den Boden; durch die Erschütterung des Bodens verliert die Strohpuppe das Gleichgewicht, kommt ins Wanken und kollert zwischen den Bänken hinunter, wobei der Kürbis dumpf auf dem Boden aufschlägt. Da erschrickt der Professor heftig und ruft geängstigt:

»Himmel, der Jonge ist kränk, er ist ohnmächtig geworden! . . . Schnell, Spiegel, gehen Sie hinonter ond holen Sie ein Wässer; ich will gleich den Scholdiener rofen; Sie, Schmöller, bleiben hier.«

Mit diesen Worten stapfte er eilig zur Tür hinaus. Draußen im Gang rannte er an dem wirklichen Knabl vorbei, der heraufgekommen war, um zur Vorsicht einmal nachzuschauen, und sich noch rechtzeitig hinter einem Kasten verstecken konnte. Kaum war der Professor entschwunden, stürzte der Knabl ins Klassenzimmer, ließ sich von Schmöller rasch den Lauf der Dinge erzählen, dann verräumten sie schnell die Puppe, und der wirkliche Knabl setzte sich an deren Platz. – Da kamen auch schon der Professor und der Schuldiener hereingelaufen. Als ersterer den Knabl wieder aufrecht sitzend erblickte, rief er ganz beglückt:

»Knäbl, es geht gottlob wieder besser, nicht währ? – Aber wäs ist denn däs gewesen! Sind Sie schon länger kränk?«

»Nein, Herr Professor«, tat der Student kläglich; »aber entschuldigen Sie, ich hab heute noch keinen warmen Bissen in den Mund gebracht, weil ich keinen Kosttag hab, und da ist mir übel geworden. Ich hab auch kein Wort verstanden, was der Herr Professor vorhin geredet haben.«

»Ärmer Jonge«, bedauerte der gutmütige Professor, »Sie ton mir leid. Äber däs hätten Sie mir gleich sägen sollen ... Nätürlich gelten die Injorien, die ich früher gemächt häb, nicht Ihnen – ich nehm älles zorück ... Ond jetzt wollen wir Ihnen gleich wäs zom Essen schäffen. Kommen Sie mit mir.«

Und wirklich ging der Spitzbub mit dem Professor. Dieser führte ihn in seine Wohnung und drückte ihm dort eine Fünf-Gulden-Banknote in die Hand.

Die Geschichte wurde viel belacht, aber von diesem Tage an datiert auch die Bekehrung des Knabl. Die Güte des Professors ging ihm so zu Herzen, daß er sich des Lumpenstückleins schämte und den festen Vorsatz faßte, dem Professor durch bessere Lebensführung Genugtuung zu leisten. Am selben Tage noch schrieb er in sein Merkbüchlein:

»Du liederlich's Bürschl,
du mußt di' bekehr'n;
aus ein leichtsinnig'n Früchtl
kann a no was wer'n.«

Und es ist etwas aus ihm geworden, wie überhaupt aus
allen frischen, lustigen Studenten etwas wird, wenn sie
nur im Herzen gesund bleiben. Der Knabl steht jetzt
sogar auf einer hervorragenden Stufe der bürgerlichen
Gesellschaft, wie einst Herr Munker prophezeit hat, aber
von der Puppengeschichte hört er nicht mehr gern reden.

GRETL DURCHEINAND

Die Truberbäuerin von St. Gervas, Gretl mit Namen, war eine sehr häusliche und vernünftige Frau, solange ihre Arbeiten und Besorgungen den gewöhnlichen, ruhigen Lauf gingen. Wenn sich aber die Geschäfte häuften und die Zeit zur Eile drängte, kam Frau Gretl vollständig aus dem Zirkel. Sie surrte dann wie eine Bremse durch das Haus, stürzte über Kehrtruhe und Kessel, wollte alles zugleich angreifen und richtete nichts aus, sondern brachte alles rumpis, stumpis durcheinander. Es ging dann nach dem bekannten Wiener Liedl:

»A Geig'n is a Dudelsack,
a Winterrock, das is a Frack,
a Blunz'n is a Leberwurst,
a gsalz'ner Haring hilft für Durst,
a Reitschul is a Ringlspiel,
a Sabel is a Besenstiel,
der Schnupftabak is a Kaffee,
Petroleum a Kaisertee,
der Schuster is a Brezenbäck,
und wer's nit glabt, der streit mir's weg.«

Einmal, es war am hohen Kirchsonntag, spielte der Frau Gretl ihr Haspelgeist besonders übel mit. Schon hatte es zur Kirche geläutet. Frau Gretl sollte rechtzeitig zum Spätgottesdienst kommen, sollte sich zopfen und sollte ihr neues Festkleid anlegen, sie sollte aber auch kochen und manches noch für das große Kirchtagsmahl herrichten. Wie sie es schon im Brauch hatte, nahm sie alle diese Angelegenheiten zugleich in Behandlung. Mit der einen Hand ordnete sie Leberwurst und Kren auf einem Teller, mit der andern steckte sie sich einen falschen Zopf in die Haare; jetzt schob sie den großen Fleischtopf über das Feuer, in der nächsten Minute kugelte sie in die Stube, um sich rasch Gesicht und Hände zu waschen und den Rock anzulegen; dann hüpfte sie wieder in die Küche und setzte den Krauthafen auf den Herd, daß er zum Sieden komme, unmittelbar daneben griff sie zu Stiefelwichs und Bürste, um die Schuhe glänzend zu machen . . . Und als sie noch mitten in der Tschurri-Murri drinnen war, begann es vom Kirchturm das Andere (Zweite) zu läuten. Nun schlug Frau Gretl die Hände über dem Kopf zusammen und jammerte:

»Himmlisches Jerusalem, jetzt läutet's schon hinauf, und heute predigt der Pfarrer! Der schaut allemal, wenn man zu spät kommt, so harmlgrantig herunter, wie der Pharao in der Biblischen Geschichte!«

Sie rannte abermals in die Kammer. Dort schrie sie plötzlich:

»Pudelbalmbesen, wo hab ich denn jetzt meinen Zopf? – Der hat sich aus reiner Bosheit versteckt . . . Gleich ist's auch, zopf ich meine eigenen Haare.«

Diese Arbeit ging schnell. So, jetzt noch die seidene Schürze umgebunden und den neuen Hut aufgesetzt – da wären wir's . . . Aber Tausendstern, sie hatte noch vergessen, den Speck in das Kraut zu tun, damit er während der

Kirchzeit siede ... Also schnell in den Speisgaden und
eine Viertelspeckseite herabgeschnitten. – Kaum ist das
geschehen, fällt ihr ein, daß sie kein Gebetbuch und kein
Sacktüchlein eingesteckt habe. Also noch einmal in die
Kammer. – Sie nimmt den »Goldenen Himmelschlüssel«,

ein ansehnliches Gebetbuch mit fester Lederscheide, aus dem Kasten – und ein geblümtes Tüchlein . . . Jetzt rasch in die Küche, um tüchtig nachzuschüren, daß es während des Gottesdienstes auch koche . . . Himmel! Es läutet schon zusammen. Nur schnell! Schnell! – Den Speck hinein in den Krauthafen und ein Luck drauf, so . . . Das Gebetbuch in den Sack und auch das Taschentüchlein, gut! . . . Hat sie wohl nichts vergessen? – Noch manches lag auf dem Küchentisch, aber es war nicht mehr Zeit, nachzuschauen – nur fort, fort!

An der Kirchtür mußte sich Frau Gretl mit Gewalt durch das unvermeidliche männliche Stehpublikum hindurchzwängen, um in das Innere zu kommen. Hinten waren alle Stühle besetzt, der Pfarrer stand schon auf der Kanzel und las das Evangelium. Nach einigem Spekulieren entdeckte die Verspätete ganz vorne noch einige freie Plätze. Rasch, ehevor der Pfarrer vom Buche aufschauen konnte, schusselte Frau Gretl an den Bänken hin und schob sich vorn in einen Stuhl. – Gott Lob und Dank, jetzt konnte sie einmal rasten! – Sie glühte wie eine Osterkugel, und der Schweiß tropfte ihr von dem angestrengten Laufen in dicken Grallen vom Gesichte. Scheinbar aufmerksam horchte sie dem Prediger zu, ihre Gedanken waren aber daheim beim Krauthafen, beim Fleischtopf und Wurstkessel. Während sie ihre Augen auf die Kanzel richtete, zog sie das Sacktuch hervor und wischte sich mehrmals den Schweiß von den Wangen. Plötzlich hörte sie neben sich ein leises Kichern, und als sie zur Seite blickte, sah sie, wie die Riedlbäuerin, die neben ihr saß, die Hände vors Gesicht hielt und mit aller Kraft ein Lachen unterdrückte. Frau Gretl, in der Meinung, daß irgendwo etwas Spaßhaftes zu sehen sei, lachte auch und drehte ihren Kopf im Kreise. Da ging rundum ein halblautes Gekicher an, und Frau Gretl stimmte mit ins Gekicher ein . . . Wahrscheinlich wird der Pfarrer sich versprochen und etwas Lachhaftes gesagt haben . . . Jetzt hielt der Pfarrer im Predigen inne und schaute auf die lachende Gesellschaft herab, Frau Gretl aber wandte ihm ihr Antlitz zu, ohne ihr Lachen zu vermindern. Nun machte der Pfarrer ein Gesicht, als ob er einen faulen Erdapfel im Mund habe, kehrte sich gegen die Wand und hatte die längste Zeit Arbeit mit Husten und Schneuzen. Ein paar kleine Mädchen in der vordern Bank schauten zurück und brachen alsbald in ein ganz lautes, trillerndes Lachen aus . . . Was doch das für ungezogene Fratzen sind! Wenn die ihr, der Gretl, gehörten, würde sie ihnen aufs Maul schlagen . . . Aber . . . um Gottes willen, was ist denn nur los? All die lachenden Augen rundum sind auf ihr Gesicht gerichtet . . . Verwirrt ließ Frau Gretl den Blick auf ihren Schoß sinken. Da erblaßte sie jäh. Oooh, du lieber Pompilius, was war denn das? . . . Sie hatte nicht ihr Sacktüchlein in der Hand, sondern ein Küchenhandtuch . . . Himmlisches Vaterland, wie mußte ihr Gesicht ausschauen! Drei-, viermal hatte sie sich mit dem rußigen Küchenhuder den Schweiß abgewischt. Auch ihre Hände waren kohlschwarz. Sie glaubte, vor Scham in den Boden versinken zu müssen und wäre lieber daheim im siedenden Krauthafen gehockt als da in der Kirche. – Aber es ließ sich nichts anderes machen als ruhig ausharren; sie steckte das vermeintliche Taschentüchlein wieder ein und tat, als ob nichts geschehen wäre. – Endlich war die Predigt zu Ende, und es begann das feierliche Hochamt. Beim Niederknien merkte Frau Gretl, wie sich abermals viele lachende Augen auf sie richteten. Fast zornig schlug sie die Hände vor das Gesicht und versuchte zu beten, brachte aber kein Gebet fertig. Da mußte schon der »Goldene Himmelschlüssel« helfen. Langsam zog sie das dicke Gebetbuch aus dem Sacke und hielt es eine Zeitlang geistesabwesend in den Händen. Da lachte auf einmal die ganze Bank grell und laut zusammen, die Riedlbäuerin war ganz braun vor Lustigkeit, und Frau Gretls Küchendirn, die in der zweiten Bank saß und schon von Haus aus eine Lachgrille war, schüttelte sich im Lachkrampf wie ein Mühlbeutel. Ängstlich blickte die Gretl an sich herum, und – o heiliger Sankt Fritz – jetzt schaute sie das Ungeheuerliche. Sie hielt in der Hand nicht ihr Gebetbuch, den »Goldenen Himmelschlüssel«, sondern ein großes Trumm Speck. – Du verhagelter Dachsbartel! Jetzt hatte sie richtig das Gebetbuch zu Hause auf dem Küchentisch liegenlassen und dafür die Viertelspeckseite, welche in das Kraut gehörte, eingesteckt ... Das Lachen rund um sie hatte kein Ende mehr.

Frau Gretl begann zu weinen, aber mehr aus Zorn als aus Jammer. Bald jedoch schämte sie sich der Tränen, biß die Zähne grimmig aufeinander und hielt bis zum Schluß des Amtes trotzig stand. Beim letzten Evangelium raffte sie sich auf und schoß, gleich einer Wespe, zur Seitenkirchtür hinaus, blickte nicht links und nicht rechts, sondern stürmte schnurstracks ihrem Hause zu. Dort landete sie in ihrer Kammer, riß den Spiegel von der Wand und schaute hinein ... Verschon uns, o Herr! – Sie sah aus, als ob sie nicht die Truberbäuerin, sondern des Mohrenkönigs Kaspar Weib sei. Schnell streifte sie das Festtagskleid ab, legte das Feiertagsgewand an und wusch sich fieberhaft den schmalzigen Ruß von den Wangen. Als sie soweit hergestellt war, daß sie wieder vor menschlichen Augen erscheinen konnte, sauste sie wie eine Bombe in die Küche. Sie blieb jedoch an der Türe wie angewurzelt stehen. Da drinnen hockten ihre zwei Mägde – Resl und Nandl – und verzappelten beinahe vor Lachen.

»Was habt ihr denn, ihr dummen Geißgänse?« fuhr die Bäuerin dazwischen; »wenn ihr über eure eigene Narrheit genug lachen wollt, dürft ihr bis zum Jüngsten Tag nicht aufhören.«

Die Nandl zeigte, schluchzend vor Lachen, auf den Küchentisch. Da stand ein weißer Anrichtteller mit einem Häuflein Kren, um das ein riesiger Haarzopf zierlich herumgelegt war; daneben lag in einer Papierschachtel mit Seife und Kamm behaglich eine Leberwurst. – »Du heiliger Bittfüruns, jetzt geht mir ein Licht auf!« schrie die Bäurin, raffte alles zusammen und schüttete in ihrer Wut Zopf und Kren und Seife und Leberwurst und Kamm an einen Ort, wo dergleichen Dinge nicht hingehören. – Dann flog sie wieder in den Speisgaden, schnitt ein großes Trumm von der Speckseite herab und reichte es der Küchendirn, indem sie befahl:

»Da, Resl, gib den Speck in das Kraut – wird eh kaum mehr sieden.«

Die Magd tat, wie ihr geheißen. Als sie aber den Deckel vom Krauthafen abnahm, sah sie, daß schon ein Speck im

Kraut drinnen lag und machte die Bäuerin darauf aufmerksam. Diese wollte es nicht glauben, denn sie hatte ja vor dem Kirchgang den Speck vergessen, in das Kraut zu tun. Rasch nahm sie eine Gabel, stocherte damit im Hafen herum und zog auch richtig ein viereckiges zähes Stück heraus. Da schrie die Resl:

»Bäuerin, das ist ja ein Leder!«

»Mein Himmelschlüssel!« lärmte die Gretl.

»Der Bäuerin ihr Gebetbuch – hihihi«, krähte die Nandl.

Jetzt gingen der Frau Gretl zwei Lichter auf, so hell wie Sternschnuppen. Also hatte sie den »Himmelschlüssel« statt des Speckes in den Krauthafen gesteckt! Das Buch lag nun ganz durchweicht und in einen grauen Brei zersotten vor ihr ... Sie erblickte jetzt auch ihr geblümtes Sacktücklein, das nebenan auf einer Stuhllehne hing, griff unwillkürlich danach und wischte sich den kalten Schweiß von der Stirne. Die beiden Mägde aber kugelten von einer Ecke in die andere und meinten tatsächlich, sie müßten vor Lachen zerplatzen. – Dadurch wurde die Bäuerin ganz aus dem Konzept gebracht; sie nahm einen großen Kochlöffel und hämmerte damit auf den Rücken der zwei Mägde herum, indem sie wild kreischte:

»Ihr Ganskitzer, ich jag euch alle beide zum Tempel hinaus!«

In diesem Augenblick erschien der Bauer unter der Küchentür. Als er die tanzenden Weibsbilder und den Greuel der Verwüstung, kribus, krabis, rund um den Herd sah, sprach er, halb ärgerlich, halb lachend:

»Aber Gretl, hast du wieder einmal ein richtiges Kugel-Mugel gestiftet?«

Jetzt verlor die Bäuerin alle Fassung; sie überrannte den Mann an der Küchentür, stürmte pfeffernd in ihre Kammer, verschanzte sich dort hinter einer Truhe und wäre mit drei Paar Ochsen nicht mehr herauszubringen gewesen.

Der Kirchtagstisch mußte von den zwei Mägden angerichtet werden. Er bestand aus Suppe und Würsteln, Rindfleisch und Kren, Schweinshaxen mit Kraut, Butternocken, Krapfen und Gugelhupf, war also ein ganz respektables Mahl. Frau Gretl aber hockte versteift und verstockt hinter ihrer Truhe, und wenn sie sich nicht eines andern besonnen hat, sitzt sie noch heute dort.

ZUM ERSTEN, ZUM ZWEITEN UND ZUM DRITTEN – DER BRÄUTIGAM LÄSST BITTEN

Im Kalender stand der Nachkirchsonntag. Vom Oberland war ein Brautvolk nach Hall gekommen und sollte morgen in der Wallfahrtskirche zu Absam kopuliert werden. Er war der Schnepfbacher-Hansl und sie die Krummholzer-Lies. Als Zeugen hatten sie einen Nachbar, den Hauderer-Sepp, mitgenommen. Die Braut machte ein halbsaures Gesicht, der Bräutigam aber guckte schwegelfroh in die Welt. Nachdem er schon ein halbes Dutzend Körbe erhalten, war es ihm endlich gelungen, die Krummholzer-Lies auf sein Bandl zu bringen; aber auch bei der Lies hatte es Hitzen gebraucht. Erst nachdem der Schnepfbacher feierlich gelobte, allen Gläsern, den kleinen und den großen, allen Geistern, den dunklen und hellen, auf immer und ewig zu widersagen, ging die Liese mit ihm zum Pfarrer. Der Hansl trug nämlich seine Leber stark auf der Sonnenseite. Doch jetzt konnte er »Viktoria, Viktoria!« blasen; es hatte keine Gefahr mehr, sie waren ausverkündet zum ersten, zweiten und dritten, er brauchte die Liese nicht mehr zu bitten, denn morgen war Hochzeit. Allein, was ein vorsichtiger Hahn ist, der kräht erst am Morgen!

Beim Bärenwirt in Hall nahm das Brautvolk Quartier. Der Bräutigam wollte vor dem Abend noch einen kleinen Ausflug nach Volders machen, wo ein Militärkamerad von ihm lebte. Diesen alten, guten Freund wollte er zu seiner Hochzeit einladen, ja er hatte ihn sogar als zweiten Zeugen bei der Trauung in Aussicht genommen. Liese, die Braut, war stockmüde und konnte sich nicht für den weiten Weg nach Volders entschließen, sondern trabte lieber das kurze Weglein zur Absamer Wallfahrt. Also gingen der Hansl und der Sepp selbander und versprachen der zurückbleibenden Liese, spätestens acht Uhr abends beim Bärenwirt wieder einzutreffen.

Den Freund aus den Militärjahren trafen sie gleich beim ersten Wirt in Volders, und man ging daran, das frohe Wiedersehen würdig zu feiern. Der Nachkirchsonntag als Nachgeschmack des eigentlichen Kirchtages steht in jedem Kalender naß angeschrieben, der Militärkamerad gehörte von jeher zur nassen Kompanie, der Hauderer-Sepp war auch kein Trockener – und der Schnepfbacher-Hansl hatte ja morgen Hochzeit. Es wurde nun »gesiedelt« und getiegelt, bis die Sterne am Himmel blinkten und jedem der drei Freunde noch eigens ein neuer, wunderbarer Stern aufging. Auch sangen sie bereits dreistimmige Quartette und ließen einander hochleben. Der Volderer hielt eine Rede über den Vers:

>»Die Litermaß gibt Mut und Kraft
>vom Scheitel bis zum Stiefelschaft.«

Der Bräutigam und der Zeuge aber sangen darauf das herzige Lied:

>»Der Herrgott, der hat aus Güte
>den Weinstock erschaffen.

Und der Teufel – der Teufel! –,
der macht daraus Kater und Affen.«

Da, wie zufällig, schaute der Hansl auf die Uhr und fuhr
pfeilschnell in die Höhe.

»Fix Laudon – Sturmschwadron!« rief er, »um acht
Uhr sollten wir daheim sein, und jetzt ist's schon Viertel
drüber. – Nun aber schnell Vergatterung und marsch!
Sonst gibt's morgen bösen Regimentsrapport.«

Es dauerte aber noch eine halbe Stunde, ehe Bräutigam
und Zeuge den Rückmarsch antraten. Dieser ging sehr
langsam vonstatten. Denn erstens ist bekanntlich die
Reichsstraße von Volders bis Hall höchstens acht Meter
breit. Wenn zwei auf so einer jämmerlich schmalen
Reichsstraße wandern, muß immer der eine oder der andere im Straßengraben marschieren. Zweitens sieht man
bei stockfinsterer, nachtschlafender Zeit die Straßenberge
und -täler und die haushohen Meilensteine, die mitten auf
dieser schändlichen Straße stehen, nicht – und falls man
sich kein Bein brechen will, ist es geraten, den Weg nicht
aufrecht gehend, sondern auf dem Bauche kriechend zu-
rückzulegen. – Bis zur Volderer Brücke war die Straße
ganz miserabel, und sowohl der Hansl wie der Sepp kamen nur vierfüßig weiter; beim »Remmlrain« wurden die
Wegverhältnisse etwas günstiger, und man konnte wenigstens zweifüßig probieren. Über der Haller Au besserte
sich die Strecke zusehends und bot auch genügend Raum,
daß die zwei Wanderer Arm in Arm nebeneinander marschieren konnten. Im großen Militärschritt trabten sie
jetzt dahin, als gelte es, Stadt und Festung Hall im Sturm

zu nehmen. Und während sie mächtig ausgriffen, sang
der Schnepfbacher immer lauter das Sturmlied:

»Laudon, Laudon, General Laudon –
Laudon rückt an:
Mit zweimalhunderttausend Mann
rückt General Laudon an,
Laudon, Laudon – Laudon rückt an!«

Die ersten Häuser von Hall kamen zum Vorschein, und
die Reichsstraße mündete in ein finsteres Gäßchen. Da
plötzlich wurde in dem Gäßchen ein Licht sichtbar, das
auf die beiden nächtlichen Wanderer zukam.

»Du, da kommt eine Laterne«, sagte der Hansl.

»Es ist ein Versehgang«, erwiderte der Seppl; »ich seh's
ganz genau, voraus der Mesner mit der Latern und hintennach der Geistliche.«

»Dann knien wir nur g'schwind nieder!« mahnte der
Hansl.

Sie knieten zuäußerst am Straßenrand nebeneinander
und nahmen den Hut vom Kopfe.

»Wir müssen laut beten, daß wir den Segen bekommen«, flüsterte der Hansl, »Sepp, bet voran!«

»Lapp, in der Nacht gibt er keinen Segen«, erklärte der
Sepp, »der Mesner hat auch keine Glocke mit.«

»So tu doch wenigstens deine Zigarre weg«, drängte
der Hansl, »sonst meint er gar noch, wir sind Sozialkro-
watten.«

Der Hauderer warf seinen Zigarrenstumpf hoch im
Bogen über die Gartenmauer. Er traf dabei einen Baumast

hinter der Mauer, so daß die Funken nach allen Seiten auseinanderstoben. Jetzt kam das Licht im Eilschritt auf sie zu ... Aber, fix Laudon – Sturmschwadron! –, das war kein Versehgang, kein Geistlicher und kein Mesner, sondern der – Nachtwächter – im langen Mantel, mit Latern' und Stock. Die beiden Andächtigen waren bei dieser Wahrnehmung so verblüfft, daß sie das Aufstehen vergaßen und demütig in ihrer knienden Stellung verharrten. Der Wächter der Nacht hielt ihnen aber seine Laterne ins Gesicht und schrie:

»Ihr Kanaillen, was tut ihr da?«

»Beten tun wir – beten!« erwiderte der Hansl zerknirscht.

»Hahaha, beten! – Ich will euch schon einen Ort anweisen, wo ihr ungestört beten könnt«, lärmte der Nachtwächter. Dabei zog er ein blinkendes Ding aus dem Mantel und tat einen grellen Pfiff.

»Sepp, das Ding g'fallt mir nimmer«, lispelte der Hansl und wollte aufstehen.

»Bleiben, wie ihr seid, und nicht rühren, sonst kriegt ihr blaue Bohnen in den Leib!« donnerte der Nachtwächter, indem er ihnen einen Revolver vor die Augen hielt.

»Fix Laudon! Was wär' denn das?« tat der Hansl erschrocken.

»Hochverehrter Herr Nachtwächter, laß uns gehen«, bat zitternd der Sepp, »wir sind ehrliche Leute.«

»Wird sich finden!« schnauzte der Wächter.

Da kamen, von dem Pfiff des Nachtwächters alarmiert, drei Feuerwehrmänner herbei. Es war nämlich in den letzten Nächten so auffallend oft Feuer ausgebrochen, daß man Brandleger in dem Städtchen vermutete, und darum hatte man die Nachtwache durch Feuerwehrmänner verstärkt.

»Da hab ich sie endlich, die Spitzbuben!« rief der Wächter den herbeieilenden Männern zu. »Ich hab sie gerade ertappt, wie sie einen brennenden Strohschab oder einen Kienbrand über die Mauer warfen. Wie sie mich sahen, haben sie sich niedergelegt und wollten davonkriechen.«

»Wir sind nicht gekrochen, sondern bloß niedergeknickt«, verteidigte sich der Hansl.

»Da braucht man nur eure Kleider anzuschauen, dann weiß man eure Schliche.«

»Jetzt auf und marsch!« befahl der Hauptwächter; »wir

werden euch ein feuersicheres Lokal einräumen, das euch das Anzünden gründlich verleidet . . . Mit Brandlegern macht man kurzen Prozeß.«

»Wir sind keine Brandleger, sondern Heiratsleute!« versicherte weinerlich der Sepp.

»Hahaha, ihr schaut darnach aus!«

»Ich bin Bräutigam«, wimmerte der Hansl.

»Und ich bin Braut . . .« stotterte der Sepp, »Braut . . .«

»Hahaha, hahaha! Eine saubere Braut! Der Richter wird euch schon zusammengeben.«

»Aber laßt mich doch ausreden . . . Ich bin Brautführer, und morgen ist in Absam Kopulation«, jammerte der Sepp.

»Und wo habt ihr denn nachher die Braut? Die ist euch wahrscheinlich in den Inn gefallen, he? – Keine weiteren Faxen! Marsch in den Kotter!«

Alles Flehen und Beteuern half nichts, die beiden »Hochzeiter« wurden als Brandleger in den Stadtarrest gesteckt, und zwar abgesondert, jeder in eine Zelle. Die Müdigkeit in den Gliedern und der Nebel, den sie immer noch im Kopfe trugen, führten bald einen gesunden Schlaf herbei, der sie einstweilen von Kummer und Sorge erlöste.

Am nächsten Morgen, um halb acht Uhr, ging in zwei Zellen des Stadtarrestes ein fürchterlicher Krawall los. Der Häftling auf Nummer vier schlug und stieß mit Händen und Füßen an die Kerkertüre und lärmte in einem fort:

»Auf! Auf! Ich muß hinaus! – Sonst geschieht ein Unglück!«

94

Aber auch der Insasse auf Nummer drei schrie wie ein Zahnbrecher:

»Auf! – Auf! – Ich muß fort! – Es ist höchste Zeit!«

Der Schließer rannte die Treppe hinunter, öffnete das Schiebefensterchen an der Türe Nummer vier und rief hinein:

»Was ist das für ein Lärm? Was gibt's?«

»Laßt mich aus!« schrie drinnen der Schnepfbacher-Hansl, »ich hab Eil', ich muß heiraten!«

»Ah, gar heiraten? Hahaha! Hab nur ein bißchen Geduld, Bürschl, der Herr Richter macht mit derlei Früchtchen wenig Spaß.«

Drüben lärmte der Hauderer:

»Auf! Auf! – Ich muß zur Hochzeit! – Ich bin der Brautführer und Zeuge!«

Aber auch er wurde zur Ruhe gewiesen und mußte sich in Geduld fassen. – Endlich um neun Uhr öffneten sich die Kerkertüren, und beide Häftlinge wurden vor den Richter geführt. Dort gab es ein langes Verhör. Der Schnepfbacher und der Hauderer beteuerten ihre Unschuld und erzählten ihre ganze Geschichte. Man glaubte ihnen nicht. Erst als der Bräutigam seine Heiratsdokumente herauszog und die Zeugnisse vorwies, wurde der Richter etwas stutzig. – Aber die Schriften konnten gestohlen sein. – Dann soll man nur die Braut Elisabeth X. vom Bärenwirt herüberholen, die würde schon Zeugschaft ablegen. – Das war ein Vorschlag, und der Richter sandte einen Diener zum Bärenwirt. Es dauerte aber fast eine Stunde, ehe der Bärenwirt mit dem Oberländer Mädchen eintrat. – Die Liese war puterrot im Gesicht und schaute harmlgiftig darein, als sie Bräutigam und Zeuge in dieser Situation und in diesem Aufzuge erblickte. Die Kleider der beiden trugen nämlich immer noch unverkennbare Spuren der gestrigen Kletter- und Rutschpartie auf der Volderer Reichsstraße.

»Kennt Sie diese beiden Männer?« fragte der Richter das Mädchen.

Die Liese nickte zornig ja, sagte aber kein Wort.

»Ist dieser da Ihr Bräutigam?« forschte der Richter, auf den Hansl zeigend.

Die Liese schüttelte gehässig »Nein!« und biß die Lippen zusammen.

»Um Gottes willen, Liese«, schrie der Hansl, »sag die Wahrheit! Wir sind ja verkündet zum ersten, zum zweiten und dritten und werden heute in Absam kopuliert – wir sind ja schon soviel wie Mann und Weib.«

»Soweit ist's noch lange nicht«, kreischte nun die Braut; »zuerst muß ich wissen, wo ihr heute nacht herumgeschlanggelt seid und was ihr angestellt habt, daß ihr dasteht wie Räuber.«

Nun erzählte der Hansl, wie sie sich in der Freude des Wiedersehens bei dem Militärkameraden in Volders etwas verhockt und dann in der Finsternis den Weg verfehlt hätten und wie sie schließlich ungerechterweise als Brandleger beschuldigt und eingesteckt worden seien.

»Aber ihr habt einen brennenden Strohwisch oder eine Fackel über die Mauer geworfen!« ließ sich der Nachtwächter vernehmen.

»Es ist nur meine Zigarre gewesen, die ich fortgeschmissen hab«, beteuerte der Hauderer.

»Warum habt ihr euch dann niedergelegt und kriechend entfliehen wollen?« forschte der Richter.

»Wir haben uns nicht niedergelegt, sondern niedergekniet, um unsere Andacht zu verrichten«, erläuterte der Hansl.

»Mitten auf der Straße und in nachtschlafender Zeit?«

»Wir glaubten, daß ein Versehgang zu einem Kranken daherkommt, der Geistliche mit dem Mesner. Leider war es der Nachtwächter.«

Da schrie die Liese:

»Ich kenn mich aus, und jetzt hab ich genug! Wenn einer den Nachtwächter für einen Priester und seinen eigenen Hochzeitstag für den unsinnigen Pfinztag ansieht, dann kann mir ein solcher Bräutigam gestohlen werden! – Hast mich g'sehen und kannst mich gernhaben!«

Mit diesen Worten schoß sie zur Türe hinaus. – Der Richter war sich nun klar und setzte die beiden Häftlinge in Freiheit. In Sturmeseile rannten Bräutigam und Zeuge zum Bärenwirt. Sie trafen die Liese beim Einpacken und schleunig zur Abreise rüstend. Jetzt verlegten sich beide aufs Bitten und Flehen, indem sie der widerstrebenden Braut Himmel und Hölle, Schande und Schaden vor Augen führten. Lange Zeit hörte die Liese gar nicht auf ihre Reden. Endlich begann sie zu überlegen. Die Schande und das voraussichtliche Gerede der Leute machte sie kopfen. Zuletzt gab sie doch nach, nachdem der Hansl sein feierliches Gelöbnis bezüglich der Geister und Gläser vor dem Hauderer und dem Volderer Freund, der eben eingetroffen war, als Zeugen erneuert hatte. – Um elf Uhr war die Kopulation. – Heute sind die Liese und der

Hansl ein glückliches Paar. Die Ehe hat sich viel besser angelassen, als man vom verhängnisvollen Hochzeitsmorgen aus hätte schließen mögen. Der Hansl hält aber auch grimmige Feindschaft mit den Geistern, die ihm den schlimmsten Streich seines Lebens gespielt haben; darum vertilgt er sie, wo er ihrer nur habhaft werden kann.

STUDIO AUF DER REIS'

Es war in der schönen alten Zeit, wo noch keine dampfenden Lokomotiven und noch weniger die rauchenden, ratternden neuzeitlichen Pomadewagen und die fliegenden Teufel durch das Pustertal liefen, wo überall noch das Posthorn blies und die Kutscher fluchten, wo jedes kleinste Wirtshäusl an der Straße eine Station bildete, an der Roß und Wagen nicht vorüber durften, ohne gewassert und geweint zu haben.

In Sillian war große Primiz; es ging vormittags in der Kirche groß und rantig her und nachmittags beim »Rieser«-Wirt fast noch größer und rantiger. Auch die berühmte Studentenbruderschaft vom Lienzer Boden, von der mancher Leser schon erzählen gehört, war da. Diese Studentenbruderschaft war dazumalen in ganz Mittel- und Hinterpustertal wegen ihrer tollen Streiche ein bißchen gefürchtet, andererseits aber wegen ihrer lustigen Ulke und ihres prächtigen Sängerchores doch überall gern gesehen. Im ganzen waren ihrer zwölf, und die bekanntesten davon hießen mit ihrem Studentennamen: Bacchus, der Dicke, Phöbus, der Blonde, Flautus, der Lange, Ulix, der Falsche, und der schwarze Baß. – Die Studenten hatten den ganzen Nachmittag an der Tafel gesungen und mit ihren flotten Kantussen die Gäste entzückt, sie hatten aber auch des »Rieser«-Wirts Maßflaschen den ganzen Nachmittag nicht rasten lassen, und je tiefer das Loch im Weinpanzen, desto lustiger wurden

auch die Gsangln und desto heller die Stimmen. Gegen sechs Uhr abends jedoch wollten die Studenten auf einmal fort. – Sie sagten, daß sie noch heute zu Fuß nach Lienz hinunter müßten, denn morgen sollten sie auf den Großglockner. Die Gäste wollten aber die Studenten noch lange nicht missen; alles redete in sie hinein, zuletzt kam der Wirt und erklärte:

»Studenten, wenn ihr noch zwei Stunden dableibet, lasse ich meinen Stellwagen einspannen, und der Florl (Florian) führt euch nach Lienz.«

Damit waren die lateinischen Brüder einverstanden, und sie wichsten noch ein paar lustige Stunden durch. Punkt acht Uhr stand der große Stellwagen vor dem Wirtshaus, und der alte Florl, der mit seiner roten Nase und dem aufgedrehten Schnauzer schon von weitem den Kutscherberuf dokumentierte, hatte sich neben dem Wagen postiert.

»Ah, Florl, heut lass'n wir's fliegen«, grüßten die Studenten, »aber nicht umwerfen, gelt!«

»Umwerfen?!« tat der Florl stolz, »mit den zwei Rößlen fahr ich euch über den Kirchturm hinauf.«

»Und beim Vater Aigner in Abfaltersbach ist die erste Station«, rief der dicke Bacchus, »da wird unfehlbar zugekehrt – nicht vergessen, Florl!«

»Ist keine Gefahr«, lachte der.

Der Stellwagen war zu beiden Seiten geschlossen und hatte hinten den Schlag, wo man einsteigen mußte. Bald saßen die Studenten im Wagen, dicht eingekeilt, es gab noch ein lautes »B'hüet Gott!«, »Servus!«, dann »Hü, Schimmel!« – der Florl schnalzte – der Wagen rollte lustig das Dorf hinunter, und die Studenten sangen:

>   »Ist der Studio auf der Reis',
>   lebt er ganz nach seiner Weis'.
>   Joppeidi joppeido ...
>
>   Und die Herren Professoren
>   setz'n wir auf die Eselsohren.
>   Joppeidi joppeido ...
>
>   Bayrisch Bier und Leberwurst,
>   hilft für Hunger und für Durst.
>   Joppeidi joppeido ...«

Man hatte die Sillianer Tratte hinter sich und rollte durch Panzendorf; die Studenten wurden immer kleinlauter, plötzlich sagte der schwarze Baß:

»Eigentlich sind wir kuhdumme Esel, da in der Nacht nach Lienz hinunterzugratteln und morgen mit einem kürbisdicken Schädel aufzustehen . . . In Sillian droben wär's so kreuzlustig gewesen, und das rote Brünnl wär' die halbe Nacht noch umsonst geflossen.«

»Und der hohe Herr von einem Großglockner ist vielleicht morgen schwer benebelt und nimmt unsere Visite gar nicht an.«

»Verschieben wir die Partie auf später. Der Glockner läuft uns nicht davon.«

»Kehren wir um!«

Eine Zeitlang wurde hin und her beraten, endlich wurde man einig, wieder nach Sillian zurückzukehren. Der Wagen fuhr soeben die Strassener Höhe hinunter, der Florl hatte die Bremsen scharf zugedreht, der Weg war nebenbei grob geschottert, und die Räder ächzten und stöhnten und kreischten, daß man fast das eigene Wort nicht verstehen konnte.

»Lassen wir den Florl wenden«, sagte Phöbus. Da zwinkerte der Ulix pfiffig mit den Augen und sprach mit seiner Fuchsmiene:

»Eigentlich sollten wir dem Kutscher einen Ulk spielen . . . Wie wär's, wenn wir heimlich aus dem Wagen schlüpften und den Florl allein weiterfahren ließen? Ich steh gut, daß er keinen Mückenhuster merkt.«

Der Vorschlag wurde mit Beifall einstimmig angenommen. Ulix öffnete ziemlich geräuschlos den Wagenschlag hinten, die Räder lärmten und kreischten furchtbar, die Studenten huschten einer nach dem andern über das Trittbrett hinunter und verschwanden seitwärts im Straßengraben; der letzte war der schelmische Ulix, der auch nicht vergaß, den Wagenschlag sorgfältig zu schließen. Der Florl hatte nicht das mindeste gemerkt und fuhr guter Dinge mit seinem Kasten allein weiter. Als die Straße wieder eben fort ging und die Bremsen aufgedreht waren, flogen die Rosse, die die Entlastung spürten, nur so dahin, und der Florl jauchzte. Der Florl wunderte sich baß, daß die Studenten so mäuschenstill geworden. Mehrmals schrie er zurück:

»Studenten, singen! – Abfaltersbach! – Singen!«

Als die Studenten nicht auf ihn hörten und stubenstockstumm blieben, beschloß der Florl, selbst seinen feierlichen Einzug zu markieren. Er holte mit seiner Peitsche weit aus und schnalzte ganze Tanzmelodien die Dorfstraße hinunter.

»Tigg-tagg – tigg-tagg – tigltegltagl-tigltegltagl – taaggtaagg.«

Manche Leute steckten den Kopf aus den Fenstern, um zu sehen, wer komme; aber auch der Hausknecht beim Aignerwirt hatte gemerkt, daß noch ein Fuhrwerk anrückte. Er erschien mit einer Laterne an der Tür, eben als der Florl vor dem Wirtshaus anhielt. Der Knecht erkannte sofort den Florl und rief:

»Ja, Vetter, was bringst denn noch so spät?«

»Eine Doppelfuhr Studenten«, erwiderte der Kutscher, »die ganze Unterländerbande.«

Damit sprang er vom Bock und schrie:

»Abfaltersbach, aussteigen! – Es gibt einen Spezial.«

Da sich im Wagen nichts rührte, lachte er:

»Schau, schlaft die ganze Bande . . . hat sich wohl zu

stark übernommen . . . auf, Studenten, auf! . . . Wir sind beim Aigner daheim.«

Im Wagen regte sich nichts. – Der Florl sprang nach hinten, riß den Wagenschlag auf, fuhr mit dem Peitschenstiel in den Wagen hinein, federte damit zwischen den Sitzen herum und schrie:

»Studenten, auf! – Was seid denn ihr für Siebenschläfer? . . . Muß ich euch eine Kanone hineinschießen?«

Alles blieb stumm und still; da näherte sich der Knecht mit der Laterne und leuchtete hinein – der Wagen war leer. – Der Florl stand da, als ob er von einem Fixstern heruntergeschneuzt worden sei.

»Ja, Florl«, lachte der Hausknecht, »tust du öfter in der Nacht so mit einem Stellwagen spazierenfahren?«

»T . . . l«, fluchte der Kutscher, ». . . in Sillian hab ich zwölf aufgelegt, und in Panzendorf hab ich sie alle noch gehabt, das ist gewiß.«

»Dann weiß ich nicht, hast du zuviel aufgegossen«, spottete der Knecht, »oder die Studenten, daß du die ganze Lieferung verloren hast?«

Da kam schon der Wirt heraus. Als er den Hergang der Dinge erfuhr, mußte er sich vor Lachen den Bauch halten. Dann sagte er:

»Florl, geh nur herein und trink ein Seidel, die Studenten werden schon nachkommen, kannst dich verlassen.«

Aber die Studenten kamen nicht. Der Florl hatte schon über eine Stunde gewartet und vier Seidel geleert, und er wäre gar nicht mehr aufgestanden, wenn ihn der Wirt nicht schließlich gemahnt hätte:

»Florl, die Studenten kommen richtig nicht mehr – am gescheitesten wird's doch sein, du fährst heim.«

Fluchend spannte der Florl ein und fuhr in bärbeißigster Laune mit dem leeren Stellwagen wieder Sillian zu.

Als er die Strassener Höhe hinaufkutschierte, ächzten und kreischten und lärmten die Räder wieder furchtbar – der Florl war vorn auf dem Bock halb eingeschlafen. – Da huschte plötzlich hinter einem Baum hervor eine schwarze Gestalt rückwärts an den Wagen. Der Wagenschlag wurde vorsichtig geöffnet, und die Gestalt verschwand im Innern. Bald liefen mehrere Gestalten hinterher, und alle krochen lautlos in den Wagen, zuletzt wurde der Schlag geschlossen, und die zwölf Studenten saßen wieder alle wohlbehalten im Stellwagen drinnen. Sie hielten sich mäuschenstill und kicherten leise vor sich hin. – Die Pferde begannen zu schwitzen und wollten nicht mehr voran. Der Florl schlug wütend auf sie ein.

»Ihr faulen Katzen!« schrie er, »habts nichts zu ziehen und wollt auf der Straße übernachten.«

Nach einer Viertelstunde fuhr der Stellwagen in Sillian ein. Diesmal schnalzte der Florl nicht mehr, sondern hockte wie der traurige Ritter auf seinem Bock. Als sich der Wagen dem »Rieser«-Wirt nahte, erscholl es plötzlich aus dem Innern desselben im vollen Chor:

»Was kommt dort von der Höh?
Was kommt dort von der ledernen Höh?
Das ist der Postillion, das ist der Postillion,
das ist der lederne Postillion,
sa, sa, Postillion, das ist der Postillion.«

105

Und schon hielt der Wagen vor dem Gasthaus; der Florl sprang vom Bock, riß den Wagenschlag auf und sah – die zwölf Studenten drinnen hocken. Da packte ihn Entsetzen und Wut.

»Alle guten Geister!« schrie er und bekreuzte sich mehrmals.

»Florl, sind wir schon in Abfaltersbach?« fragte heuchelnd Ulix.

»Ihr verfluchten Lumpen! – Ihr könnt mehr wie andere Leute, ihr seid mit dem Höllenhocker im Bund«, schrie der Florl aus Leibeskräften.

»Geh, Florl, mach keinen Lärm, es gibt ein schönes Trinkgeld«, begütigte der Flautus.

»Ich mag kein Geld«, lärmte der Florl, »ihr habt euer Geld nur vom Schwarzpeter . . . Teufelsgeld mag ich keins.«

Er spannte schnell aus und verzog sich in seine Kammer. Drunten in der Wirtsstube ging aber ein Lachen und Lärmen an, das bis lange nach Mitternacht dauerte.

Der Florl hat mit den Studenten nie mehr Freundschaft geschlossen und blieb felsenfest überzeugt, daß alle Studenten mit dem Teufel verbandelt seien.

JEDEM DAS SEINE

Es war in altvordenklicher Zeit, da die Gegend von Petersberg noch zur Herrschaft und Gerichtsbarkeit des Grafen Trautmann gehörte. Da geschah es im Wonnemonat Mai, daß der Herr Graf mit seiner erlauchten Frau Gräfin die silberne Hochzeit beging und zu diesem Fest den ganzen Landadel mit Hut und Haube sowie den Bürgermeister und die vollzähligen Ratsherren aus der Stadt eingeladen hatte. Bei dieser Gelegenheit wollte der Herr Graf seine Gäste nicht nur durch Prunk und Reichtum, sondern auch durch ein ausgesuchtes, großartiges Festmahl in Erstaunen setzen. Alles, was Land und Jahreszeit an Leckerbissen und Gaumenkitzel schaffen konnten, wurde aufgeboten. Und als nun am hochzeitlichen Tage die Gäste bereits schwarmdick sich um die Tische drängten und das großmächtige Fest- und Zweckessen losgehen sollte, erschien der Hausmeister und meldete dem Herrn Grafen, drunten im Hofe wäre der Fischer-Chrust von Petersberg mit einem Bottich voll der auserlesensten Fische – Forellen und Saiblingen von edelster Gattung –, die man haben könnte, wenn nicht der Preis gar so ...

»Ach was!« fuhr ihm der Graf in die Rede, »heute wird um keinen Preis gefragt. Zahl Er dem Manne, was er fordert – ich will die Fische auf der Tafel sehen!«

»Aber mit Ihro Gnaden Erlaubnis«, entgegnete der Hausmeister, »da liegt eben die Schwierigkeit. Der Fischer will kein Geld nehmen und verlangt als Zahlung dreißig Stockprügel, die ihm sofort aufzumessen wären, und er sagt noch, daß er keinen einzigen abhandeln lasse.«

Die ganze Hochzeitsgesellschaft mit dem Grafen an der Spitze rannte nun in den Hof, um den närrischen Kunt zu sehen. Einige glaubten, dem Mann sei ein Rädchen im Hirnkasten locker geworden, andere, er hätte sich einen Irrwisch vor die Nase gezecht. Ungeduldig sprach der Graf den Kumpan an:

»Landsmann, was fordert Er für Seinen Fisch? Er wird gleich Sein Geld bekommen.«

»Ich brauche kein Geld«, erwiderte kühnlich der Fischer; »hab schon Eurer Exzellenz Haus- und Hofmeister gesagt, daß ich keinen roten Pfennig für meine Ware nehm. Dreißig Stockprügel verlang ich, nicht mehr und nicht weniger. Laßt mir die dreißig Prügel hinterwärts aufzählen, dann gehört der Fisch Euch – ansonsten verkauf ich ihn andernorts.«

»Er ist nicht bei Groschen.«

»Ich bin bei Gulden und Groschen, Euer gräflich Exzellenz; aber Handel ist Handel, und wenn ich meinen Fisch um keinen anderen Preis hergib, kann mich niemand tadeln.«

»Nun, ich mag den prächtigen Fisch nicht auslassen«, sagte schmunzelnd der Graf, »und wenn Er's schon nicht anders tut, soll Er seine dreißig bekommen.«

Dann wandte er sich an den Leibjäger und flüsterte ihm ins Ohr:

»Jakob, fertigt den guten Mann ab, so wie er's immer will; macht's dem armen Teufel aber leidlich, schlagt sanft und nur zum Schein.«

Sogleich legte sich der Fischer guten Willens auf die Bank, und der Jäger hob den Stock, um den Fischer nach Wunsch auszuzahlen. Dieser schrie noch:

»Mein Freund, zähl Er genau; denn ich verlang keinen einzigen Wichser mehr oder weniger, als mir zukommt. Jedem das Seine!«

Und schon fielen die Schläge langsam auf seines Lebens Schattenseite. Der Fischer zählte laut singend mit: »Einmal auf! – Zweimal auf! – Dreimal auf« . . . usw.

Unter stürmischem Gelächter der ganzen Festgesellschaft vollzog sich die Exekution. Der Fischer sang immer heldenhafter: »Sechsmal auf! Siebenmal auf! – Achtmal auf!« . . . usw. – Er hatte auch gut singen; denn er spürte die Schläge nicht im mindesten. Fürs erste schlug der Jäger so zart und glimpflich, als ob er Takt geben oder Fliegen wehren möchte, und fürs zweite trug der Fischer eine brettldicke Lederhose, die ihn auch gegen ein schwereres Kaliber unempfindlich gemacht hätte. Auf die Art wurde ihm das Beinkleid gut ausgestaubt, und die Wichser fühlte er just so, als wenn ihm Butter aufgestrichen würde. Als aber der fünfzehnte Streich gefallen war, sprang der Fischer auf und schrie:

»Halt! Jetzt ist's genug. Ich habe nun meinen vollen Anteil vom Preise bekommen.«

»Wieso denn?« tat der Graf verwundert; »es sind erst fünfzehn.«

»Schon recht, Herr Graf«, erwiderte der Fischer; »aber ich hab bei diesem Handel einen Gesellschafter, einen Teilnehmer, dem ich auf Ehrenwort versprochen hab, daß er die Hälfte von dem kriegen soll, was ich für die Fische einnehm ... Wie die Sache steht, wär' es tausendmal schade, diesen guten Freund und Teilhaber nur um ein einziges Strichlein zu betrügen.«

»Und wer ist Sein Gesellschafter? Sein Teilhaber?« frug der Graf.

»Das ist niemand anders, gräfliche Exzellenz, als Euer Portier oder Torwächter, der draußen vor dem Schlosse steht ... Wie ich mit meinen Fischen daherkomm, schießt er mich wie ein Kettenhund an und gabelt mir mit seinem Spieß vor der Nase herum – will mich keinen Schritt hereinlassen. Bitten und gute Worte und auch ein Trinkgeld, das ich ihm vorhalt, nützen nichts. Er sagt, ich müsse ihm die Hälfte von dem Preis, den ich für die Fische lös, abtreten, sonst könn' ich bis zum Jüngsten Tag draußen bleiben. Erst wie ich ihm mit Zwang und Drang den Halbteil zugeschworen hab, hat er mich passieren lassen. Ich glaube nun, der freundliche Mann darf nicht zu kurz kommen; denn jedem gebührt das Seine.«

»Und er soll auch das Seinige erhalten!« schrie der Graf halb zornig, halb lustig.

Sofort wurde der Portier geholt. Als er vernahm, um was es sich handle, begann er zu zittern und zu winseln, suchte auch auf jede Art, sich zu verteidigen und herauszulügen. Den Grafen aber rührte das Leid nicht, und er befahl, den Schelm auf die Bank zu legen. Der Fischer jedoch redete seinem Teilhaber gütig zu:

»Lieber Freund, sei doch nicht so bescheiden, und laß dich keine Weil' nötigen. Worauf man ein Recht besitzt, das kann man ungeniert annehmen. Ich hab meine Sach' schon eingesteckt, und du kriegst redlich dein Teil, damit

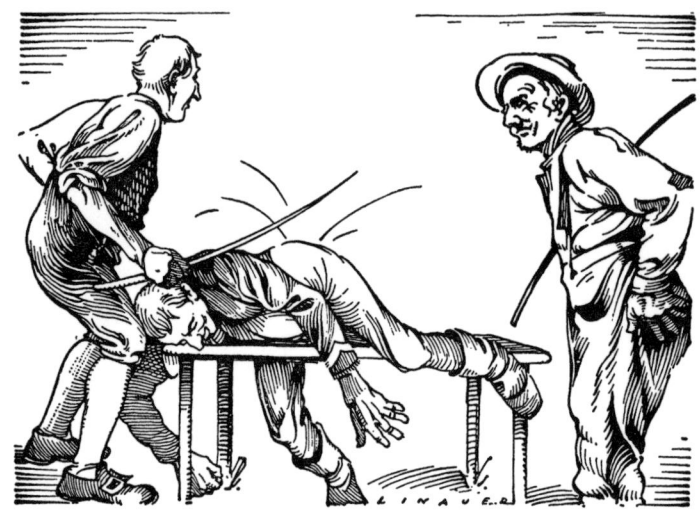

du siehst, daß ich ein ehrlicher Mann bin und dich nicht beschummeln will. Eigentlich ist mir eine etwas leichte Münze zugewogen worden, und ich möcht den Herrn Grafen schön bitten, daß er dich dafür besser hält und dich mit echtem, schwerem Geld auszahlt; denn ich bin ein uneigennütziger Mensch und vergönne meinem Freund immer das dickere Trumm. Und weil Seine Exzellenz heute grad einen Ehrentag feiert, so wird er dir aus besonderer Huld und Gnade ein schönes Trinkgeld obendrein zustecken – so vier, fünf Prozent extra – das gehört dir allein, ich erheb keinen Anspruch darauf –, bin ein uneigennütziger Mensch.«

»Ja, zahlt ihm seinen Teil aus und ein Trinkgeld dazu, aber alles in guter, barer Münze«, befahl lachend der Graf.

Da sauste schon der Haslinger, aber diesmal nicht zart und glimpflich, sondern pfündig und scharf. Das fühlte sich nicht mehr, als ob Butter aufgestrichen, sondern als ob Bohnen gedroschen würden. Auch hatte der Portier keine Lederhose an, sondern eine seidene Garnitur, die sich als Kugelfang wenig eignete. Sofort bei den ersten Hieben stimmte der Schelm einen rührenden Lobgesang an. Der Fischer aber sang mit, indem er wieder laut die Streiche zählte und hellauf dazu reimte:

>»Und einmal eins –
Faul sein darf keins,
Und einmal zween –
Der wird schon gehn,
Und einmal drei –
Wir sind dabei,
Und einmal vier –
Der klecket schier . . .«
usw. usw.

Und das waren jetzt gut gemessene Fünfzehn, denen der Graf noch fünf waxige als Gnadengabe zulegen ließ. Dann mußte der gebrettelte Schelm vor der lachenden Menge eine Quittung unterschreiben, daß er seinen Teil redlich empfangen habe. Die Quittung samt zwei Golddukaten als besonderen Lohn seiner Ehrlichkeit händigte der Graf dem Fischer ein. – Der Torwart aber hatschte wimmernd hinaus, und er steckte seine Finger seit dieser Zeit nie mehr in faule Händel.

Merke: Wenn auch in unseren Tagen alle Spitzbuben –
die kleinen und die großen – jedesmal ihren redlichen
Teil bekämen, wäre mehr Sicherheit und Ordnung im
Land.

Ein Männlein und ein Weiblein,
die mit falschen Karten gespielt

Der Buchbinder-Veit von Zenzenmarkt und die Liesl waren ein erst seit Lichtmessen verheiratetes Paar, das noch immer in den Honigwochen lebte und zusammenstimmte wie Geige und Klarinett. Selbst die täglichen Wirtshausgänge hatte sich der Veit abgewöhnt, dafür machte er alle Abende mit seinem Weiblein ein Kartenspiel, einen »Bieter«, einen »Rammser« oder »Mariascher«, und das gab jedesmal ein Trumpfen und Lachen und Schreien, wie es nur bei eingefleischten Spielratzen der Brauch ist. Trotz aller Harmonie und Einigkeit liefen aber zwischen beiden doch einige kleine Falschheiten mit: So hätte sich die Liesl um ihr Leben gern einmal photographieren lassen; aber der Veit beteuerte, das Geschäft gehe schlecht, und er habe keinen einzigen ersparten Pfennig, um solche Ausgaben zu ermöglichen. Übrigens wäre seine Liesl tausendmal schöner in Wirklichkeit als auf einer toten Photographie; er sei mit dem lebenden Bilde vollauf zufrieden, und wenn sie auf ihr Gesicht neugierig wäre, könne sie ja in einen Spiegel oder in eine Schüssel voll Wasser gucken. Indessen fand die Liesl, als sie eines Tages den Kasten ihres Mannes durchstöberte, ein pfundschweres Säckchen, das mit blinkenden Goldstücklein angefüllt war. Sie zwackte auch schnell ein paar goldene Füchse aus dem Rudel und steckte sie zu sich; denn Mann und Weib sind ein Leib, sie essen aus einer hausen aus einem Beutel. Zwei Wochen nach dem gelungenen Fuchsfang ging die Liesl nach Trens wallfahrten, da machte sie einen Abstecher zum Photographen in die Stadt und ließ sich hübsch konterfeien. Eine Bötin schmuggelte ihr nachher die wohlgetroffenen Bilder in die Hände, die Liesl versteckte sie zuhinterst in einer Schublade, nahm sie in unbeobachteten Stunden dutzendemal heraus und zollte ihnen Verehrung und Anbetung.

Nun sind aber die Adamssöhne um kein Haar weniger fürwitzig als die Evastöchter. So strubelte auch der Buchbinder-Veit eines Tages im Schrank seiner Frau. Es war just der erste April, und die Liesl war zur Nachbarin hinübergegangen Milch holen, ein Geschäft, das jedesmal anderthalb Stunden Zeit in Anspruch nahm, denn der Weg zum Nachbarhaus war ungeheuer weit – mindestens fünfzig Schritt – und der Disput über dem Milchkessel hatte größere Wichtigkeit als eine Landtagung. Deshalb brauchte der Veit keine Störung zu befürchten und durfte ruhig beschaulich unter den Habseligkeiten der Frau herumschnüffeln. Plötzlich stieß er auf ein verdächtiges Schächtelchen. Als er es öffnete, lachte ihm auf schwarzem Papier das schelmische Gesicht seines Weibleins entgegen. Und so sprechend getroffen war die Liesl, daß er einen Ausdruck freudiger Überraschung nicht zurückhalten konnte. Während er das Dutzend der sauberen Bildchen herauszählte, murmelte er halb lustig, halb verdrossen:

»Schau, schau, diese Hintertücke! Aber wart nur, du pfiffige Liesl, mit falschen Karten zu spielen bring ich auch fertig.«

Karten ... Karten! ... Bei diesem Wort blitzte ihm ein Einfall durch den Kopf.

Wenn er die Photographien mit den Spielkarten auswechselte, gab es einen köstlichen Spaß. Die Liesl würde aus den Wolken fallen, wenn sie am Abend beim ersten Spiel statt der Karten ihre eigenen Photographien aufblätterte. Das gab einen Aprilscherz, wie er keinen feineren zu ergründen vermochte.

Gedacht, getan. Der Veit holte das Kartenspiel aus der Stube und legte es in das Photographienschächtelchen; das Dutzend Photographien aber zwängte er in die steife, pappendeckelne Kartenhülse; oben, wo diese durchbrochen war, schob er noch den Herz-Siebener hinein, falzte den Umschlag gut darüber, so daß äußerlich keine Spur von der umgetauschten Einlage zu entdecken war. Dann verschloß er das Photographienschächtelchen mit dem Kartenspiel sorgfältig wieder in den Kasten der Frau, die Kartenhülse mit dem Dutzend Photographien aber legte er auf den gewohnten Platz hinter dem Spiegel in der Stube. Als das Weiblein nach Hause kam, buchbinderte Meister Veit emsig in der Werkstätte und schaute so harmlos, so unschuldig drein wie ein Wickelkind drei Stunden nach der Taufe.

Nun war an diesem ersten April auch die Liesl nicht rein von Falschheiten. Denn ganzen Morgen schon brütete sie an einer List, den Veit auf einen Narrengang zu schicken; aber es fiel ihr nichts Ersprießliches ein.

Nach dem Mittagessen brachte der Veit ein neu eingebundenes Brevierbüchlein aus der Werkstatt und sagte zur Frau:

»Du, Liesl, sei so gut, pack dieses Brevierbuch hübsch ein und trag es hinauf in den Pfarrwidum; ich habe dem Pfarrer versprochen, daß das Büchlein heute fertig wird und bis zum Abend, frisch eingebunden, in seinen Händen ist.«

»Ja, will's machen«, erklärte die Frau, »grad ein bißchen in der Küche aufräumen muß ich zuerst, dann geh ich schnell.«

Doch während die Liesl ihre Küchenarbeiten verrichtete, hatte sie einen lustigen Einfall. Soll sie nicht statt des Brevierbüchleins das Kartenspiel einpacken und den Veit selber damit zum Pfarrer schicken? Das Büchlein hatte fast genau dieselbe Größe und Form wie das Kartenspiel. Ja, ja, das war ein köstlicher Aprilscherz. Gesponnen, begonnen. Sie nahm das vermeintliche Kartenspiel, ohne es näher zu untersuchen, von der Spiegelstelle herunter, wickelte es drei-, vierfach in Seidenpapier und schnürte einen dicken Spagat kreuzweise fest um das Päckchen. Sodann ging sie aber nicht zum Pfarrer, sondern versteckte das Brevierbüchlein; das eingeschlagene Päckchen aber schob sie in einen Winkel hinter dem Küchentisch und ließ es dort warten.

Um sechs Uhr machte der Veit Feierabend. Als er aus seiner Werkstatt trat, rannte ihm die Liesl entgegen und schrie:

»Heiliger Pankratius, jetzt hab ich etwas vergessen! Lieber Mann, darfst nicht grantig sein. Des Pfarrers Brevierbüchlein ist noch da. Ich hab mich sauber nicht mehr daran erinnert.«

»Du vergißt noch einmal deinen Kopf«, zürnte gutmü-

118

tig der Veit; »aber der Pfarrer muß das Büchlein heute noch haben.«

»Dann mußt du es selber hintragen. Ich habe leider keine Zeit mehr, das Nachtessen verkocht mir. – Geh, geh – geh nur schnell!«

Mit diesen Worten zog sie das verschnürte Päckchen aus dem Winkel hervor, drückte es dem Mann in die Hand und schob ihn zur Türe hinaus. – Als er fort war, setzte sie sich auf die Küchenbank und hosserte vor Lachen.

Aber der Veit blieb nicht lange aus. Nach kaum fünf Minuten stapfte er wieder zur Türe herein.

»Kommst du schon zurück?« fragte die Liesl stutzig – »bist du beim Pfarrer gewesen?«

»Nein«, entgegnete der Mann; »es ist mir eingefallen, daß es schlecht aussieht, wenn ich das Büchl selbst hintrag. Der Pfarrer könnt' grad meinen, es pressiert mir ums Geld. – Ich hab eben die Mesnerin getroffen und hab ihr das Büchlein aufgegeben, es schnell dem Pfarrer zu bringen.«

»Himmlisches Jerusalem, das geht gefehlt!« schrie die Liesl, »Mann, bis du gescheit? So ein kostbares, so ein geistliches, so ein heiliges Buch darf man nicht jeder Person in die Hand geben. Lauf hinüber, Veit, lauf, lauf, und schau, ob der Pfarrer das Buch erhalten hat.«

»Warum soll er's nicht erhalten haben? Es ist ein Büchlein wie jedes andere. Ich tät' mich lächerlich machen, wenn ich noch eigens nachfragen ging.«

»Veit, lauf hinüber, lauf!« stürmte das Weiblein, »es möchte eine arge Beleidigung herauskommen.«

»Eine Beleidigung? Ich wüßte keinen Grund dazu. Du bist heute ganz gspaßig, Liesl.«

Das Weiblein wurde noch aufgeregter. Es hatte sich den Spaß so ausgelegt, daß der Veit das Päckchen vor dem Pfarrer öffnen und, nachdem das Kartenspiel zum Vorschein kam, das Ganze als einen Aprilscherz erklären würde. Nun bekam aber der Pfarrer die Sendung unmittelbar in die Hand, und er mußte sie als eine Anzüglichkeit, als einen schlimmen Spott betrachten. In ihrer Höllenangst fing die Liesl an, halb weinerlich zu beichten:

»Veit – mein lieber Veit –, ich habe etwas sehr Böses getan – ich hab dich in den April geschickt. In dem Päckchen ist nicht das Brevierbuch drinnen, sondern – unser Kartenspiel.«

»Himmellaudon«, schrie der Mann, »das kann nicht sein!«

»Wohl, wohl«, jammerte die Liesl, »schau, das Brevierbüchlein ist da.«

Und sie zog das Buch aus einem Winkel der Tischlade. Der Mann aber sprang mit Riesenschritten über die Stiege hinauf in die Kammer, nahm aus Liesls Schrank das Photographienschächtelchen, riß das Kartenspiel heraus, lief mit demselben in die Stube und hielt es dem Weiblein unter die Augen, indem er rief:

»Und unser Spiel Karten ist da!«

»Alle heiligen Nothelfer – wi wi wie geht das zu?« winselte die Frau. »Die Karten sind da, das Büchlein auch; was steckt in dem Papier?«

»In dem Papier«, gurgelte der Veit, »sind ein Dutzend

saubere Bildchen ... Bildchen von einem grundfalschen Weib, das seinen Mann ...«

»Oooh – ooh«, stöhnte die Liesl, die in diesem Augenblicke das leere Photographienschächtelchen in der Hand des Mannes ersah, »du hast meine Photographien hineingepackt! ... Du Schnüffler, du Spion, du Pharisäer! Ich hätt' nicht gemeint, daß du so schlecht wärest.«

»Du Esel-, Ochsen-, Schaf-, Kuhkalbl«, lärmte der Mann, »ich hätte nicht geglaubt, daß du so dumm wärst, etwas zu verschicken, bevor du es anschaust!«

Mitten in dem Sturm wurde die Tür geöffnet, und herein trat die Mesnerin, das aufgeschnürte Päckchen in der Hand.

»Vom Herrn Pfarrer eine schöne Empfehlung«, meldete sie spöttisch, »und er läßt sagen, daß er auf das Konterfei der Frau Buchbinderin gar nicht versessen wäre. – Wenn das ein Spaß sein soll, wär' er auch für den ersten April zu schlecht, und er würde sich den Handel merken ... Getroffen ist die Liesl gut, das sagen alle Leute, denen ich die Bilder gezeigt hab, aber eine Eitelkeit und eine abgeschmackte Sach' ist es, just dem Pfarrer das Porträt einer Frau zu schicken – so viel mein ich!«

Sie drehte sich schmissig um und war zur Tür hinaus.

»Jetzt hast du es, du Unmensch!«

»Du hast es auch, du närrische Gans!«

So fingen die zwei Eheleute an zu bieten. Und sie boten den ganzen Abend, mit keinen feinen Schmeicheleien aufeinander. Am nächsten Morgen gingen sie, jedes einzeln, zum Pfarrer, um die verhängnisvolle Sendung aufzuklären. Damit war aber noch kein Friede geschaffen.

Vierzehn Tage lang fauchten und knurrten sie gegeneinander wie Hund und Katze. Weil sie jedoch das Kartenspielen nicht entbehren konnten, schlossen sie eines Abends plötzlich Waffenstillstand, machten einen lustigen »Rammser« und schworen sich gegenseitig alle Falschheiten ab. Die Honigwochen aber waren endgültig vorüber.

Der Schwiegersohn

Der Klausen-Jörg war wohlbestallter Schneidermeister in Bitternach, zweijähriger Ehemann der weiland Kramer-Gretl und zugleich Schwiegersohn der alten Krämerin – leider noch am Leben, wie er oft sagte. Ein Jahr lang hatte der Schneider um seine Gnädige bitten müssen, und jetzt hatte er sie. Er war nämlich seit zwei Jahren, weniger einen Monat, ganz unter dem Pantoffel nicht nur seiner Frau, sondern noch mehr unter dem seiner Schwiegermutter. Die verwitwete alte Frau Krämerin besaß ein gutgehendes Geschäft und daneben auch schwere Maxen, der arme Schneider aber hatte stets einen löcherigen Geldbeutel und außerdem an verschiedenen Orten nicht ganz kleine Schüldlein herumliegen. Wenn so ein Geldlein unruhig wurde und dem Schneiderlein das Wasser in den Mund rann, mußte er, gern oder ungern, immer wieder an den Kittelsack der Frau Schwiegermama appellieren; diese zog den Schwiegersohn auch jedesmal aus dem Letten, gewann dabei aber wachsende Oberhoheitsrechte über den Schneider. Außeramtlich war der Schneider auch Musikant und hatte einen guten Ansatz zum Blasen, sowohl bei Instrumenten als auch bei Literflaschen.

Diese besondere Musik aber hatte er seit seiner Heirat vollständig verlernt, denn Weib und Schwiegermutter waren ihm scharf auf den Socken, und sobald er auch nur einmal auf ein Viertelstündchen seine Sonntagsschuhe unter den Wirtstisch steckte, war gleich eine der beiden Frauen da und eskortierte ihn feierlich nach Hause. Dort gab es dann eine Predigt in zwei Sprachen; die handelte im ersten Teil von einem Saufaus und Bruder Liederlich, der glaube, er habe in einen Weinpanzen hineingeheiratet, der das schöne Geld haufenweis verklopfe, sein treues Weib wochenweis allein lasse, ja unter die Erde bringe und schließlich noch wie der verlorene Sohn mit den F . . . n Greipen und Trestern essen möge. – Öffnete der Jörg auch nur zu einem einzigen Wort der Verteidigung seinen Mund, dann ging sofort der zweite Teil los wie eine Kanone, und zwar in der Sprache der Schwiegermutter, und das schmetterte: »Still bist! – Du bist nichts – du hast nichts – du verstehst nichts – du kannst nichts als deinem Weib in der Schüssel liegen – Lotterbuben müssen 's Maul halten!« – In solcher Weise wurde der Schneider gebügelt und gestriegelt, und das Herz kochte ihm im Leibe; aber er mußte ruhig an sich halten und der Krämerin noch seidenfein und geschmeidig um den Kamm streichen, mußte hübsch freundlich komplimentieren: Liebe Mutter hin – liebe Mutter her – denn sonst knüpfte die Schwiegermama ihren Geldsack zu, und dem Schneider krochen die Schüldlein über den Giebel. – Sein Weib, die Gretl, hatte der Jörg alleweil noch gern – aber gegen die Frau Schwiegermutter sammelte sich unter bemeldeten Umständen ein guter Kessel voll Gift und Galle in seinem Herzen. Je mehr er seinen Grimm verbergen und in sich hineindrücken mußte, desto stärker verdichtete sich dieser, und manchmal bohrte und rumorte es im stillen Schneiderherzen wie ein zugebundener Sack von T . . . . l.

124

Eines Tages wurde Frau Gretl in den drei Stunden entfernten Markt Altenkirchen hinausgebeten, um bei einer Kindstaufe ihr Amt als Patin auszuüben. Sie hoffte, am Abend wieder daheim zu sein, aber die Taufe verzögerte sich durch einen Zufall, und so bekam der Jörg am Abend die Post, daß die Gattin erst anderntags nach Haus komme. Da wurde ihm federleicht ums Herz, er schnalzte mit den Fingern und tanzte wie ein Vogel um den Tisch herum. Als es zu nachten begann, schoß er in seine Feiertagskleider, huschte dann zur Türe hinaus und flink wie ein Wiesel zum Bärenwirt hinüber. Dort hockte gerade ein Kleeblatt von vier losen Vögeln beisammen, die nichts besser verstanden, als ihren lieben Mitbürgern Spott anzutun, Schelmenlieder zu dichten, tolle Streiche und Schabernack auszuhecken. Als der Jörg zur Tür hineinschlüpfte, ging ein stürmisches Hallo los.

»Ja, was«, rief der Platten-Much, »ist gar einmal der Schneider durchs Nadelloch ausgeschloffen?«

»Hat dich dein Weib ausgejagt?« lachte der Zelten-Peter.

»Ist der alte Drache abgeflogen?« schrie der Wasen-Ander.

»Schneider, geh heim!« spottete der Schnalz-Jaggl, »sonst kommt der Ellenstab hinter dir her.«

»Gebt einen Frieden!« begehrte der Jörg auf; »damit ihr seht, daß das Handwerk keine Not leidet, zahl ich ein paar Liter.«

Das ließen sich die Burschen gefallen. Sie zogen den Schneider jubelnd in ihren Kreis und versicherten ihn des tiefsten Landfriedens. Ein Liter um den andern stieg auf den Tisch, der Zeiger auf der Uhr stieg hoch und höher, und die Köpfe wurden rot und röter. Dem Schneider-Jörg begannen schon die Spukgeister im Dachstuhl zu tanzen. Jetzt war er in der richtigen Stimmung, jetzt konnte man ihn steigen lassen wie einen Luftballon. Der Waser-Ander fand auch gleich das entsprechende Register.

»Jörg«, sagte er, »eine solche Schwiegermutter wie du, wenn ich hätte, der tät' ich ihren breiten Buckel jeden Tag mit dem Ellenstab messen!«

Der Schneider ballte die Fäuste und pfauchte.

»Ja, du bist ein armer Hascher«, äußerte der Schnalz-Jaggl, »wirst nachgerade so klapperdürr wie ein Ziegenbock vor lauter Hunger und Durst, und die zwei Weibsbilder schwimmen im Fett. Gar die Alte, die wird nachgerade so faßlschwer und dick, daß d' ein Rundreisebillett nehmen könntest, um – um die ganze Schmattel herumzukommen.«

Alles lachte, der Jörg aber trommelte wütend mit den Fäusten auf den Tisch.

»Ja, und die Nase trägt sie so hoch, daß es ihr bei schlechtem Wetter hineinregnet, wenn sie kein Regendach hat«, meinte der Platten-Much.

»Jörg, du bist und bleibst ein Hascher; du magst dich Tag und Nacht schinden, und die Weiber fressen dir das Fett weg. Die Alte wuchert dir noch deine blutigen Kreuzer ab«, hetzte der Zelten-Peter.

Der Schneider knirschte mit den Zähnen, er brachte vor Wut keine deutliche Silbe heraus, sondern bellte nur vor sich hin: »Wu – wuu – wu – wu.«

»Ich tät' mir eine solche Behandlung nicht gefallen lassen von dem Fettsack!«

»Ich tät' mich rächen, blutig rächen!«

»Ich würde dem alten Aas eine Schand antun, daß es sein Lebtag daran denken könnt.«

»Es müßt nur fein und heimlich ausgekartet werden.«
So stocherten die losen Gesellen.

Der Jörg wurde aufmerksam und begann zu leuchten.

»Einen Spott? Eine Schandtat?« sagte er, »ich wär' zu allem bereit ... Wenn ich nur wüßte, was und wie!«

»Ich weiß was«, erklärte der Schnalz-Jaggl; »Jörg, paß auf! ... Wir gehn jetzt zur Krämerei. Deine Schwiegermutter schläft vorn im ersten Stock, wo ihr Kammerfenster auf den Söller heraus geht. Da nehmen wir eine Leiter, und du steigst hinauf und sagst ihr allen Schimpf und Spott zum Fenster hinein, was sie ist und was sie treibt. Indessen halten wir unten Wache, daß uns niemand überrascht.«

»Wenn sie mich aber kennt?« sagte der Schneider.

»O pah – das ist gar nicht möglich. – Bei der pechrabenschwarzen Nacht wie heute könnt man einander in die Augen greifen«, beteuerte der Jaggl; »übrigens, wenn's drinnen lebendig wird und wenn der Drache ans Fenster kommt, ziehst du dich zurück und steigst schnell herunter. Dann fliehen wir alle miteinander.«

»Aber sie kennt meine Stimme«, wandte der Schneider ein.

»Die Stimme mußt du halt verstellen«, ermahnte der Platten-Much, »etwa so wie die Maskerbuben in der Fasnacht ... Es ist gar keine Gefahr, sie kennt dich gewiß nicht und erfragt einmal ordentlich die Wahrheit.«

Der benebelte Schneider ließ sich verführen und ging auf den tollen Plan ein. Die Spießgesellen unterrichteten ihn noch genau, was er alles zum Fenster hineinsagen, und lehrten ihn ein paar Spottlieder, die er hineinsingen sollte. Als alles genau abgeredet war, brach man auf. Eine große Leiter, die man hinter dem Wirtsstadel fand, trug man behutsam vor die Krämerei und stellte sie dort auf. Sie reichte gerade an die Brüstung des Söllers. Nochmals sprachen die Gesellen dem Schneider Mut zu und versicherten ihm hoch und teuer, es sei die reinste Unmöglichkeit, daß er erkannt würde, an ein Aufkommen der Person sei nicht zu denken. Der Schneider war auch vollkommen von der Sicherheit überzeugt und stieg die Leiter hinauf. Mit Mühe arbeitete er sich droben über die Brüstung, dann stand er vor dem Kammerfenster seiner Schwiegermama, und jetzt ging die Vesper los. Mit hoher, schriller Falsettstimme, deren Laute man unten gut verstehen konnte, grölte er droben vor dem Fenster:

»Du böser Drache! ... Du Schmalzhafen! ... Du Meerkuh! ... Du Geizraffel! ... Du altes Rappennest!«

Er setzte aus. Da sich drinnen nichts regte, erhob er seine Stimme noch lauter und wiederholte das Gesätzlein: »Du böser Drache! Du Schmalzhafen!« usw. – Es blieb noch immer still in der Kammer. Da schlug der Schneider in seiner Wut die Fensterscheibe ein und lärmte wieder mit greller Stimme:

»Hörst du, du Aas, was du bist? Ein Freßsack, so dick, daß man ein Rundreisebillett muß nehmen, um herumzu-

128

kommen! – Eine Fettgans, die ihre Nase so hoch trägt, daß es hineinregnet! – Ein alter Besen, den der Teufel beim Plündern verloren hat! – Eine Wucherseele, ein Blutegel, der die armen Leute aussaugt und sie um ihre Schwitzkreuzer beschwindelt! – Du Elefantenkalb! Du Kuppelpelz! – Du Kamel!«

Nun hörte der Schneider drinnen in der Kammer ein tiefes Ächzen, ein Blasen und Pusten, ein grimmes Knurren und Brummen. Da kam er erst recht in Stimmung und begann zu singen:

»Je höher der Kirchturm, desto schöner das Gläut,
und je älter die Weiber, desto zäher die Häut!«

Die vier Spießgesellen drunten am Boden krümmten sich vor Lachen. Sie flüsterten leise miteinander, dann ergriffen sie die Leiter, zogen sie leise vom Söller weg und ließen sie zum Boden nieder. Zwei von ihnen trugen die Leiter dann fort, während die anderen zwei auf der Lauer blieben, um der Dinge zu harren, die da kommen mußten. Der arme Schneider merkte in seinem Eifer von dem treulosen Verräterstück seiner Bundesgenossen nicht das mindeste und sang schon wieder mit kräftiger Stimme:

»Die Krämerin von Bitternach
erstickt in ihrem Schmer;
kein Wunder; denn der alte Drach
ist fünfthalb Zentn schwer.«

Jetzt wurde es drinnen in der Kammer lebendig. Der

Schneider-Jörg schrak zusammen und machte sich auf die Flucht. Aber – o himmlisches Jerusalem! Wo war denn die Leiter? – Wo die vier Freunde? ... Alles spurlos verschwunden ... Alle heiligen Nothelfer! ... Er klabasterte droben auf dem Söller herum und winselte:

»Sie kommt! Sie kommt! – Jaggl! – Ander! – Much! – Peter – Ich bitt euch um Gott's willen, tut die Leiter herauf! – Ich bin hin! – Ich bin hin! Ich zahl euch neun Liter! – Ich zahl euch einen Hekto! – Ich bin hin! – Die Leiter!«

Es rührte sich nichts. Nur einmal kam dem Schneider vor, als ob er drunten hinter der Mauer ein verhaltenes Kichern vernommen hätte. Da schrie er wieder:

»Ich bin in höchster Lebensgefahr. Die Alte kommt schon ... Wenn ihr die Leiter nicht heraufgebt, spring ich hinunter.«

Die Spießgesellen drunten lachten jetzt fast laut, rührten sich aber nicht vom Fleck. Wußten sie doch, daß der Schneidermut nicht so weit reichte und daß der Jörg sein Schneiderleben viel zu lieb hatte, um den Sprung zu wagen. – Noch einmal bat der Schneider, aber dann hatte er keine Zeit mehr, weitere Verhandlungen anzuknüpfen, weil das Verhängnis nahte. Die Krämerin hatte ihre Kammer verlassen und war offenbar gegangen, den Hausknecht zu wecken. Der arme Schneider faßte nun einen verzweiflungsvollen Plan. Er wollte sich durch das Fenster hineinzwängen, sich drinnen irgendwo verstecken und vielleicht später mit gutem Glück durch die Haustür entschlüpfen. – Einen anderen Ausweg gab es nicht. – Gedacht, getan. – Er schlug mit Gewalt das ganze Fenster

ein, dann suchte er sich mit dem Kopfe zwischen den
eisernen Fensterstangen hindurchzuzwängen – es ging
nicht –, die Stangen waren zu eng gesetzt. – O heilige
Kümmernuß! – Da kehrte er sich um und probierte, ob es

nicht mit den Füßen voraus leicher gehe. Richtig, das ging ... Mit den Füßen war er schon drinnen, jetzt auch mit den Beinen, aber nun steckte er wieder – hopp – hopp – noch ein bißchen – jetzt war er eingekeilt – Blitzhagelstern! – Jetzt nahten aber rasche Schritte, die alte Krämerin und zwei Knechte mit Laternen und Knütteln stürzten herein. Der Schneider wollte seine Beine rasch hinausziehen, aber es ging nicht. Und da hatte ihn schon ein Knecht bei den Füßen erwischt und schrie:

»Ah, haben wir dich, du Spitzbub! ... Mich wundert nur, wie der Lump zwischen den Stangen hereingekommen ist.«

»Und wieder hinaus ... Bald wär' er uns noch entschlüpft«, sagte der andere Knecht und strich dem Schneider mit dem Knüttel ein Warmes über das Hinterteil.

»Öh! Öh!« brüllte der Geschlagene.

»Was hast du gestohlen?« kreischte die Krämerin, »und wer bist du?«

»Mmmm ... ooo«, stöhnte der Schneider und drückte den Kopf tief nach unten.

»Christl, geh hinaus auf den Söller und leucht dem Schelm ins Gesicht!« befahl die Frau dem Hausknecht.

Dieser tat, wie ihm geheißen, der Schneider aber zappelte im Fensterrahmen wie ein Fisch auf trockenem Land. – Jetzt schrie der Hausknecht draußen:

»Um Himmels willen, Frau, es ist der Schneider-Jörg, Euer Schwiegersohn!«

»Wiiie? – Wa wa wa was?« fauchte die Krämerin und stand da wie ein Heuschober im Letten.

Der halbe Schneider draußen aber wimmerte:

»Liebe Mutter! – Teuerste Mutter! – Verzeih mir's! Ich hab's nicht zu Fleiß getan, ich tu's gewiß nimmer! – Die Spitzbuben haben mich verführt! Ich hab nur wollen einen Spaß machen.«

Der Hausknecht riß den Schneider zum Fenster hinaus und brachte ihn dann herein in die Kammer. Als die Krämerin des Schwiegersohnes ansichtig wurde, wollte sie sich wie ein Habicht auf ihn stürzen. Der Schneider aber flüchtete hinter den Tisch und begann aufrichtig zu beichten. Je demütiger er bekannte, desto feuriger rollte die Krämerin die Augen, endlich brach sie los:

»Du Lotterbub, du miserabler! Jetzt weiß ich einmal, wie du mich anschaust und was für eine Lieb und Dankbarkeit du zu mir hast!«

»Liebe Mutter, teuerste Mutter! Beste Mutter!« winselte der Schneider, »es ist alles nur Spaß gewesen . . . ich hab dich gewiß nicht wollen beleidigen.«

»Du hast mir wohl wollen Schmeicheleien sagen, he?« zeterte die Krämerin, »ich dank schön für die Freundlichkeiten, und ich will mir's merken, was du für ein hintertückischer Dachskopf bist, was für ein ungewaschenes Maul du hast und was für gottlose Schandlieder . . . Jetzt marsch heim, das andere wird sich schon finden!«

Und es fand sich auch. – Geknickt, gebrochen, zerschlagen, zerschmettert, zermalmt kehrte der Jörg heim; aber das eigentliche Wetter brach erst am nächsten Tage los in Gegenwart der Frau Gretl, und zwar so schrecklich und furchtbar, wie seit Schneidergedenken so etwas Grauenvolles und Elementares in der Welt nie dagewesen war. – Das Ende vom Liede war große Lustigkeit in ganz Bitternach, unauslöschliche Wut im Herzen der Krämerin und Groll im Herzen des Schneiders gegen seine falschen Freunde. Im übrigen kam der arme Schneider ein Vierteljahr lang nicht mehr aus dem Kasernarrest, der schwiegermütterliche Geldsack wurde ihm höher gehängt und die Literflaschen am höchsten.

MARXEN-SEPPLS BRAUTFAHRT

Der Marxen-Seppl und die Holler-Gundl (Kunigunde), ein Hinterbergler Brautpaar, waren am Weißen Sonntag das dritte Mal verkündet worden und wollten sich am darauffolgenden Dienstag in Absam trauen lassen. Hinterbergl nennt man in Osttirol die Gegend hinter Lienz durchs Iseltal hinauf. Als Begleitung für das Paar waren ein Onkel des Bräutigams und eine Schwester der Braut ausersehen; im letzten Augenblick wurden aber beide an der Mitfahrt verhindert, die Brautschwester durch eine Augenentzündung und der Bräutigamsonkel durch einen Markt im Oberland. So mußte denn das Brautvolk allein die Reise antreten.

Am Montag in aller Frühe schon gondelten die Gundl und der Seppl mit einem Bummelzug über den Lienzer Boden und durchs Oberkärnten hinunter. Der Zug war in dieser frühen Morgenstunde noch schwach besetzt, und das Brautpaar hätte darum mit Leichtigkeit einen ganzen Wagen für sich allein erhalten. Der Seppl war in der letzten Nacht spät ins Bett gekommen, sehr früh wieder aufgestanden, und nun auf der Bahn kam das Pechmandl, das ihn hin und her riß und zu den possierlichsten Komplimenten verleitete.

Und noch ärger wurde die Schlaftrunkenheit des Seppl, als ihm die Gundl mit Rosenkranzbeten scharf an den Leib rückte. Sie stünden jetzt vor einem wichtigen Lebensabschnitt, eine Wallfahrt machten sie auch, erklärte die Gundl, darum müßten sie schon den Rosenkranz fleißig in die Hand nehmen. Leider war nun beim Seppl das Rosenkranzbeten von jeher das beste Schlafmittel gewesen, und heute wirkte das Mittel bei seinem übernächtigen Zustand um so stärker. Zwischen Nikolsdorf und Oberdrauburg lag der Seppl schon langgestreckt auf der Wagenbank und war in seinen tiefsten Bärenschlaf gefallen. Die Gundl vermochte rein nichts dagegen zu tun, darum betete sie still und alleinig weiter und ließ ihren Zukünftigen schnarchen. Hübsch gemütlich und langsam humpelte der Zug an Irschen und Dellach vorüber, rollte unter Berg dahin und kam zirka halb sieben Uhr nach Greifenburg. Drei Minuten Aufenthalt – werden aber gewöhnlich sechs – und auf das rechnete die Gundl. Der Seppl rasselte und schnarchte, als ob er ein achtzölliges Brett unter der Säge hätte. Draußen am Bahnhof aber stand eine alte Freundin der Gundl, die Burger-Stine, neben der sie einst beim Rauter in Lienz bedienstet gewesen. Das gab der Gundl einen Ruck. Sie mußte doch der alten Freundin von der »Verwechslung ihres Standes« erzählen und ihr auch den Hochzeitskranz und den feinen Schurz, welche Dinge sie in einer Schachtel mit sich führte, sehen lassen! Zeit war ja genug!

Gedacht, getan. Stürmisch begrüßten sich die zwei Freundinnen, und dann gingen sie hinter das Bahnhofsgebäude, um die Schätze zu mustern. Mitten im Zeigen und Bewundern tat es plötzlich einen hellen Pfiff – ein Zischen, Knarren und Räuspern – und der Zug pfitschte zum Bahnhof hinaus. Hinterher aber stürzte die Gundl mit ausgestreckten Händen und schrie: »Seppl, Seppl! –

Seppl! Seppl! Jetzt lauft er mir davon! Jetzt geht er mir durch!« – Alles Schreien und Händeringen nützte jedoch nichts; der schlafende Bräutigam fuhr davon, und die wachende Braut blieb zurück. Erst nach langer Zeit gelang es der Stine, ihre jammernde Freundin, die Gundl, zu trösten mit der Bekräftigung, da sei ja gar nichts dahinter, sie könne mit dem nächsten Zug um elf Uhr dem Bräutigam nachfahren; dieser werde ganz bestimmt, ja müsse in Spittal-Millstatt auf seine Braut warten.

Der Seppl wurde in Lendorf durch einen derben Stoß des Wagens von der Bank auf den Boden hinuntergeworfen und auf diese Weise auch gründlich aus seinem Schlaf erweckt. Er rieb sich die Augen sowie einen anderen Körperteil und schaute sich nach seiner Braut um. Die war aber nirgends zu erblicken. Er durchforschte den ganzen Wagen, schaute unter die Bänke und oben an die Gepäckstellen – nirgends eine Gundl! Er machte Tür und Fenster auf und suchte außen herum – Laub und Staub verschwunden! Da kam gerade der Kondukteur (Schaffner), um die Leute ans Umsteigen in Spittal zu erinnern. Der wunderte sich nun sehr über das Verschwinden des Mädchens. Er könne sich nicht erinnern, versicherte er hoch und teuer, daß die Weibsperson irgendwo ausgestiegen sei. Jetzt merkte der Seppl, daß auch die Schachtel mit dem Brautkleid und das »Ambrell« (Regenschirm) der Gundl fehlte, und ein schwarzer Verdacht stieg in ihm auf. Unterdessen fuhr der Zug in die Station Spittal ein. Der Seppl kugelte aus dem Wagen und trappelte dann lange Zeit in der Bahnhofshalle auf und nieder, indem er folgende Unterredung mit sich selbst hatte:

»Seppl, jetzt hast's! Heilig ist sie dir durchgegangen! ... Mir hat die G'schicht schon länger nicht gefallen; hat so wankelmütig getan, das Mensch, daß ich mich allweil gefürchtet hab, sie steht's noch um. Und jetzt hat sie der Handel akkurat gereut und ist mir noch im letzten Augenblick davongelaufen. Wahrscheinlich ist sie ins Mölltal hinein und wird sich einen Dienst suchen, und ich seh mein Lebtag nichts mehr von der Gsellin ... Sein tut's übrigens gleich; wegen einem Weibsmensch soll man sich kein krummes Haar wachsen lassen – wird wohl noch eine sein im ganzen Hinterbergl. Und jetzt fahr ich halt mit dem nächsten Zug wieder heim.«

Gedacht, getan. – Etwas nach elf Uhr kreuzten in der Station Sachsenburg-Möllbrücken zwei Züge: der Postzug von oben hinunter, darauf hockte die sehnende Braut, und der Postzug von unten hinauf, darinnen schlief wieder der entsagende Bräutigam.

Die Gundl konnte es kaum erwarten, bis ihr Zug in Spittal einlief. Endlich dort angekommen, schnellte sie wie eine Gummikugel aus dem Wagen, schnurrte wie eine Bremsfliege auf dem Bahnhof herum, schaute sich die Augen förmlich heraus, durch jedes Fenster spitzte sie hinein, durchstöberte die Restauration und das Bahnhofshotel – nirgends ein Seppl! Dann fragte sie in der Bahnhalle mehrere Bahnbedienstete und beschrieb ihnen haargenau den Seppl mit den braunen Haaren und dem gewichsten Schnurrbart, mit dem grünen Hut und dem schwarzen Gewand, mit der schweren Troddelkette an der Uhr nebst anhängendem Eberzahn. Die Bahnbediensteten versicherten einstimmig, sie hätten den Mann erblickt – darauf könnten sie schwören: Er sei in den Tauernbahn-Eilzug eingestiegen und wäre dermalen sicher schon in Schwarzach-St. Veit. – Nun begann die Gundl am Platz auf und ab zu steigen, und während ihr die Zornestränen über die Wangen rannen, hielt sie folgendes Selbstgespräch:

»Das ist mir ein Sauberer! Schon vor der Hochzeit macht er mir's so. Nicht einmal ein Stündl kann er auf mich warten – so gern hat er mich! Aber wart, Bürschl! Du sollst mich kennen! So billig wie die faulen Zwetschken bin ich noch lange nicht. Wenn dir nicht mehr an mir liegt, kannst du laufen bis ins Amerika. Ja, ja, fahr nur zu! Fahr meinetwegen hinaus nach Absam und laß dich kopulieren, wenn du's zuwege bringst – ich reis dir grad extra nicht nach. Jetzt gleich mit dem nächsten Zug fahr ich wieder heim. Wenn du mich haben willst, wirst du mich schon finden!«

Gesagt, getan. – Die Gundl bestieg nachmittags den Dreiuhrzug und fuhr zurück nach Lienz, wo sie nach fünf Uhr abends anlangte. Sie war hungrig und durstig, und nicht ungern kehrte sie beim Tschitscherwirt zu, um sich für den Heimweg zu stärken. Als sie beim »Tschitscher« in die Bauernstube hineintrat, war diese ganz leer bis auf einen einzigen Gast, der hinter einem Tisch im Winkel saß und den Kopf in die Hände stützte. Dieser Gast blickte jetzt in die Höhe, und die Gundl prallte zurück, als ob ihr jemand einen Kübel voll Eiswasser ins Gesicht geschüttet hätte. Himmlisches Jerusalem, das war ja leibhaftig – der Seppl, ihr Bräutigam! Auch der Mann hinter dem Tische fuhr empor. – Hermannstadt, Zara, das war ja wirklich und wesentlich seine Braut, die Gundl! Eine Zeitlang standen die beiden wortlos und schauten sich an wie ein neugeborenes Zwillingspaar.

»Bist du da?« sagte endlich die Gundl.

»Bist du auch da?« knurrte der Seppl.

»Ich hab gemeint, du bist in Absam«, tat die Gundl.

»Was hätt' ich denn in Absam zu tun?« machte der Seppl.

»Wohl dich trauen lassen.«

»Mit wem denn? Mit dem Bürgermeister von Hall?«

»Ich hab gemeint, du hast eine Braut; bist ja am Sonntag ausverkündet worden.«

»Und ich hab gemeint, du hast einen Bräutigam; bist ja auch ausverkündet worden.«

»Einen Bräutigam hab ich wohl, aber dem scheint's mit der Kopulation nicht zu pressieren.«

»Dir scheint's auch nicht zu pressieren; warum bist denn du nicht in Absam?«

»Weil ich mich nicht für Narren halten laß!«

»So! Warum bist mir denn nachher davongelaufen?«

»Ich davongelaufen! So schaust du mich an? – Ich bin in Greifenburg für einen Augenblick ausgestiegen, um eine Kameradin zu grüßen, und dann ist mir der Zug vor der Nase davongedampft.«

»Ah so, den Zug hast verglaggelt! Warum bist mir denn nicht nachgefahren?«

»Bin ich schon – bis Spittal; aber Bräutigam hab ich keinen mehr gefunden. Hast mich wollen sitzenlassen, gelt?«

»Hast mich wohl du wollen sitzenlassen. Warum bist

denn nicht nach Absam weitergefahren und hast gewartet? – Ich wär' morgen schon nachgekommen«, log der Seppl.

»Ah, freilich wärst nachgekommen!« höhnte die Gundl; »gelt, weil der nächste Weg von Spittal nach Absam über Greifenburg, Oberdrauburg und Lienz geht!«

»Gundl, ich hab gemeint, du magst mich nicht mehr und habest mich zu Fleiß verlassen.«

»Und ich, Seppl, hab gemeint, ich sei dir zu schlecht, und du wolltest dir eine Bessere suchen.«

»Gundl!«

»Seppl!«

»Du bist eine dumme Lappin!«

»Und du ein rechter Batzenlippl!« –

»Was tun wir jetzt, Gundl?«

»Ich mein, wir reisen morgen noch einmal mitsammen nach Absam und schauen, daß wir uns nicht mehr verlieren.«

»Ganz einverstanden, Gundl!« –

Das zweite Mal fiel die Brautfahrt gut aus. Der Seppl und die Gundl wurden am Mittwoch in Absam getraut und versprachen, in Liebe und Leid beinander auszuhalten, bis der Tod sie scheide.

ABENTEUER EINES PROFESSORS

Eine klapperdürre Gestalt mit gekrümmtem Rücken und langen Storchbeinen, die von einem schlottrigen Frackrock gepeitscht wurden, ein vergeistigtes, schmales Gesicht, mittendrin eine spitze Nase, darüber eine dicke Brille, dahinter ein paar stechende Augen, eine hohe, gewölbte Stirn, allmählich übergehend in eine bis an den Hinterkopf sich fortziehende, butterblanke Glatze, das war der Doktor Justus Walt, Professor der höheren Mathematik in Innsbruck. Des Professors Kopf war jederzeit vollgepfropft mit Zahlen und Figuren; er hatte ob seines Scharfsinnes einen wohlverdienten Ruf im In- und Auslande, die verzwicktesten Zahlenrätsel knackte er auf – wo niemand eine Lösung fand, gab Herr Justus Walt eine Klärung, auch hatte er eine Reihe von hochweisen Büchern geschrieben, die bei den Gelehrten Aufsehen machten. In anderen menschlichen Dingen aber, die auf das Fach des Herrn Professors keine Beziehung hatten, namentlich in Fragen des täglichen Lebens, war Justus Walt ein unschuldiges Kind: Er wußte nirgends Bescheid, er verstand die einfachsten Erscheinungen nicht, er litt außerdem an einer beispiellosen Zerstreutheit und Vergeßlichkeit. Hierüber werden die haarsträubendsten Geschichten erzählt, die sämtlich auf Wahrheit beruhen. So z. B. nahm der Professor einst sein Frühstück ein und schrieb zugleich am Tische. Da geriet es ihm, daß er die Feder in die Kaffeeschale eintauchte und das Tintenfaß austrank statt des Kaffees. Ein anderes Mal machte der Professor einen längeren Spaziergang. Vor seinem Weggehen schrieb er mit Kreide auswendig an seine Zimmertüre: »Der Herr Professor ist nicht zu Hause!« – Als er nach drei Stunden heimkehrte und vor seine Zimmertür kam, las er mit größter Überraschung die Schrift und sagte enttäuscht: »Ah so, der Herr Professor ist nicht zu Hause – tut mir leid – da muß ich halt ein andermal kommen.« – Sagte es und ging wieder fort. –

In die größte Verlegenheit brachte der Professor einstmals seine Gattin, die Frau Elsbeth, und geriet dabei selbst in eine böse Klemme. Das kam so: Herr Justus Walt hatte vor einigen Tagen – es war Anfang Juni – sein Quartier gewechselt und war vom Innrain in seine neue Wohnung in der Karlstraße übersiedelt. Er hatte damals, wie schon öfter, auch vergessen, sein Monatsgehalt zu beheben, und lebte sonder Ahnung, daß kaum noch zwei Gulden in der Kasse und alle Rechnungen vom vorigen Monat noch zu bezahlen waren. Herr Justus Walt brütete eben an einem schwierigen Rechenexempel und war aller Welt entrückt. Da trat Frau Elsbeth in das Schreibzimmer und erklärte kurz und bestimmt:

»Mein lieber Justus, die Frage ist nun diese: Entweder gehst du augenblicklich aufs Amt und holst dein Geld, oder ich kann dir auf Mittag nur ein Glas Wasser mit einer Brotrinde als Mahlzeit aufstellen. Metzger, Bäcker und der Spezereihändler sind seit fünf Wochen nicht bezahlt, und die Kasse steht auf dem Kopf.«

Der Professor war lange Zeit nicht zum klaren Verständnis der eben vernommenen Rede zu bringen, aber

Frau Elsbeth machte kurzen Prozeß, steckte den Eheherrn in seinen Frack, stülpte ihm den Zylinder auf das gedankenschwere Haupt, drückte ihm den Stock in die Hand, schrie ihm den Auftrag, sein Geld am Steueramt zu beheben, noch einmal ins Ohr und schob ihn zur Tür hinaus, indem sie noch einmal fragte: »Hast du auch richtig verstanden und weißt du, wohin du gehen sollst? – Aufs Steueramt, dein Geld beheben. Unter allen Umständen, und heute noch müssen die Rechnungen in der Spezerei, beim Bäcker und Metzger beglichen werden, sonst kann ich nichts mehr einkaufen.«

Der Professor erlangte für ein paar Minuten das Bewußtsein, nickte verständnisinnig und machte sich opfermutig auf den Weg. Vor dem Haustor aber nahmen ihn wieder die Zahlengeister in ihre Mitte, führten ihn ziellos in der Stadt herum und landeten endlich mit ihm weit drunten im Hofgarten. Dort stach ihn zufällig eine Bremsfliege ins Ohr, und jetzt kam er auch wieder zu sich, wußte aber nicht, wo er sich befinde, ob in Amerika oder in Asien. Nach einiger Zeit jedoch konnte er sich orientieren. Wie kommt er denn in den Hofgarten und just am Vormittag, während der schönsten Studierzeit? Lange sann und grübelte er, dann blitzte ihm eine Erinnerung durch den Kopf. – Seine Frau hat ihn ausgeschickt mit einem Auftrag. Was war das für ein Auftrag? Beim Hermes und Archimedes, das weiß er nicht mehr. – Doch jetzt fällt es ihm ein. Es handelte sich um eine Abrechnung. Die Elsbeth möchte gern den Metzger, den Bäcker und den Spezereihändler bezahlen. Unter allen Umständen, heute noch, also hat sie gesagt, dessen kann er sich erinnern. Wie soll man nun die Kommission bewerkstelligen? Am zweckmäßigsten wird es sein, er geht zu den drei Erwerbsmännern und bittet sie, seiner Frau einen Besuch abzustatten, damit diese ohne sonderliche Mühe die Rechnung liquidieren kann ... Gedacht, getan.

Der Professor Justus Walt pendelte wieder in die Stadt hinein und sprach zuerst im Bäckerladen vor, wo er sich den Geschäftsinhaber kommen ließ und sagte:

»Herr Meister, eine schöne Empfehlung von meiner Frau, die leider Geschäfte halber zu Hause festgehalten wird. Meine Frau wäre schon sehr verbunden, wenn Sie die Freundlichkeit hätten, sie in der Wohnung zu besuchen zwecks Begleichung der Zahlungsobliegenheiten.«

»Aber, Herr Professor«, tat der Bäcker überrascht, »das hat ja gar keine Eile.«

»Doch, doch«, drängte Herr Justus, »meine Frau will es.«

»Wenn Sie durchaus darauf bestehen, kann ich ja hingehen.«

»Bitte, ja.«

Der gleiche Auftritt wiederholte sich beim Metzger und im Spezereiladen. Nach einigem Abwehren erklärten beide Geschäftsmänner sich bereit, die Frau Professor sogleich zu besuchen. Herr Justus aber ging frohgemut von hinnen, dankend, daß endlich diese langweiligen und schwierigen, unwissenschaftlichen Weltfragen glücklich erledigt waren, überließ sich auch wieder mit Wohlbehagen seinen Zahlenrätseln, zog den Logarithmus aus dem Patscherkofel und die Kubikwurzel aus der Innbrücke und konstruierte aus diesen zwei bekannten Größen den

146

Induktionswinkel vom Riesen Haymon zur Frau Hitt. Im währenden Kopfen und Spintisieren hatte er halb Innsbruck durchwandert, endlich fiel ihm bei, daß er nach Hause gehen möchte. Nun erinnerte er sich aber nicht mehr, daß er sein Quartier gewechselt, und gondelte wieder hinaus an den Innrain zu seiner früheren Wohnung.

Dort war eine alte Jungfrau – eine Blumenmacherin – eingezogen, und das Verhängnis wollte es, daß die Blumenmacherin einen kurzen Gang gemacht und die Wohnungstür unversperrt gelassen hatte. Der Herr Professor stolperte gewohnheitsmäßig die Treppe hinauf und wurde, da die Hausleute beim Mittagsmahl saßen, von niemandem bemerkt. Er öffnete die Wohnungstür und trat ein. Das Vorzimmer war ziemlich leer und ähnlich möbliert wie früher. Ahnungslos schlüpfte der Professor aus seinem Frack und streckte sich, da er etwas ermüdet war, auf das Kanapee hin, grübelte fort und fort an seinen Zahlen, begann allmählich zu duseln und schlief endlich ein. Nach einer Viertelstunde kehrte die Blumenmacherin, die sich etwas länger verhalten hatte, in ihre Wohnung zurück. Als sie die Zimmertür öffnete und den schlafenden Professor in Hemdsärmeln auf ihrem Kanapee erblickte, prallte sie entsetzt zurück, dann schrie sie laut auf. Der Professor fuhr von seinem Lager empor, rieb sich die Augen und fragte streng:

»Sie wünschen hier?«

»Sie impertinenter Kerl«, schrie die Jungfer zornig, »ich wünsche, daß Sie mir augenblicklich sagen, wer Sie sind.«

»Was? Sie gemeine Person! – Sie dringen hier unange-

147

klopft in das Zimmer, stören mich in meinen Studien und wollen mir noch Injurien antun!«

»Sind Sie nicht bei Groschen oder besoffen?«

»Das scheint bei Ihnen der Fall zu sein – Sie freches Weibsbild! Entfernen Sie sich augenblicklich, sonst laß ich Sie durch den Hausherrn fortschaffen. Sie sollen mich kennenlernen, Sie . . .«

»Ich kenn Sie eh schon. Sie sind ein Gauner, ein besoffener Lump.«

»Was unterstehen Sie sich!« schrie der Professor in Wut, packte das Frauenzimmer an den Armen und suchte es zur Tür hinauszudrängen. Die Jungfer aber wehrte sich aus Leibeskräften, fuhr mit ihren spitzen Fingern dem Professor ins Gesicht, zerkratzte ihm die Wangen und lärmte:

»Zu Hilfe! Zu Hilfe! – Hausleute! – Polizei! – Ein Dieb! Ein Einbrecher!«

Der Hausherr und zwei Mägde stürmten erschrocken die Stiege herauf. Als sie den mit der Jungfer raufenden Professor erkannten, blieben sie überrascht stehen, und der Hausherr sagte:

»Aber, Herr Professor, was machen Sie denn hier?«

»Diese niederträchtige Person ist in meine Wohnung eingedrungen, hat mir Schimpfnamen, Injurien an den Kopf geworfen«, erwiderte der Professor.

»Aber, Herr Professor, das ist ja gar nicht Ihre Wohnung. Die Wohnung gehört jetzt dem Fräulein Bacher hier. Sie sind vor sechs Tagen ausgezogen und wohnen jetzt in der Karlstraße Nr. . . .«

»Wohne ich?« sagte der Professor und machte ein Ge-

sicht, so schmal und lang wie das Halltal; »Himmelherrschaft, meine Vergeßlichkeit!«

Er stürzte auf seinen Frack und schoß hinein, nahm
Hut und Stock, entschuldigte sich höflich bei der Blumenmacherin, humpelte die Stiege hinunter und stapfte
mißmutig nach seiner neuen Wohnung in der Karlstraße.
Dort erwartete ihn aber ein neues und womöglich noch
schlimmeres Verhängnis.

Frau Elsbeth daheim schwebte in gelinder Verzweiflung.

Zwei Stunden nach dem Weggang ihres Mannes war
plötzlich der Metzgermeister mit seinem Büchlein erschienen. Schon unter der Tür sprudelte er:

»Gnädige Frau, es ist nicht der Rede wert und tät' gar
nicht pressieren; aber der Herr Professor hat gesagt, daß
gnädige Frau durchaus befehlen und wünschen, abzu-
rechnen.«

»Was, der Herr Professor ist bei Ihnen gewesen?«
kreischte Frau Elsbeth.

»Ja, gnädige Frau, und hat befohlen, ich soll rasch her-
kommen.«

»Oh, der verhagelte Spinnmeister!« entschlüpfte es der
Frau.

»Bitte, gnädige Frau, wenn ich ungelegen komme, so
kann...«

»Nein, nein, durchaus nicht. – Bitte, geben Sie das
Büchl.«

Während die Frau Elsbeth die Rechnung musterte und
mit Gruseln eine Schuld von 25 Gulden entdeckte, klopfte es wieder – und herein trat der Bäcker.

»Gnädige Frau haben Besuch – ich komm vielleicht

ungelegen«, näselte er; »aber gnädige Frau haben befohlen . . . Es ist nicht von Bedeutung, wenn gnädige Frau wünschen, komm ich später . . . Es ist nur – der Herr Professor tat so dringend.«

»Bitte, bitte, bleiben Sie hier«, sagte die Gnädige freundlich, glühte aber innerlich vor Zorn und Scham.

Und abermals klopfte es. Im Rahmen der Tür erschien der Spezereihändler.

»Ah, entschuldigen, gnädige Frau«, stotterte er verlegen, »ich stör vielleicht. – Gnädige Frau haben Gesellschaft . . . Die Sach' ist nicht von Wichtigkeit; nur weil gnädige Frau befohlen haben . . . ! Ich kann aber leicht ein andermal vorsprechen.«

Frau Elsbeth wußte vor Aufregung und Verwirrung nicht mehr, was sie tat. In ihrer Ratlosigkeit ersuchte sie die drei Herren, Platz zu nehmen und ihr einstweilen die Büchlein zu überlassen. Sie ging damit in das hintere Zimmer und überzeugte sich, daß der Bäcker sechs Gulden und der Spezereienhändler zwanzig Gulden zu fordern hatten – in ihrer Kasse lagen aber keine zwei Gulden mehr. – Alle heiligen Nothelfer! Sie hastete von einem Kasten zum andern, riß Schubladen heraus und schupfte sie hinein; endlich kam sie wieder, glührot im Gesicht, zu den drei Herren ins vordere Zimmer und sagte, am ganzen Leibe zitternd:

»Meine Herren, es tut mir sehr leid, aber ich kann Ihnen leider nicht dienen. Mein Mann hat in seiner Zerstreutheit den Kastenschlüssel eingesteckt, als er fortging, und das Hausgeld liegt im Kasten.«

»Aber, gnädige Frau, es hat ja keine Bedeutung.«

150

»Es pressiert durchaus nicht.«

»Bemühen Sie sich doch nicht wegen der Kleinigkeit.«

So entschuldigten sich alle drei Guthaber zugleich.

Frau Elsbeth aber kam ganz aus der Fassung und sagte fast weinerlich:

»Bitte, bitte, bleiben die Herren ein wenig! Es ist mir sehr unangenehm! Aber mein Mann muß alle Augenblikke kommen. Wenn die Herren nur ein Viertelstündchen warten möchten!«

Die drei Geschäftsmänner ließen sich wieder auf ihre Plätze nieder, und Frau Elsbeth schlüpfte in die Küche. Sie verzappelte fast vor Ungeduld, trippelte hin und trippelte her, biß sich in den Finger, kratzte in den Haaren und rannte dann wieder nach der Haustür, um Ausschau zu halten. Aber der Heißersehnte ließ sich nicht blicken. – Eine Viertelstunde verrann, eine zweite, eine dritte, der Frau Elsbeth kam jede wie eine halbe Ewigkeit vor. Drinnen im Zimmer hörte sie die Männer leise wispern; offenbar wurde auch ihnen die Lage äußerst peinlich. Frau Elsbeth getraute sich gar nicht mehr hinein zu ihnen; sie wäre am liebsten vor Verzweiflung aus ihrer Haut gefahren, da sich dies aber nicht gut bewerkstelligen ließ, begann sie vor Zorn und Jammer zu weinen. – Endlich – endlich hörte sie drunten im Hausgang die schleppenden Tritte ihres Gatten. – Blitzschnell rannte sie hinaus und stürzte sich wie ein Raubtier auf den armen Mann. Da erblickte sie das zerkratzte Gesicht des Professors.

»Um Himmels willen, Justus«, flüsterte sie, »wie schaust du aus!«

»Ich bin hinter eine alte Katze geraten«, schnarrte er mißmutig.

Aber schon hatte ihn die Frau mit Gewalt in die Küche gezerrt, und dort schrie sie halb in Wut, halb in Angst:

»Der Bäcker und der Metzger und der Spezereihändler sind da, sie wollen Geld!«

»Dann mußt du sie halt zahlen«, versetzte kühl der Professor.

»Mit was denn? Mit Tintenklecksen oder Streusand?«

»Du hast ja die Kasse.«

»Die Kasse wohl, aber nichts drin.«

»Warum hast du die Herren dann rufen lassen?«

»Ich ... ich ... ich hätt' sie rufen lassen? – Das ist rein zum Schlagtreffen! Himmlischer Vater! – Tu heraus das Geld, schnell, die Herren warten schon lange.«

»Ich – ich habe kein Geld.«

»Aber du bist doch fortgegangen, dein Gehalt zu beheben.«

»Bin ich das wirklich? ... Ah, jetzt steigt mir eine dunkle Ahnung aus dem Unterbewußtsein auf. Aber meine Liebe, das hab ich total vergessen.«

Die Frau schlug die Hände über den Kopf zusammen und fiel halb ohnmächtig auf einen Sessel, dann fuhr sie wieder in die Höhe und schrie:

»Aber ein solcher Spinnmeister, ein solcher Kubikesel! Jetzt ist die Pastete fertig! Jetzt kannst du dir selbst die Suppe auslöffeln und die Schande auf dein Haupt laden. Ich tu keinen Schritt mehr ins Zimmer.«

Rasend wie eine Wespe fuhr sie in der Küche herum,

der Professor aber schüttelte sorgenschwer das Haupt, überlegte eine Zeitlang, schritt dann mutig hinüber ins Zimmer, wo die drei Männer ängstlich beisammen hockten, und sagte mit ausgesuchter Höflichkeit:

»Guten Tag, meine Herren! Es tut mir unendlich leid, aber ich hab auf meinem Spaziergang einen bösen Unfall gehabt und bin darum gänzlich indisponiert und nicht in der Lage, jetzt die geschäftlichen Angelegenheiten zu ordnen. Die Herren würden mich sehr verpflichten, wenn Sie mir ein andermal die Ehre gäben ... oder noch

besser, ich schick meine Frau hin, die wird die Sache berichtigen.«

»Ganz nach Belieben, Herr Professor!« – »Die Sach' ist eh nicht der Rede wert; wenn der Herr Professor nicht befohlen hätte . . .« – »Ich wollte Sie durchaus nicht inkommodieren!« So entschuldigten sich wieder alle drei und zogen dann feierlich ab, einander schlaue Blicke zuwerfend.

Eine halbe Stunde später hörte man in des Professors Wohnung ein zweistimmiges Lied. Eine hohe, schrille Sopranstimme sang einen rührenden Text von einem »hirnverbrannten Zahlenkürbis«, und eine tiefe Baßstimme sekundierte mit: »Sinus alfa, cosinus beta tangens gamma.« – Am nächsten Tage aber lachte ganz Innsbruck über die neuesten Streiche des Herrn Professors Justus Walt.

DIE BOMBEN

Folgende Geschichte hat sich zu einer Zeit zugetragen, als man von Bomben und Explosivkörpern noch keine klare Vorstellung hatte.

Der Mesner von Zollen, einem besuchten Wallfahrtsort im Oberland, war kein tapferer Mann, Furchtlosigkeit und Mut hatten ihm niemals weh getan. Namentlich hegte er den Grundsatz, daß nicht zu spaßen sei mit Pulver und mit Blei; sooft auch nur im Umkreis von einem Kilometer ein Schuß losging, schrak der Mesner zusammen und mußte sich alle Mühe geben, sein schlotterndes Herz aus den Stiefelschäften heraus zu retten.

War nun seinerzeit viel von den Schandtaten der Bombenwerfer, Dynamithelden und Anarchisten zu lesen. In Paris waren in einem Theater über ein Dutzend Menschen von einer geschleuderten Bombe zerrissen, an einem andern Ort war ein halbes Stadtviertel in die Luft gesprengt worden, in Spanien hatte man gar in einer Kirche, wie die Zeitungen meldeten, eine fürchterliche, todbringende Bombe gefunden, aber noch rechtzeitig unschädlich gemacht.

Der Mesner von Zollen las allemal mit geheimem Grauen derlei Nachrichten, und je aufmerksamer er die Pulvergeschichten las, desto gräßlicher wuchs seine Furcht, daß auch in der Wallfahrtskirche Zollen, wo so viele Menschen aus allen Gegenden zusammenströmten, einmal eine solch verheerende Pulver- und Dynamitbombe könnte gelegt werden.

Nun kam jeden Monat ein altes Männlein aus Helmdorf, der Spindel-Lois geheißen, nach Zollen wallfahrten. Das Männlein brachte allemal sein Mittagsmahl von zu Hause mit. Es bestand aber selbes immer in vier großen Knödeln aus Schwarzplenten oder Heidekorn, die das Männlein in der Früh zu Hause kochte, sodann in ein großmächtiges blaues Sacktuch band und auf die Reise mitnahm. In Zollen steckte es sein Päcklein mit den schwarzplentenen Knödeln jedesmal in einen leeren Beichtstuhl, verrichtete dann seine lange Andacht, holte gegen Mittag seine Knödel aus dem Beichtstuhl hervor und wärmte sie in einem Haus zum Mahl auf.

Eines schönen Tages war das Männlein wieder dagewesen, hatte auch getreulich seine Knödel im Beichtstuhl hinterlegt, aber nach Schluß der Andacht selbe abzuholen vergessen. Nun trug es sich zu, daß der Mesner bald nach dem Weggang des Männleins den vermeldeten Beichtstuhl ausstauben wollte. Er fand zu seiner Überraschung das blaue Päcklein, löste neugierig den Knopf und fuhr, wie von einer Viper gebissen, zurück. Ein blasser Schrekken ging ihm durch den Körper, siedend heiß lief es ihm über den Rücken, und dann war es ihm wieder, als ob ein ganzes Heer von naßkalten Fröschlein ihm über den Buckel hinuntertanzen würde.

»Heiliger Sankt Zyprian«, schrie er halblaut, »das sind Bomben!«

Je genauer er die schwarzblauen, verdächtig glänzenden Ballen anschaute, desto mehr kam er zur Überzeugung, daß er es mit springgiftigen, schrecklichen Pulverbomben zu tun habe. Eine Zeitlang konnte er sich vor

Angst und Schrecken nicht von der Stelle regen, nach einer Weile kam er aber doch zur Einsicht, daß hier etwas geschehen müsse. Er sprach sich Mut zu, faßte das blaue Tuch an den vier Zipfeln und hob mit größter Vorsicht die fürchterlichen schwarzen Knollen aus dem Beichtstuhl heraus auf den Boden, holte dann eine brennende Kerze und stellte sie davor, damit jedermann erkenne, daß hier etwas ganz Unheimliches liege, und es nicht wage, den grauenhaften Sprengstoffen nahe zu kommen. Sodann lief er spornstreichs zum Vorsteher des Ortes und erstattete Bericht über den entsetzlichen Fund.

Der Vorsteher war ein nasser Vetter und hatte sich eben zu seinem ohnehin stark ausgebildeten natürlichen Verantwortlichkeitsgefühl noch einen tiefempfundenen Liter künstliches beigelegt. Er ging darum raschen Schrittes mit dem Mesner in die Kirche und erkannte auch sofort, daß die schwarzplentenen Knödelballen leibhaftige Bomben seien, dazu bestimmt, die Kirche und das Dorf, ja die ganze Gemeinde in die Luft zu sprengen. Lange Zeit rieten die beiden tapferen Männer hin und her, was in der unheimlichen Lage zu machen wäre. Der Vorsteher erklärte, das Vernünftigste wäre, noch drei bis vier brennende Kerzen vor dies Corpus delicti zu stellen und schnell die Anzeige bei der Bezirkshauptmannschaft zu machen, damit sofort der Bezirksarzt erscheine. Der Mesner aber meinte, das gehe viel zu lange her, unterdessen könnten ja die fürchterlichen Knollen längst schon explodiert sein und unsägliches Verderben angerichtet haben. Vor allem müßten die Bomben aus der Kirche fortgebracht und an einen freien Ort geschafft, sodann müßte gleich die Gendarmerie verständigt werden, damit ein Posten als Wache vor den todbringenden Knollen aufziehe. Nach einigen Widerreden gab der Vorsteher nach, und sie brachten mit größter Behutsamkeit die Knödel auf den Bühel hinter der Kirche. Ein Bub wurde schleunigst ins Dorf hinab zur Gendarmerie gesandt mit der Kunde, es seien schreckliche Dynamitbomben gefunden worden, und die Herren Gendarmen möchten gleich auf den Kirchbühel kommen.

Unterdessen hielten der Vorsteher und der Mesner bei den schwarzplentenen Knödeln des Spindel-Lois getreulich Feuerwache. Da kam des Vorstehers Hündlein, ein witziger Affenpinscher, dahergelaufen und schnüffelte neugierig um die Bomben herum.

»Gehst weiter, Boxl, du Rabenvieh!« schrie der Vorsteher außer sich, »oder willst dir die Schnauze verbrennen?«

Da schnappte aber der hungrige Boxl rasch nach einem Knödel. Der Vorsteher schrie:

»Laßt aus, du Hundsmalefizrabenvieh!«

Der Mesner heulte:

»O heiliger Sankt Zyprian! Jetzt ist's aus und ab – jetzt haben wir das Unglück, das Malär!«

Der Boxl aber lief mit dem Knödel im Maul rasch den Hügel hinunter.

»O mein armer Boxl! Wenn er die Bombe frißt, reißt's ihn in tausend Fetzen«, jammerte der Vorsteher.

Der Mesner winselte:

»Und wenn er dreinbeißt, gibt's eine Explosion, das ganze Dorf fliegt in die Luft.«

158

»Mesner, wenn der T . . . . l loslegt, gibt's Feuerscha-
den!« schrie der Vorsteher. »Mesner, lauf, Sturm schlagen!«

»Vor's nicht brennt, kann ich nicht Sturm schlagen«,
jammerte der Mesner; »aber, Vorsteher, laß du schnell die
Feuerwehr alarmieren. Es ist die höchste Gefahr, und
dein Hund hat's angerichtet.«

Der Vorsteher stand unentschlossen da; der Mesner
aber schrie:

»So mach dich doch auf die Füß' und schau, wo der
Malefizköter hin ist, damit du die Leut' warnen kannst.
Steht er da wie ein gefrorener Leimsieder, und drunten im
Dorf kann's alle Augenblick krachen und brennen.«

Jetzt rannte der Vorsteher den Bühel hinunter. Der
Mesner aber holte einen Spritzkübel voll Wasser und be-
goß damit die drei noch vorhandenen Bomben, damit sie
nicht so leicht losgehen könnten. Die drei Knödel waren
aber so verschlossene, hartgesottene Sünder, daß sie sich
auch durch die stärksten Wasserstrahlen nicht erweichen
ließen. Während der Mesner noch mit der löblichen
Spritzarbeit beschäftigt war, kam plötzlich der Spindel-
Lois den Hügel heraufgerannt.

»Mesner«, schrie er schon von weitem, »hast du nicht
im Beichtstuhl bei der hintern Kirchtür ein blaues Packl
gesehen?«

»Freilich hab ich eines gesehen!« lärmte jener. »Weißt
du vielleicht, was für ein Lump es hineingelegt hat?«

»Das Packl gehört mir«, erwiderte der Lois etwas heftig.

»So, dir, du Lump, du scheinheiliger!« fuhr nun der
Mesner los: »Du Brandleger, du Mörder! Aber wart grad

noch ein bissel, da unten kommen schon die Gendarmen, die werden dir ein anderes Liedl singen. Du kommst nicht mehr aus; du bist schon unser! Schau, von dem Betbruder hätt' ich es nicht gemeint, daß er ein solcher Haderlump, ein solcher Kanalli wär'.«

Der Lois wurde glührot; er rannte auf den Mesner los. Da erblickte er sein blaues Schnupftuch am Boden und darauf, von Wasser triefend, drei seiner teuren schwarzplentenen Knödel. Nun geriet er in Wut. Er stürzte auf den erschrockenen Mesner zu und schrie ihn an:

»Was, einen Lump heißt du mich, du alte Lichtscher, du rostige! Was hab ich denn getan? Ich werd meine Sachen wohl hinstellen können, wo ich will! Geht's dich was an? Der Lump, der Dieb, der Räuber bist wohl du. Du hast mir meine Sachen gestohlen und zugrund' gerichtet – mit der Gottsgab Schindluder getrieben, du Glockenstrick, du fadenscheiniger!«

Zugleich mit dieser grimmig hervorgesprudelten Rede hob das erboste Männlein einen der Knödel, der durch die vom Wasser auf das Tuch hereingeschwemmte Erde gänzlich beschmutzt und verdorben war, rasch auf und warf ihn dem Mesner schmatzend an den Kopf. Der Mesner aber fiel vor Schrecken und Entsetzen der Länge nach auf den Boden und schrie wie ein Zahnbrecher:

»Ich bin hin, ich bin hin, ich bin ganz hin!«

Da kamen die Gendarmen in Begleitung des Vorstehers den Hügel herauf. Der Spindel-Lois packte die zwei noch übrigen Knödel in das blaue Sacktuch und steckte sie in die Tasche. Unterdessen wälzte sich der Mesner immer noch auf der Erde und heulte:

»Ich bin hin! Es hat fürchterlich gekracht. Füße und Arme sind weg...«

»Himmlisches Vaterland«, jammerte der Vorsteher von unten herauf, »hat's wohl ein Unglück gegeben, gelt? Ich hab's alleweil gesagt, wir kommen zu spät. Der arme Mesner! – Der ist wohl schrecklich zugerichtet!«

Die Gendarmen traten rasch hinzu, und der Führer fragte streng:

»Was ist hier geschehen?«

»Er hat mir mein Mittagessen gestohlen, der Lichtputzer«, antwortete der Spindel-Lois.

Da warf sich der Mesner auf die andere Seite herum und schrie: »Das ist der Lump, der Mörder, der Brandstifter, der Bombenwerfer – nehmt ihn hopp – faßt ihn – laßt ihn nimmer aus!«

»Wo sind die Bomben?« herrschte der Führer.

»Ich hab keine Bomben gesehen«, erwiderte der Lois.

»Vorsteher, wo sind die Bomben?« forschte der Gendarm streng.

»Ich weiß es nicht, der Mesner muß es wissen«, entgegnete der Gefragte unsicher.

Der Mesner aber kugelte sich auf dem Boden und winselte:

»Ich bin hin, ich bin hin, ich bin ganz tot!«

Da ergriff der zweite Gendarm den Mesner an den Schultern und stellte ihn auf die Füße; der Führer aber herrschte ihn an: »Jetzt macht keine Possen und sprecht, wo sind die Bomben?«

Der Mesner schöpfte tief Atem, griff sich an den Kopf,

blickte scheu im Kreis herum und sagte endlich mit weinerlicher Stimme:

»Eine hat Bürgermeisters Hund gefressen, eine hat der – Mörder da mir an den Kopf geschmissen, und zwei hat er in den Sack gesteckt.«

Der Führer konnte ein Lächeln schwer verbeißen, trotzdem donnerte er im strengsten Ton gegen den Lois:

»Heraus mit den Bomben!«

»Ich hab ja keine Bomben!« erwiderte das Männlein.

»Was denn?« herrschte der Gendarm.

»Schwarzplentene Knödel, Herr Gendarm«, sagte das Männchen lustig. »Sehen Sie, wenn ich wallfahrten geh, koche ich mir immer in der Früh Knödel und nimm sie mit auf Mittag. Heute hab ich sie in der Kirche vergessen, dann sind sie dem Mesner in die Hände gefallen, der sie für Bomben ausgetan hat . . . Sehen Sie, Herr Gendarm, da sind die Bomben.«

Mit diesen Worten langte das Männlein einen Knödel aus dem Schnupftuch und riß ihn in der Mitte entzwei. – – Die beiden Gendarmen brachen in ein helles Gelächter aus, der Mesner schnitt ein Gesicht wie ein neugeborener Königshase, und der Vorsteher machte eine Gebärde, als ob er den Kopf in die Rocktasche hineinstecken wollte. Im nächsten Augenblick nahmen Mesner und Vorsteher die Füße auf die Achseln und rannten den Bühel hinab. – Die Gendarmen und der Spindel-Lois schritten hinterher und lachten immer noch aus vollen Hälsen. – Der Mesner aber trug seitdem den Namen: Bombenmesner.

EINE UNRUHIGE NACHT

Der Goren-Peter und der Lizzen-Veit waren nicht nur als pfiffige Viehhändler, sondern auch in ihrem ganzen Leben und Streben als zwei g'haute Vettern bekannt. Einmal in den letzten Tagen des Jänners hatten sie nach einem anstrengenden Markt in Pfarrleiten drei Waggons Ochsen verladen, waren dann im Leithental vier Stunden lang billigen Kühen nachgerannt und am Abend noch bis Tiefenbrunn hinausmarschiert. Als sie im Zunachten dort ankamen, schwoll vom Dorfe her Jauchzen, Trommeln und gellender Fasnachtslärm. Um dem Getümmel auszuweichen, kehrten sie beim Happelwirt außerhalb des Dorfes ein. Sie hatten sich kaum hinter den Tisch gesetzt, als schon der nudelrunde Gastgeber vor ihnen stand, einen kreuzweisen Bückling machte und, sein Käpplein drehend, meckerte:

»Ah, das ist eine Ehr' – eine Ehr' – freut mich – was schaffen die Herren?«

»Du rosenroter Wasserfärber, paß auf, was ich sag«, rief der Lizzen-Veit; »wir stehen schon seit dem ersten Hahnenlied in unseren Socken, und die Haxen fallen uns beinahe aus der Krippe, so dachsmüde sind wir. Wenn du ein ruhiges Platzl zum Schlafen hast und die Fasnachtsmette nicht hereinlaßt, bleiben wir da; sonst rücken wir weiter.«

»Freilich, ein ruhiges Platzl«, gurgelte der Wirt, »und ausgezeichnete Betten, feine Betten – da schlaft ihr wie in Abrahams Schoß.«

»Ist ein Wort«, versetzte der Goren-Peter, »und jetzt laß uns einen Braten schmoren, aber doppelte Portionen, und jedem eine Literin Wein aufstellen, aber schnell. In einer halben Stunde wollen wir auf den Sack kommen; morgen heißt's wieder beizeiten aus den Federn und zum Lichtmeßmarkt nach Fügen; da muß man helle Brillen und alle fünf Sinne unterm Dach haben.«

Der Happelwirt machte eine dreimalige Verneigung, und zwar so tief, daß er dreimal mit der Nase an seine Brust, richtiger an sein Wänstlein klopfte, und ging, das Befohlene zu schaffen. Auffallend schnell wurden Speise und Trank zur Stelle gebracht, noch schneller räumten die zwei Händler Schüsseln und Gläser. Es war noch keine halbe Stunde verflossen, da steckten die beiden schon tief in den Federn. Das Abendgebet machte den zwei Heiligen keine große Plage, den es fiel wie immer sehr kurz aus, aber demütig, und ging beiläufig nach dem Text:

> »O Herrgott, druck ein Auge zue,
> ich leg mich nieder wie a Kueh!«

Eine längere Andacht wäre es auch beim besten Willen nicht geworden; denn zeit eines halben Vaterunsers hatten sie schon ihre Waggons Ochsen und die Leithentaler Kühe und den Lichtmeßmarkt und alles vergessen und ruhten im süßesten Schlummer. Nach einer Weile träumte dem Goren-Peter, er stehe daheim in seiner Mühle, und die Mühle gehe leer; nichts sei aufgeschüttet in Gosse und Trog, die Räder drehten sich immer toller, und der Gerstenstampf polterte wie ein Eisenhammer. Auch der Lizzen-Veit träumte. Ihm war, als ob seine Stalltüre zu Haus vom Winde gräßlich hin und her gebeutelt würde und dabei ein jämmerliches Rasaunen und Kreischen ertönen ließe ... Fast gleichzeitig erwachten die beiden Schläfer und merkten sofort, daß in der Gaststube unmittelbar unter ihrer Kammer ein Höllenspektakel los sei. Grell quiekten zwei Klarinetten, eine Geige winselte dazu, eine Trompete schmetterte drein und der Brummbaß rumpelte hintennach. Zur Musik gesellte sich ein Schleifen, Walzen und Trampeln, als ob ein Zwölferdreschen durch die Stube ginge ... Der Happelwirt hielt just an diesem Abend sein Fasnachtskränzchen ab, daß er mit dem geistreichen Namen »Knödelball« ausgestattet. Seinen zwei Quartiernehmern hatte er von der Veranstaltung nichts gesagt, weil er hoffte, daß diese in ihrem müden Ratzenschlaf von dem Getümmel nichts hören würden. Händler besitzen aber dünne Ohren, und sie hätten auch wahre Siebenschläfer sein müssen, wenn der dröhnende Tanzlärm nicht ihre Ruhe gestört hätte.

»Hunderttausend Hornochsen!« begehrte der Lizzen-Veit auf; »das soll ein ruhiges Platzl sein, und der Happelwirt läßt in nachtschlafender Zeit die ganze Kavallerie einrücken.«

»Akkrat; da mag man schlafen wie in Abrahams Schoß!« räsonierte der Goren-Peter, »und just über dem Wurstkessel hat uns der Lump einwaggoniert!«

Sie zogen die Decken über den Kopf, preßten die Augen zu und versuchten wieder einzuduseln, aber das ging nicht so schnell. Drunten kreischten die Pfeifen und winselten die Saiten und knurrte der Baß immer den gleichen,

langweiligen »Latterer«, und es klang beiläufig so, als ob
die Instrumente immer dasselbe rührende Lied sängen:

»Dadldi und didlda,
wann's wüßt, wer ich wa',
didlda und dadldi,
i weiß's selber nit, i.«

Nein, da war keine Möglichkeit zu schlafen. Der Veit
seufzte, der Peter stöhnte, und dann begannen sie folgende Litanei:

»Mit einem Kuhschweif um die Ohren sollte man dem
Happelwirt Musik machen.«

»An beiden Ohren sollt' man ihn aufhängen, dann
möcht' er tanzen!«

»Seine Zwiefelwurzen, die Haxen, sollt' man ihm ausreißen!«

»Auf Hintertux sollt' man ihn hackebrettln!«

Allein diese frommen Wünsche halfen nichts.

Da verfiel der Goren-Peter auf ein anderes Mittel. Er
holte eine Baumwolle aus seinem Rucksack und verstopf-
te sich damit die Ohren, auch seinem Kameraden gab er
einen Wutzel, um das gleiche zu probieren. Jetzt hörten
sie die kleinen schrillen Instrumente nicht mehr, aber der
Baß trommelte ihnen immer noch an die Schläfe und
summte den Reim:

»Bum, bum, bum... bumbumbum, Hund tanzt
um... Kumpf herum.«

Diese fürchterliche Melodie hätte Kieselsteine erweichen und nicht nur Menschen, sondern einen Waggon

voll Ochsen rasend machen können. Ganz verzweifelt
wälzte sich der Peter in den Federn, der Veit aber sprang
auf und sagte mit einem grellen Lacher:

»Wart, ich will dem Hornvieh gehn Mores lehren!«

»Du, bleib, wo du bist«, mahnte der Peter; »weißt,
wenn die Esel tanzen, schlagen sie aus; da ist's nicht gut,
sich hineinzumischen.«

Aber der Veit war schon in Hosen und Rock; zur Tür
hinausstürmend, schrie er noch zurück:

»Wirst sehen, ich kehr die ganze Bande im Handumdrehen zum Tempel hinaus!«

Drunten in der Tanzstube war eine kleine Pause eingetreten. Da erschien der Lizzen-Veit an der Tür, blaß im Gesicht und zitternd wie ein Frosch – das Zittern hatte er von der Kälte und die Blässe vom Zorn. Alle schauten ihn verwundert an, er aber begann zu jammern:

»Meine lieben Leute, es ist ein Unglück geschehen.«

»Was denn?« – »Brennt's wo?« – »Fehlt's daheim?« – »Ist deinem Kamerad was passiert?« riefen viele Stimmen durcheinander.

»Nein, viel etwas Schlimmeres«, klagte der Händler; »meine Brieftasche hab ich verloren – sind vier- bis fünftausend Gulden drin, hab heute in Pfarrleiten zwanzig Paar Ochsen verkauft. Der Profit von sechs Jahren ist der Katz'!«

»Da muß man suchen gehen!« schrien die beiden Klarinettenbläser zugleich und waren schon an der Tür.

»Halt, halt!« kommandierte der nudelrunde Wirt; »zuerst müssen wir Genaueres hören.«

»Wo hast du die Brieftasche verloren? Red grad!« stürmte der Baßmusikant.

»Das kann ich nicht bestimmt sagen«, wimmerte der Veit: »In Pfarrleiten draußen hab ich sie noch gehabt – seitdem weiß ich nichts mehr . . . Bin jetzt erst daraufgekommen, wie ich mir hab wollen den Rock unter den Kopfpolster legen.«

»Also, in Pfarrleiten hast du sie verloren?« gurgelte der Wirt.

»Nein, nein, auf dem Weg von Pfarrleiten da her«, versicherte der Händler bestimmt; »ich hab dreimal Tabak eingefaßt, und da muß ich die Brieftasche herausgezogen haben ... Irgendwo auf der Straße liegt sie – vielleicht da ganz nahe, vielleicht auch draußen ober Pfarrleiten.«

»Wir suchen! Wir suchen!« sprudelten die zwei Pfeifer und der Bassist und der Trompeter und der Geiger, indem sie zur Türe drängten.

»Seid so gut«, bettelte der Veit, »ich selber bin vor Schrecken ganz dermatscht und kann kein Glied mehr rühren – auch hab ich Blattern an den Füßen ... Ihr braucht nicht umsonst zu suchen; dem redlichen Finder zahl ich einen hohen Lohn ... Blanke fünfhundert Gulden kriegt derjenige, der mir die Brieftasche mit dem Gelde bringt.«

Nun hatten Tänzer und Musikanten schon ihre Hüte auf dem Kopf, und der ganze Schwarm stob wie ein Wirbelwind zur Türe hinaus.

»Halt, halt!« schrie der Wirt, »wir gehen alle mitsammen – und Laternen müssen wir anzünden, es ist ja stockfinster.«

Aber niemand hörte auf seinen Ruf. Ein paar Mädchen trabten verdrossen dem Dorfe zu, der übrige Rummel sprengte die Landstraße hinab. Dem Happelwirt rollten die fünfhundert Gulden Finderlohn schwer im Kopf. Das war eine nette Jause, aber leider nicht für ihn serviert, denn er konnte mit seinem nudelfeisten Wänstlein die tolle Jagd nicht mitmachen. Plötzlich schoß ihm ein Gedanke durch das Hirn. Es war ja möglich, den Stürmern und Drängern noch einen Vorsprung abzugewinnen. Die Landstraße machte einen weiten Bogen um die Felder herum, durch die Wiesen hin lief aber ein Gangsteig, der gut eine Viertelstunde kürzer war und beim schwarzen Gatter in die Landstraße einmündete. Ohne sich weiter zu besinnen, fuhr der Happelwirt in seinen Lodenrock, zündete eine Laterne an und lief spornstreichs dem Wiesenpfad nach. Mehrmals wollte ihm der Blasbalg versagen und schmalzige Tropfen kugelten ihm von der Stirn, so daß er glaubte, nicht weiterzukommen, aber es kitzelte ihn der Gedanke: »Fünfhundert Gulden ist eine nette Jause«, und dann zappelte er mit seinen dicken Beinchen wieder voran, was gibst, was hast. Nach einiger Zeit merkte er aus dem Lärm von der Straße her, daß seine Nebenbuhler ein ziemliches Stück hinter ihm waren. Diese hatten nämlich, weil einer dem anderen vorspringen wollte, zu raufen begonnen und wurde dadurch abgehalten. Um so mehr beeilte sich der Happelwirt. Schwitzend und pustend erreichte er endlich die Landstraße. Nun ging er etwas langsamer, spähte auch mit Geduld und Aufmerksamkeit nach links und rechts. Infolgedessen kamen ihm die anderen Wettbewerber auf die Fersen. Schon vernahm er deutlich ihr Trampeln und Keuchen, sie waren bloß mehr dreißig Schritte hinter ihm. Und in diesem Augenblick sah er beim Schein der Laterne ein paar Meter vor sich einen schwarzen Gegenstand auf der Straße liegen. Himmelhagelhektoliter, das war die Brieftasche und nichts anderes! Wie eine Büchsenkugel schoß der Wirt darauf; aber auch die anderen Glücksjäger hatten das Päcklein erspäht und stürmten verzweifelt nach. Ein Sprung, noch einer, der Wirt stürzte zu Boden und deckte den Gegenstand mit seinem breiten Wänstlein, die andern fiel und kugelten über ihn her, in dichtem Knäuel wälzte sich alles auf der Straße.

»Eine nette Jause!« jubelte der Wirt, obgleich die Laterne zu Scherben gegangen war und er heftig aus der Nase blutete. Seinen Fund hielt er mit Geierkrallen umspannt. Die betrogenen Landsknechte aber droschen grimmig auf seinen Rücken und zerrten ihn hin und her. – Schließlich machte einer Licht, und nun gab es erst lange Gesichter. Der Wirt hatte nicht bloß einen Gegenstand gefunden, sondern mehrere; diese Gegenstände waren jedoch nicht von Menschen, sondern von Pferden verloren worden und standen in üblem Geruch. Wütend schmiß der edle Gastgeber die schwarzen, duftigen Knödel über den Zaun, die große Horde aber stimmte ein unnennbares Gelächter an . . . Doch sofort begann wieder die Jagd. Man suchte und fluchte bis hinaus nach Pfarrleiten, zurück bis zum Schwarzen Gatter und nochmals hinaus. Allein das kräftigste Fluchen und angestrengteste Suchen war vergeblich, kein Zipfel der Brieftasche ließ sich finden.

Unterdessen herrschte im Gasthause des Happelwirtes große Stille und wundersame Ruhe. Die beiden Händler waren, nachdem sie sich ordentlich ausgelacht hatten, sofort wieder eingeschlafen und erfreuten sich jetzt eines prächtigen, süßen Schlummers. Doch Händler schlafen nie lange. Morgens um fünf Uhr waren sie schon auf den Beinen und tranken ihren Kaffee. Als sie erfuhren, daß der Wirt mit seinem nächtlichen Troß noch immer nicht von der Suche heimgekommen war, wurden sie beide von einem Lachkrampf geschüttelt, und sie brachten lange Zeit kein Wort hervor. Endlich sagte der Lizzen-Veit, noch immer hossernd vor Lachen, zur Kellnerin:

»Du, Madl, sei so gut, richt mir an den Happelwirt eine Botschaft aus. – Sag ihm, ich hätt' ein Riesenglück gehabt und meine Brieftasche schnell wiedergefunden. Statt in meiner linken Rocktasche, wo ich sie vergeblich gesucht, wär' sie in der rechten gewesen. Ich lasse vielmals danken für alle Mühe, die er sich gegeben, obwohl's nicht nötig war. Und meld ihm auch, daß wir ausgezeichnet geschlafen haben, tatsächlich wie in Abrahams Schoß.«

Sie beglichen ihre Schuldigkeit und eilten lachend von dannen.

Eine Viertelstunde später kam der Happelwirt mit einem jämmerlichen Schnupfen, stockheiser, hustend und schwitzend nach Hause. Als ihm die Kellnerin vom Händler die Post ausrichtete, fuhr er glühend wie ein Speiteufel in allen Winkeln herum, und beinahe wäre das ganze Haus samt ihm in die Luft geflogen, so wetterte und pfefferte und fluchte er . . . Als Rest der kritischen Nacht ergab sich, daß der Happelwirt vierzehn Tage das Bett hüten mußte und die zwei Händler sich ein Jahr lang in Tiefenbrunn nicht blicken lassen durften. Und die Lehr' aus der Geschichte heißt:

»Spiel und Tanz sind wenig nütze,
wenn der Mensch in Dorf und Stadt
schlummernd seine Zipfelmütze
übers Ohr gezogen hat.«

172

In der Sommerschule

Der Meister Pankraz droben in der Schule von Hinterbühel war ein alter Schulfuchs, und niemand verstand es, so rasch und gründlich die Kinderköpfchen zu erleuchten wie er. Nirgends herrschte eine so mustergültige Ordnung wie in seiner Schule, ohne daß Herr Pankraz etwa den »Spanischen« als Jahresregent eingesetzt hätte. Seine Erfolge wurden mehrmals durch ein glänzendes Lob von den Vorgesetzten gewürdigt.

Da geschah es an einem schwülen Juninachmittag, daß Meister Pankraz wiederum sein Jungvölklein drillte. Er hatte eine schöne Geschichte erzählt und nacherzählen lassen, ein Lesestück war gründlich durchgenommen, mit Kopf und Griffel war gerechnet, auch die alten Heldenlieder: »Einmal eins ist eins, zweimal zwei sind vier« usw. sowie »Agram, Erlau, Essegg . . . Hermannstadt, Zara« waren im schmetternden Chor gesungen worden. Nun kam als Schluß des Unterrichtes das Schönschreiben. Es wurde mäuschenstill in der Schule. Die ganz Kleinen malten an ihren großen Buchstaben, wobei sie pflichtschuldigst ihr Zünglein herausschoben und im Takt mit der Feder hin und her bewegten, die Größeren gaben sich alle Mühe, eine nette Probeschrift anzufertigen, Meister Pankraz aber zog sich auf das Pult zurück, um während dieser stillen Zeit von seiner Arbeit ein bißchen auszuschnaufen. Dunstig und stickheiß war die Luft, die Füßchen der Kinder scharrten und die Federn kratzten eintönig, eine Hummel läutete schläfrig zum Fenster hinein, dem Meister Pankraz wurden die Augendeckel zu schwer. Einmal rutschte er mit dem linken Arm am Pultdeckel hinab, ein zweites Mal mit dem rechten, dann fiel sein Haupt auf die Schriftenmappe, und er schlief so fest wie Adam im Paradiese. Die Büblein lachten, und die Mädchen kutterten leise, sonst blieb es mäuschenstill, und nur das tiefe Schnarchen des Meisters Pankraz war zu vernehmen.

Plötzlich ging die Türe auf, und herein trat ein nobler Herr mit Pöllerhut und goldenen Brillen, weißem Kragen und schwarzem Frack. Das war niemand anders als der Herr Inspektor. Ein Blick auf das Jungvölklein, ein zweiter auf das Pult machte ihm die Sachlage klar. Etwas spöttisch schob er die Unterlippe hinauf, als wollte er sagen: »Aha, steht es so mit dem Wetter?« – Den Bübchen und Mädchen kugelten die wundrigen Kirschaugen vor Staunen fast heraus, und eine leichte Bewegung ging durch die Klasse. Da winkte ihnen der Schulinspektor Ruhe zu und flüsterte:

»Seid ganz still, Kinder, und macht fleißig weiter.«

Hierauf schlich er zur letzten Bank, die frei stand, und ließ sich dort nieder. Nach einiger Zeit murmelte er in seinen Bart:

»Ich bin doch gespannt, wie lang der Siebenschläfer fortduselt.«

Aber auch dem Inspektor wurden nachgerade die Augen schwer. Die anderthalbstündige Wanderung von Tribach herauf hatte ihn ermüdet, im Zimmer war eine Heidenhitze, die Kinderfüßchen scharrten und die Federn

174

kratzten eintönig, eine Hummel läutete schläfrig zum Fenster herein, der Herr Inspektor begann zu knappen; ein Ellenbogen rutschte ihm von der Bank herunter, der zweite rutschte nach, schließlich sank das Haupt auf die Platte nieder, und der Inspektor schlief so fest wie Kaiser Karl im Untersberg. Die Büblein lachten, und die Mädchen kutterten leise, sonst blieb es mäuschenstill. Nur daß jetzt das tiefe Schnarchen des Meisters Pankraz von dem noch tieferen des Inspektors begleitet war.

Mehr als eine Viertelstunde hatte das zweistimmige Schnarchkonzert gedauert, die Kinder waren mit der Aufgabe fertig und packten ihre Siebensachen lautlos in die Taschen. Da, fünf Minuten vor drei Uhr, wachte Meister Pankraz auf. Er rieb sich die Augen und warf einen Blick über das junge Völklein.

Aber da, hinten in der letzten Bank! Was ist denn das? Himmellaudon, der Hecht im Karpfenteiche! Der Wolf unter seinen Schäflein! Alle heiligen Nothelfer!

Vom jähen Schreck gelähmt, stand Meister Pankraz eine Zeitlang da, ohne sich zu regen. Als er jedoch merkte, daß der Gefürchtete in tiefem Schlummer ruhe, faßte er Mut, und blitzartig schoß ihm ein Gedanke durch den Kopf. Langsam stieg er zu den Bänken herab und flüsterte den Kindern zu:

»Kinder, ihr müßt recht artig und höflich sein und ganz leise hinausgehen, damit ihr den Herrn Inspektor, der ein bißchen schlafen will, nicht aufweckt. Beten tun wir heute nicht.«

Und die Kleinen verstanden ihren Meister. In dunkler Ahnung der drohenden Gefahr vermieden sie jegliches

Geräusch und schlichen lautlos auf den Zehen – die meisten waren barfuß – aus der Schulstube. Hinterdrein huschte Meister Pankraz zur Türe hinaus. Der schlafende Inspektor blieb allein zurück.

Wiederum verfloß eine Viertelstunde, da rüttelte der Wind an einem Fensterladen, und von dem Knarren erwachte der Schläfer. Anfangs kannte er sich nicht aus und schaute drein wie ein Kuckuck, der aus dem Spatzennest gefallen ist. Dann ging ihm ein Licht auf, größer als ein Schwanzstern, und er gansterte eine Zeitlang grimmig in der Stube hin und her. Schließlich trabte er ins Wirtshaus, nahm dort ein Zimmer und ließ sich am selbigen Abend nicht mehr blicken.

Am nächsten Tag kam der Inspektor frühzeitig wieder in die Schule. Meister Pankraz trat ihm unbefangen entgegen, machte einen Kratzfuß und grüßte tapfer: »Guten Morgen, Herr Inspektor. Das ist eine angenehme Überraschung! Herzlich willkommen!«

Etwas verdutzt erwiderte der Gestrenge: »Es freut mich, Herr Lehrer, Sie gesund und wohlbehalten zu treffen.«

Dann begann die Prüfung. Alles ging wie am Schnürchen. Die Kinder konnten ihre Sache wie das Wasser, aber nicht, wenn es eingefroren ist, sondern frisch aus dem Brunnenrohr sprudelt. Flink und flott wie ein Schlag und Trumpf folgten die Antworten auf die Fragen, und der Inspektor merkte wohl, daß Meister Pankraz seine Zeit nicht verschlafen hatte. Darum wurde er immer freundlicher und erwähnte mit keiner Silbe den gestrigen Vorfall. Einen Spaß konnte er sich aber doch nicht versagen. Er ließ zum Schluß aus der Biblischen Geschichte das Stück lesen: »Als die Leute schliefen, kam der Feind und säte Unkraut unter den Weizen.« – Meister Pankraz errötete, aber der Inspektor klopfte ihm auf die Achsel und sagte lustig: »Herr Lehrer, wenn das Unkraut aufgeht, haben wir beide die Schuld. Jedoch Sie müssen es allein wieder ausreißen.«

Da lachten sich die zwei Schulmänner ins Gesicht, drückten einander die Hände und schieden im besten Einvernehmen.

DER GEWORBENE BRÄUTIGAM

Die Helbig-Rosl war das einzige Kind des steinreichen Helbigbauers in Walgau und nebenbei eines der schönsten Mädchen der Gemeinde. Viel zu früh, just als die Rosl in ihr zwanzigstes Lebensjahr eintrat, starb der Vater und hinterließ der Tochter den ausgedehnten, prächtigen Hof samt einer ziemlich umfangreichen Bibliothek von Sparkassenbüchlein. Kaum ein halbes Jahr nach des Vaters Tod war die Rosl schon von einer Menge junger und älterer Bauernsöhne umschwärmt, die sich opferwillig und selbstlos erboten, ihr hausen zu helfen, sie zu unterstützen und zu schützen in allen Lagen ihres Lebens. Diese opfermutigen Anerbieten lehnte aber die Rosl allseitig dankend ab und erklärte, sie wäre mit ihrer Mutter Rat und Tat hinlänglich versorgt, und es mache ihr ein Vergnügen, ein paar Dutzend Jährlein ohne männliche Beihilfe zu hausen. Indes merkten schon nach einigen Monaten die zwei Weibsleute – Mutter und Tochter –, daß eine feste, verläßliche Manneskraft auf dem Hofe durchaus notwendig sei. Da die Rosl das Heiraten verschworen hatte, dang die Mutter einen Knecht – den Santen-Lienhart –, der ihr von verschiedenen Seiten als tüchtig und brav empfohlen worden war, zum Haushalter und Schaffer auf den Hof.

Der Lienhart, obwohl er erst achtundzwanzig Jahre zählte, machte seinem Ruf alle Ehre. Er arbeitete wie eine Maschine, griff alles klug und geschickt an, verstand das

Hausen und Wirtschaften aus dem Fundament, hielt mit den Dienstboten stramme Ordnung und war doch gegen alle freundlich. Seinen Lohn sparte er auf den Kreuzer zusammen, ins Wirtshaus ging er nicht viermal im Jahr, desto öfter sah man ihn in der Kirche und bei den Sakramenten. Ein unrechtes Wörtlein hörte man nie aus seinem Munde, um so lauter sang und pfiff er bei der Arbeit; denn er hatte ein vogelmunteres, frohes Gemüt. So konnte es nicht fehlen, daß die zwei Weibsleute – Mutter und Tochter – mit dem Schaffer äußerst zufrieden waren; merkten sie doch, wie unter seinem Zepter der Hof vortrefflich gedieh. Da der Lienhart auch noch außen ein schmucker Bursche war, faßte die Rosl allgemach zu ihm eine stille Neigung. – Auch dem Lienhart war es oft schon warm unter dem Krawattl geworden, wenn er das Mädchen anschaute, doch unterdrückte er unerbittlich dieses Gefühlsregister in seinem Orgelkasten. Nicht im Traum hätte er es sich einfallen lassen, daß er, als Knecht, sich nur einen Gedanken auf die reiche Erbtochter machen dürfe. Insoweit spielte aber das tückische Register immer mit, daß der Lienhart eine ausnehmende Freundlichkeit gegen das Mädchen zeigte und jeden Wunsch, den er ihm von den Augen ablas, blitzschnell erfüllte.

Vier Jahre war der Lienhart auf dem Hof, da sagte die Mutter eines Tages zur Tochter, es wäre jetzt doch bald Zeit, daß sie ans Heiraten denke. Das Mädchen wurde anfangs glührot, es faßte sich aber bald und erklärte keck, heiraten möchte es wohl, wenn es den Rechten bekäme; Rechten gäbe es aber nur einen, und das sei der Lienhart,

anderen möge es überhaupt keinen. Die Mutter, die sich
längst schon keinen andern Schwiegersohn wünschte als
den Lienhart, widersetzte sich aber scheinbar der Wahl
und sagte, der Lienhart sei nur ein Knecht und nebenbei
ein armer Teufel ohne jegliches Vermögen. Da ging das
Mädchen in die Höhe wie ein Germkrapfen und stürmte,
auf Geld und Sachen komme es nicht an, derlei Zeug
hätten sie selbst mehr als genug, und nicht Rang oder
Stand, sondern der Charakter mache den Mann. Da lachte die Mutter hellauf und versicherte, ihr wäre der Lienhart ganz recht, nur müsse die Tochter dazuschauen, daß
sie ihn bekomme.

Nun hatte aber die Rosl auch ihren Stolz. Lieber als
den Lienhart ums Heiraten zu fragen, hätte sie sich die
Zunge an der Wurzel abgebissen. Sie verbot auch der
Mutter jede Andeutung vor dem Lienhart, wie sie geso-
ten und gesinnt sei. – Der Lienhart müsse herwärts kommen und um ihre Hand bitten.

Von jetzt ab zeigten Mutter und Tochter dem Lienhart
eine schier auffallende Freundlichkeit, sie ließen ihn Ein-
blick in ihre Familien- und Vermögensverhältnisse nehmen und übertrugen ihm Vollmachten, wie sie nur einem
Bauer zukommen.

Der Lienhart kannte sich nicht aus. Manchmal wollte
ihm der Kopf mit dem Herzen, dann wieder das Herz mit
dem Kopf davongehen; doch hielt er das Gefühl tapfer im
Zaume. Von dem Ziel, das die zwei Weibsleute verfolgten,
hatte er keine Ahnung. Nicht mit dem leisesten Gedanken im hintersten Herzwinkel drinnen dachte er an die
Möglichkeit einer Heirat mit der Rosl. War ja der Ab-

stand zwischen ihm und ihr größer als zwischen der Nagglburg in Hall und der Hofburg in Innsbruck. Und um seinem Herzregister keinen Wind zuzuführen, benahm er sich jetzt sogar steifer und zurückhaltender gegenüber der Rosl. Darob schmollte das Mädchen ein wenig und zog oft einen krummen Mund, der wie ein Fragezeichen aussah; der Lienhart wußte aber keine Antwort darauf.

In dieser Zeit gingen die Mutter und die Tochter viel nach auswärts, teils auf Wallfahrten, teils in die Stadt. Die Dienstboten munkelten allerlei. Plötzlich wurde das Gerücht laut und nahm ganz bestimmte Formen an, die Helbiger-Tochter sei soviel wie im Brautstande, sie heirate einen reichen Bauernsohn von Kerschach draußen. Dem Lienhart brummte der Kopf, als ob auf seinem Scheitel Erbsen gedroschen würden, und das tückische Register in seinem Innern stürmte so furchtbar, daß er fürchten mußte, das Herz gehe ihm zu Scherben. Was hat denn das pudelnärrische Herz? Ihm kann's ja gleich sein, ob die Rosl heiratet oder ledig bleibt. Es war ihm aber nichts weniger als gleich. Einmal sagte er gelegentlich zur alten Bäuerin:

»Wenn die Rosl heiraten tut, braucht Ihr keinen Schaffer mehr, und ich bitt schön, daß Ihr mir die Zeit ansaget, damit ich mir um einen andern Platz schauen kann.«

»Das Platzsuchen, Lienhart, kannst du dir ersparen«, erwiderte die Frau mit voller Deutlichkeit; »ich meine, du fährst besser, wenn du dableibst, als wenn du davonlaufst.«

Der Lienhart verstand auch diesen Wink nicht. Er sagte auf die Rede der Bäuerin nicht gigg und nicht gagg, sondern ging kopfschüttelnd weg. – In der nächsten Zeit machten die beiden Weibsleute allerhand Einkäufe, die untrüglich auf die Brautausstattung hinzielten. Nun tat aber auch der Lienhart seine Schritte, indem er ins Dorf hinaufging und sich zum Lichtmeßtermin als Großknecht beim Welzhofer verdingte. Als die Rosl hievon Kunde erhielt, bekam sie einen dunkelroten Kopf und einen stummen Mund. Sie redete keine zehn Worte mehr mit dem Lienhart und wich ihm aus, wo sie nur konnte. Glaubte sie doch nichts anderes, als daß sie ihm vollkommen gleichgültig sei, ja offensichtlich von ihm verschmäht werde. Trafen die beiden zufällig hin und wieder allein zusammen, prallten sie auseinander wie zwei Kegelkugeln, dabei schaute die Rosl krautsauer drein, der Lienhart aber machte ein Gesicht, als ob er auf der einen Seite Gerstenschleim, auf der andern Glaubersalz im Mund hätte. Die Rosl konnte ihren Stolz, der Lienhart seine Scheu nicht überwinden, und sie verstockten sich von Tag zu Tag mehr gegeneinander. Da trat die Bäuerin ins Mittel, fühlte sie doch, daß es höchste Zeit sei, Klarheit zu schaffen. Sie rief eines Tages den Schaffer in die Wohnstube und begann ohne Umschweife:

»Jetzt, Lienhart, sag aufrichtig, was ist mit dir? Du hast dich zum Welzhofer verdungen. Warum gehst du fort von uns?«

»Ich geh nicht gern, aber ich muß«, erwiderte halb störrisch, halb weich der Schaffer.

»Stimmt's dir nicht mehr bei uns? Ist dir ein Unrecht

geschehen? Hat dich jemand beleidigt? Vielleicht die Rosl?«

»Um Gottes willen, nein, nein, nein! Die Rosl ist das netteste und feinste Madl auf Gottes Erdboden. Ich wünsch ihr, daß sie glücklich wird mit der Heirat – keinem Menschen wünsch ich so viel Glück wie ihr. Wenn sie's nicht guttrifft, tät' sie mir furchtbar erbarmen.«

»Uns tut's leid, daß du fortgehst – und gerade jetzt, wo wir dich am notwendigsten brauchen.«

»Ihr braucht mich nicht mehr, wenn die Rosl heiratet. Und das könnt's mir glauben, daß mir das Wandern keine Freud' macht; aber es ist einmal so auf der Welt, der eine muß gehen und ein anderer kommt. Mir wird recht zeitlang sein, wenn ich nicht mehr da bin; ich fürcht alleweil, die Rosl trifft's nicht gut. Bababah, was red ich da für dummes Zeug! Sie wird's schon treffen. Ich wünsch ihr Glück.«

Stoßweise kollerten die Worte aus seinem Munde wie das Wasser aus einem halbverstopften Brunnen, seine Mundwinkel zuckten schmerzlich, und eigenartig flakkerten seine Augen.

Die Bäuerin aber kannte sich jetzt aus, wie es mit dem Lienhart stand. Hatte er doch den Uhrkasten seines Herzens so weit aufgemacht, daß man den Kuckuck darin sehen konnte, und dieser Kuckuck war unleugbar die Rosl. Nun faßte die Bäuerin das Ding von der spaßhaften Seite.

»Mit der Heirat hat es noch einen weiten Weg«, bemerkte sie listig; »vielleicht wird überhaupt nichts daraus.«

»Nichts daraus werden? Wie geht das zu? Habt ihr's nicht richtig?« fragte der Lienhart stürmisch, und seine Augen leuchteten heller.

»Ganz richtig war es nie, und neuestens macht der Bräutigam Schwierigkeiten.«

»Schwierigkeiten macht er? Der Windbeutel, der Palmesel! Was verlangt er denn?«

»Nichts verlangt er, gar nichts. Aber er tut auch nichts dergleichen, als ob ihm viel an der Rosl gelegen wär', und das Heiraten scheint ihm wenig zu pressieren.«

»Dann soll sie ihm nur über neunundneunzig Zäun' hinaus den Laufpaß geben – dem Teigaff! Für so einen Lümmel, so einen Patzenlippl ist die Rosl zu schad. Sie bekommt schon einen andern, wenn's sein muß, einen bessern – hundert bekommt sie für einen.«

Die Bäuerin lachte vergnügt. Dann ließ sie sich wieder vernehmen:

»Aber die Rosl versteift sich grad auf den, sie mag keinen andern, sie ist vernarrt in den Menschen.«

»Das wird nicht sein! Soweit ich die Rosl kenne, ist sie doch ein grundgescheites Mädchen«, sagte kopfschüttelnd der Lienhart, und wiederum huschte eine Wolke über sein Gesicht.

Das Gespräch wurde unterbrochen durch eine eintretende Magd, die eine große, volle Muspfanne für das Mittagessen zur Tür hereinbrachte. Die Bäuerin bedeutete der Magd, daß sie das Mus auf die Ofenbank stellen und mit dem Essenrufen noch ein bißchen warten möge. – Nachdem die Magd fort war, begann die Frau wieder, heimtückisch seufzend:

184

»Ein wahres Kreuz hab ich mit der Rosl. Sie bildet sich den Menschen ein, und er tut keinen Rührer.«

»So ein Hornochs!« begehrte der Lienhart auf. »Sie soll ihm doch einmal gründlich die Meinung sagen.«

»Das tut sie nicht. Käm' ja heraus, als wollt sie ihn zum Heiraten drängen. Dafür ist sie zu stolz.«

»Und sie hat Grund, stolz zu sein. Was ist denn aber Besonderes an dem Menschen, daß sich die Rosl so in ihn verstockt? Ah, jetzt geht mir ein Seifensieder auf – es wird ein Herrischer sein, ein Studierter.«

»Nein, er gehört dem Bauernstand an und trägt ganz dasselbe Gewandl wie du.«

»Also auf der Brennsuppe dahergeschwommen . . . Ist er reich? Hat er einen Haufen Geld?«

»Ein paar hundert Gulden wird er schon haben, vielleicht tausend, mehr gewiß nicht.«

»Also ein Bettelgraf, ein Ritter von Habenichts, mit dem die Rosl keinen großen Staat machen wird.«

»Aufs Geld schaut die Rosl am wenigsten; sie schaut auch nicht auf den Rang, sondern nur auf den Menschen.«

»Was ist denn das nachher für ein Wundertier von einem Mann? Den möcht ich kennenlernen.«

»Du kennst ihn gut.«

»Ich kenn viele Menschen; aber den Kälberkopf kenn ich gewiß nicht.«

»Er ist sogar nahe verwandt mit dir.«

»Bäuerin, meine Verwandtschaft dürft Ihr nicht beleidigen. In meiner Verwandtschaft ist kein solcher Birnlümmel.«

»Paß auf. – Er ist von deines Vaters Vaters Sohn ein Bub.«

»Von – meines – Vaters – Vaters – Sohn – ein Bub«, buchstabierte der Lienhart, indem er kalkweiß und krebsrot zugleich wurde; »wie soll der Mensch heißen?«

»Lienhart ist sein Name.«

»Bäuerin, Ihr wollt mich pflanzen! Das geht mir zu hoch!«

»Von pflanzen ist keine Rede. Die Sache stimmt aufs Haar.«

»Dann wär' ich der ... der ...? Die Rosl tät' mich ... mich ...?«

»Frag sie nur selber. Ich darf nichts sagen, sie hat mir's verboten.«

»Ich, ich dürft die Rosl ums Heiraten bitten?«

»Jedenfalls du mußt bitten, die Rosl bittet dich nicht.«

Wie von einer Sehne geschnellt fuhr der junge Mann in die Höhe, griff sich mit beiden Händen an den Kopf, trippelte närrisch in der Stube herum und brachte nichts anderes hervor als immer nur die Worte:

»Bäurin! Kathrin! Bäurin! – Rosl! Rosl!«

Dann hockte er, um sich ein bißchen zu fassen, auf der Ofenbank nieder und saß richtig mitten in die Muspfanne hinein.

»Um's Himmels willen, Lienhart, schau doch! – Wo bist du? Was tust du?« schrie gellend die Bäurin.

Der Lienhart aber, ganz außer sich vor Überraschung und Aufregung, hörte nichts und merkte nichts und blieb bolzenfest in der Muspfanne sitzen. Da stürzte die Rosl, die draußen vorbeigegangen war und den gellenden

Schrei der Mutter vernommen hatte, zur Tür herein, fürchtend, es sei etwas Schlimmes passiert. Das Mädchen sah fragend Mutter und Schaffer an; als es aber den Lienhart so standhaft in der Muspfanne thronen sah, konnte es nicht mehr ernst bleiben, sondern brach in ein hillerndes Lachen aus. Der Lienhart hinwieder streckte ihm beide Hände entgegen und rief:

»Rosele, ich hab dich lieb. Wenn du die Meinige werden tätest, wär' ich der glücklichste Mensch auf Gottes Erdboden. Leider bin ich nur ein armer Schlucker und ein geringer Knecht, aber kein Mensch hat dich lieber als ich. Du mußt mich halt nehmen, wie ich bin.«

Im ersten Augenblick stutzte das Mädchen, dann ergriff es seine Rechte und zog ihn aus der Muspfanne heraus, indem es lachend sagte:

»Nehmen tu ich dich wohl; aber just so, wie du heute da bist, nicht.«

Jetzt merkte der Lienhart erst das ungeheure Malheur. Glühend vor Scham sprang er zur Tür hinaus und eilte in

seine Kammer, einen weißen Streifen hinter sich herziehend.

Drei Wochen später war große Hochzeit. Dabei wurde unter anderem gereimt:

>»Eine saubere Kost
ist beim Helbiger unten,
da haben sie den Bräutigam
im Rahm-Mus drin gfunden.«

Der Lienhart und die Rosl machten sich nichts aus dem Spaß, sie waren zu glücklich miteinander.

DIE NEUE MODE

Der Belten-Kasper von Grizell war im sechzigsten Jahr seines Alters noch nie mit der Eisenbahn gefahren, hatte sich auch verschworen, jemals dieses »neumodische« Fuhrwerk zu besteigen. Nun heißt aber ein bäuerliches Sprichwort: »Was man am meisten verredet, das treibt man.« Kaum hatte der Kasper das sechzigste Lebensjahr vollendet, trieb es ihn zur Eisenbahn. Die erste Bahnfahrt war aber auch seine letzte; das Schicksal spielte ihm dabei so grauslich mit, daß er diese Fahrt sein Lebtag nicht vergessen konnte. – Das Ding kam folgendermaßen: In Weißenfeld, zehn Stunden von Grizell entfernt, wohnte ein Brudersohn des Kasper, der den heilsamen und längst gefaßten Vorsatz, ein Weib zu nehmen, endlich zur Ausführung brachte. Der Belten-Kasper war als Vetter des Bräutigams natürlich zur Hochzeit geladen und hatte auch versprochen, sicher schon am Vorabend der Hochzeit nach Weißenfeld zu kommen. Es war aber im schönen Monat Juli, und das Korn stand allenthalben in voller Reife. Am Vortage der Hochzeit mußte der Kasper mit dem Kornschnitt auf seinem großen Roggenacker beginnen, und die Hochzeit des Neffen kam ihm mehr als ungelegen. Er verschob die Abreise von Stunde zu Stunde, und Mittag war bereits vorüber, als er endlich Anstalten zur Reise traf.

Er stieg in seine neue schwarztuchene Hose, er schoß in die geblümte Seidenweste mit Silberzwanzigerknöpfen, er langte aus dem hintersten Winkel des Kastens sein eigentliches Staatskleid heraus, den altmodischen, frackartigen Kirchpropstenrock aus schwarzblauem Sammet, dessen Enden ihm fast bis an die Knie reichten – er bürstete seinen Gupfhut fein nach dem Strich, er schob ein knolliges Lederbeutelchen, gespickt mit Silbermünzen, in den Hosensack, er nahm sein blaues, buntgestreiftes Regendach aus der Ecke und trat nun als ausstaffierter Hochzeitsgast vor sein Weib. Morgen werden wir einmal alle Hochzeitsgäste ausstechen, so stand auf des Kaspers triumphierendem Antlitz zu lesen. Ein bißchen griesgrämig machte ihn nur der Umstand, daß er heute notgedrungen mit der Eisenbahn fahren mußte, wenn er noch rechtzeitig in Weißenfeld eintreffen sollte. Er hatte lange Zeit nach einem Ausweg gesucht, allein heute blieb ihm nichts übrig, als in die Eisenbahn zu sitzen. So machte er sich denn in sonnig-wolkiger Laune auf den Weg zur nächsten Eisenbahnstation. Diese lag zwei Stunden weit draußen im Lande und hieß Neuried.

Es war ein glühendheißer Nachmittag, und es hatte eine dunstige Schwüle wie in einem Backofen. Die Sonne brannte vom Himmel, als wollte sie die letzten grünen Körnlein rösten und die blassen Apfelwangen heute noch erröten machen. In einem fort wischte der Kasper die rieselnden Schweißbächlein von Stirn, Gesicht und Hals. Frau Sonne schien aber in bezug auf Kaspers lichtschimmernde Glatze in einer argen Täuschung zu befinden. Sie meinte wohl, diese wär' ein mächtiger Butterknollen, den sie vor ihrem Untergang noch aufschmelzen müsse. Darob dünstete Kasper wie eine Kartoffel in der Pfanne und pustete wie ein Kessel über dem Feuer. – Schon hatte er das Dorf Neuried vor sich, da kam plötzlich eine Abkühlung. Das Haupttal herunter zog eine Wolke, und auf ja und nein war es da – ein rasselnder Platzregen – nein, das war kein Regen, das war ein Wassersturz, ein Gießen aus Eimern und Schaffeln. Der Kasper duckte sich unter die schützenden Fittiche seines Regendaches wie ein Hühnchen unter den Korb, er zog mit beiden Händen seinen langen Rock empor und hielt die Schöße sorgfältig um die Mitte zusammen, daß ihm der teure, prächtige Samtstoff nicht verschandelt werde. Dadurch wurde aber die neue Hose ihrer schützenden Decke beraubt, und die entfesselten Wasserströme bearbeiteten dieselbe von hinten, von vorn, von der Seite, sie spritzten auch in brauner Färbung unten herauf von der pfützigen Straße. Der Kasper betete und jammerte und lamentierte:

»O himmlisches Element, o heilige Welt – ist das eine Sündflut von Sodoma und Gomorrha! . . . Alles muß ersaufen, Leut' und Häuser!«

Die Hosenröhren des Kasper waren im Augenblick durchweicht wie ein Spritzenschlauch – in den Schuhen gluckste und schnalzte es, als ob die Füße in Butter stünden.

Ebenso schnell, wie die Sturzflut gekommen, hörte sie wieder auf – in fünf Minuten war alles vorüber, und die Sonne lachte wieder so unschuldig und harmlos vom Himmel, als ob sie nichts wüßte von Wassersnot und triefenden Hosen, von glucksenden Schuhen und waschelnassen Strümpfen.

Der Kasper ärgerte sich blau und grün über die tückischen Wetterlaunen, und seine Stimmung wurde nicht rosiger, als er in den Bahnhof von Neuried einlenkte. Er löste eine Karte und brauchte nicht lange auf den Zug zu warten. Jetzt war ihm das Schicksal günstig: ein freundlicher Kondukteur gab ihm schnell Auskunft und verschaffte ihm sogar ein Kupee allein, d. h. ein solches, wo niemand drinnensaß. Der Kasper, dessen Eisenbahnkenntnisse sehr gering waren, glaubte aber, das Ding müsse so sein, und jeder Reisende erhalte für sich eine »Kammer« allein, wo er sich einrichten könne, wie es ihm beliebe. Als der Zug sich in Bewegung setzte und die Häuser und Bäume im lustigen Tanz am Wagenfenster vorbeischossen, begann dem Kasper das Ding zu gefallen.

Über eine Weile machte sich ein unangenehmes Kältegefühl an seinen Beinen bemerkbar. Da gewahrte der Kasper, daß seine Hose immer noch patschnaß sei und sah jetzt auch die Verwüstung, die der Sturzregen an ihr angerichtet hatte. Er stellte sich an das Wagenfenster und ließ seine Hose von der Sonne bescheinen; allein die Sonne erreichte nur ein kleines Stück derselbigen und war nicht imstande, sie vollständig zu trocknen. Da fiel dem Kasper ein lichter Gedanke in den Hirnkasten. Er hatte ja eine Kammer allein und konnte darin walten und schalten nach Belieben! Eine kurze Weile überlegte er, dann zog er herzhaft seine Zweibeinige aus und hing dieselbe mit der rückwärtigen Spange an einen Holznagel über dem Wagenfenster, so daß sie lustig im Winde hinausflattern konnte. So mußte sie in kurzer Zeit trocknen. Die Leute, die neben der Bahnstrecke arbeiteten, glaubten zuerst, eine schwarze Fahne tanze im Winde; als sie aber bei näherem Zusehen das fragliche Kleidungsstück erkannten, lachten sie hellauf. Sooft der Wind in die Hosenröhren hineinfuhr, blähte sich die Wölbung auf wie ein Luftballon, so daß der Kasper selbst lachen mußte. Der Zug fuhr über einen hohen Damm. Da kam plötzlich ein heftiger Windstoß, der riß die Hose nach oben, nach unten, drehte sie ein paarmal im Kreise – der Kasper bekam Angst und wollte eben nach der Spange greifen, allein es war schon zu spät – der Knopf hatte sich ausgelöst, und die Hose flog in weitem Bogen durch die Luft – hinunter in das Erlengebüsch. Verzweifelt streckte der Kasper ihr beide Hände nach und strampelte mit den Beinen und lärmte und fluchte:

»O du sechsmal geleimter, gehudelter und vernagelter Dudelsack! Da soll doch das dreimal gezopfte Donnerwetter in den Haspelwind dreinfahren und das ganze T....lsfuhrwerk sieben deutsche Meilen in den Grundboden hineinschlagen!«

In dieser Tonart vesperte er noch lange fort, während der Zug in rasender Eile durch Feld und Wald hinschoß.

Als er sich endlich zu fassen vermochte, kam ihm das Gräßliche seiner Lage erst zum Bewußtsein.

Morgen wollte er im großen Staate prangen, und nun stand er da wie ein neugeborener Tattermann oder wie einer ... nu, halt wie einer, der die Hose verloren hat. – Er zog die Schuhe an und knöpfte den Rock von oben bis unten zu; aber der Rock langte nur knapp bis an die Knie, und die weißen Unterbeinkleider stachen grell vom blauschwarzen Sammet ab. Der Kasper vermochte in seiner Verzweiflung noch immer keine klaren Gedanken zu fassen, da tat die Maschine plötzlich einen hellen Jauchzer. Den Mann faßte ein wilder Zorn:

»Hätt' dir der Wind die Hosen gestohlen wie mir, tät' dir die Lustigkeit vergehn«, schrie er.

Im nächsten Augenblick rollte der Zug in eine Station und hielt. Draußen wimmelte es von Leuten, die sich an den Zug drängten, um mitzufahren.

»Ist gut«, dachte der Kasper, »daß in dem Hexenfuhrwerk jeder eine Kammer allein hat, sonst ...«

Da rüttelte es schon an der Tür, und zwei Damen wurden sichtbar. Der Kasper hielt die Tür zu und schrie aus Leibeskräften:

»Marsch, weg da! – Das ist meine Kammer! – Da hab ich gezahlt!«

Bestürzt wichen die Damen zurück und suchten sich einen anderen Platz. Bald aber kam ein Herr mit einer Frau, die sich nicht vertreiben ließen. Der Kondukteur schloß auf und schob die beiden in das Kupee – klaps fiel die Tür zu – ein greller Pfiff, und der Zug rollte weiter.

Der Kasper hatte im Augenblick, als die beiden Mitreisenden ins Kupee drängten, sich blitzschnell in den gegenüberliegenden Winkel zurückgezogen, mit erstaunlicher Geistesgegenwart den Regenschirm zwischen die Knie genommen und das faltige Tuch desselben nach beiden Seiten über Beine und Knie gezogen, so daß der Mangel seiner Beinkleidung vollständig verdeckt wurde. Nun saß er in dieser komischen Stellung mäuschenstill da, schaute nach keiner Seite, knirschte mit den Zähnen und machte ein Gesicht, als ob er Schuhnägel beißen müßte. Der Herr und die Frau nahmen auf der anderen Seite des

Kupees Platz, flüsterten miteinander und betrachteten neugierig den sonderbaren Reisegefährten. Über eine Weile fragte der Herr in freundlichem Ton:

»Wie weit geht die Reise?«

»Nach Tripstrill!« knurrte der Kasper, der von jeder Annäherung der Mitreisenden Gefahr besorgte. Der Herr stutzte und hielt es für geraten, den bärbeißigen Alten in Ruhe zu lassen. In dumpfer Ergebung hockte der Kasper in seinem Winkel und dachte an gar nichts anderes, als daß er ein armer Sansculott (Ohnehösler) sei. Es kam die nächste Station – eine zweite und eine dritte. Bei der dritten riß der Kondukteur die Wagentür auf und schrie herein:

»Weißenfeld, aussteigen!«

Der Kasper rührte sich nicht.

»Bauersmann, aussteigen! – Weißenfeld!«

Der Kasper saß wie ein Stock auf seinem Platz.

»Ja, wird's bald? Wir können hier nicht überwintern!«

Jetzt wimmerte der Kasper:

»Ich steig nicht aus!«

»Eure Karte geht ja nur bis Weißenfeld!«

»Ich darf nicht hinausgehen«, jammerte der Kasper.

»Warum denn nicht?«

»Ich hab keine Hosen an.«

»Das wär' nicht übel, haha!«

Als nun aber der Kasper das Regendach auf die Seite schob, brach der Kondukteur in ein helles Gelächter aus; auch der Herr und die Frau im Kupee lachten. Doch schon eilte der Stationsbeamte heran, um zu sehen, was es hier für eine Störung gäbe. Dieser mußte ebenfalls hellauf lachen, als er den Ohnehosenmann erblickte.

»Ja, wo geht denn Eure Hose um?« fragte der Kondukteur.

»Der Wind hat sie vertragen«, jammerte der Kasper.

Wieder ein Gelächter.

Nach langem Fragen klärte sich die böse Geschichte endlich auf. Unter fortwährendem Lachen drängte der Beamte den Kasper zum Aussteigen.

Der Kasper rührte sich nicht von der Stelle.

»Aber Ihr könnt doch nicht in dieser Garderobe bis ans Ende der Welt fahren«, bemerkte der Kondukteur.

Der Kasper saß wie ein Stock.

Auf das Stationsgebäude weisend, sagte der Beamte:

»Nur schnell heraus! – In zehn, zwölf Schritten seid Ihr im Bahnhof drinnen – dort könnt Ihr in einem Zimmer warten, bis man Euch vom Dorf eine Hose bringt.«

Es nützte kein Zureden. Da faßte der Beamte den widerhaarigen Passagier und zog ihn heraus. Dieser ergriff in wilder Verzweiflung sein Regendach und jagte wie ein gehetzter Hase dem Stationsgebäude zu. Da aber an allen Türen Leute standen, fand er keinen Eingang. Er lief mehrmals neben dem Gebäude auf und nieder, und der lange Rock flatterte wie eine schwarze Fahne um seine weißen Beine. – Die Reisenden, die durch den unverhältnismäßig langen Aufenthalt beunruhigt waren, schauten alle zu den Fenstern heraus, und da gab es nun ein großes Lachen und Klatschen und Schreien. In der äußersten Not fuhr dem Kasper ein rettender Gedanke durch den Kopf. Er lehnte sich an die Mauer, spannte sein weites Regendach auf und hielt dasselbe wie einen Schild vor seine schwarzweiße Persönlichkeit. Neue Beifallsstürme und Lachsalven ertönten. Selbst die Lokomotive wurde von der allgemeinen Heiterkeit mit fortgerissen – sie stieß einige rauhe Lacher heraus: »rrha – rrha – rrha – rrha« – und dann einen hellen Juchzer. Der Kasper fluchte hinter seinem Deckschild:

»Du tolles, tückisches T . . . . lsvieh! Könnt' ich dir einen Wasen (Erdscholle) in den Hals stecken!«

Der Zug rollte mit der lachenden Gesellschaft von dannen, während der Stationsbeamte den Kasper in ein Zimmer führte. Nach einer halben Stunde brachte der Schneider eine neue Hose, die dem Kasper ausgezeichnet paßte. Er zahlte gern den verlangten Preis. Obwohl er nun wieder ein hochzeitliches Kleid hatte, war ihm doch alle Hochzeitslust vergangen, und er beschloß, noch in selbiger Nacht heimzukehren. Wohl hätte er mit dem Abendzug heimfahren können, allein um alles in der Welt mochte er das »Hexenfuhrwerk« nicht mehr besteigen. Er marschierte die ganze Nacht und langte am Morgen wohlbehalten auf dem Beltenhof an. Dort hielt ihm seine bessere Hälfte eine lange Lektion über den Text: »Hoffart kommt vor den Fall, Schande folgt ihr überall.«

Das ist nun eine uralte Geschichte, die sich aber haargenau so ereignet hat.

Heutzutage wäre der Belten-Kasper mit seinem Ohnehosentum in gar keine Verlegenheit gekommen. Er hätte bloß erklären müssen, seine Ausstattung sei neueste Mode, dann hätte ihm alt und jung zugejubelt, und morgen schon hätte er landauf, landab Nachahmung gefunden. Die Zeiten ändern sich eben, und Europa kann in Afrika noch vieles lernen.

Der Weihnachtsbraten

Es war in der guten alten Zeit, wo unsere alte brüchige Weltkugel noch nicht um und um mit eisernen Reifen gebunden, will sagen mit Bahngeleisen überspannt war, wo noch nicht übers ganze Land hin die Telegraphenstangen doppelt und dreifach mit Draht zusammengehängt waren, damit sie nicht umfallen, aber es war in einer Zeit, wo es in der Landeshauptstadt und Hafenstadt Innsbruck schon einen Thomasmarkt und auf demselben viele lebendige und tote Schweinlein zu kaufen gab.

Die Staderbäuerin von Oberplanig, die ein scharfes Regiment über Haus und Mann führte und auch den Geldsäckel unter ihrer Botmäßigkeit hatte, trug ihrem Manne, dem Bartl, auf, nach Innsbruck zu wandern auf besagten Thomasmarkt und daselbst ein fettes Schwein zu kaufen, damit es einen saftigen Weihnachtsbraten und für das ganze Jahr ein Selchfleisch abgebe. Die Grete, so hieß nämlich die Staderbäuerin, zählte ihrem Manne 20 Gulden Tiroler Währung aus dem Beutel und schärfte ihm ein, er solle einen gescheiten Handel machen und das Geld nicht verwässern, sonst könne er später Lebensgeschichten erzählen.

Der Bartl trollte frohen Mutes in die Stadt hinein und stöberte lange auf dem Markte herum. Endlich fand er einen Unterländer, der ein Schwein feilbot, wie es dem Bartl zu Gesichte stand; nur etwas langbeinig und zu wenig fett schien ihm das Tier. Der Unterländer aber versicherte dem Bartl, es sei eine ungarische Rasse, und das wären die richtigen Schlachtschweine. Die Schweizer und die Tiroler Rasse wäre wohl kugelrund, aber der Speck sei lauter Schmer; bei den ungarischen sei der Speck bis auf einen Fingerbreit das saftigste Fleisch. Der Bartl fragte noch, ob das Tier, wenn es von Ungarn heraufkomme, wohl nicht bös sei und allerlei Untugenden besitze, worauf der Unterländer beteuerte, einen so lampelfrommen Grunzer habe er noch gar nie verkauft. Damit war der Bartl beruhigt und erstand das Tier um 18 Gulden. Dieses ließ sich auch geduldig den Strick an das linke Bein knüpfen und trabte ganz folgsam wie eine Kuh vor dem Bartl her zur Stadt hinaus. Der Bartl war in der rosigsten Laune und stellte sich schon die Überraschung seiner Grete vor, wenn er so schnell mit einem so prächtigen und billigen Tier nach Hause komme.

> Doch mit des Geschickes Mächten
> ist kein ew'ger Bund zu flechten,
> und die Schweinswurst schreitet schnell.

Zehn Minuten außerhalb der Stadt hielt der Bartl mit seinem Schübling Rast. Er tätschelte das Schwein auf den rechten Schinken, und das Tier legte sich auch sofort im Straßenstaub nieder. Der Bartl nahm sein Pfeiflein heraus und stopfte sich dasselbe, dann zog er den Feuerstein und den Zündschwamm aus dem Hosensack, schlug Feuer, steckte den glimmenden Schwamm in das Pfeiflein, drückte den Deckel zu und paffte aus Leibeskräften, bis ein dünnes Rauchwölkchen unter der Nase sich hervor-

200

schlängelte. Einen kleinen Rest vom Zündschwamm warf er zur Seite auf den Straßenrand. Nun wollte es aber ein böses Geschick, daß das Schwammrestchen noch brannte, und ein noch böserer Wind trug das glühende Schwammstücklein dem arglos daliegenden Schweine in das rechte Ohr, ohne daß der Bartl vom bösen Verhängnis etwas merkte. – Anfangs schüttelte das Borstenvieh mit dem Kopfe, dann hielt es einen Augenblick still, als wenn es auf etwas horchte; da, auf einmal schnellte es jäh in die Höhe, schüttelte sich wie verrückt, grunzte wild und unheimlich, hopste und tanzte und fuhr schließlich in rasendem Galopp davon, und zwar einwärts, der Stadt zu. Der Bartl hatte gerade noch rechtzeitig den Strick erwischt, aber er konnte das Schwein nicht halten, denn das Tier entwickelte eine ungeheure Kraft und zerrte den Mann hinter sich her.

Der Bartl war eine kleine, aber dicke, kugelrunde Figur, und seine kurzen Beinchen ermachten es völlig nicht, so schnell mußten sie zappeln, um mit dem rasenden Borstentier einigermaßen Schritt zu halten. Auslassen durfte er um keinen Preis, sonst waren seine achtzehn Gulden in Ungarn, und daheim rüstete sich ein Wetter. – Aber auf die Länge ging das Wettlaufen nicht. Das kleine, dicke Männlein pustete und schnaufte schon wie eine Dampfmaschine aus der späteren Zeit, und sein Gesicht glühte wie eine Osterkugel. Mehrmals riß der Bartl dem Schwein den Fuß empor, und das Tier kugelte sich auf der Straße; aber im nächsten Augenblick war es schon wieder in der Höhe und raste weiter. Die wilde Jagd erreichte die ersten Häuser der Stadt. Der Bartl sperrte und spreizte sich mit aller Kraft; es war rein umsonst, wenn er nicht auslassen wollte, mußte er mit. Da, plötzlich stolperte er über einen Rinnstein, es blitzte ihm vor den Augen, und er küßte die Erde. Er wollte gleich wieder aufspringen, aber das Tier zerrte fürchterlich; sooft er sich ein wenig erhoben hatte, riß ihn das Schwein wieder zu Boden. Er kollerte und krabbelte noch eine Zeitlang auf allen vieren dem Schweine nach, da bekam er in der Hand den Krampf, der Strick löste sich von seinen Fingern, und er sah mit Wehmut und Jammer seine achtzehn Gulden ohne Abschied davonsegeln.

Das Schwein galoppierte gestreckten Laufes den Innrain hinunter und geradewegs dem Marktplatze zu. Dort, wo die Straße einmündete, standen zwei Herren und reichten sich gegenseitig eine Prise. Das rasende Borstentier fuhr den beiden Herren zwischen den Beinen durch, der Tabak flog in die Höhe, die beiden Freunde fielen sich um den Hals, kollerten zu Boden, der eine über den andern – und fluchten in verschiedenen Sprachen. Der Attentäter aber schoß schon über den Grünzeugmarkt hin. Äpfel und Birnen, Zwiebeln und Kartoffeln, Sellerie und Knoblauch, Krautköpfe und gelbe Rüben kollerten und tanzten und flogen durcheinander. Im nächsten Augenblick war das Viehzeug auf dem Buttermarkt angekommen und fuhr der dicken Nanne unter ihren Marktschemel. Die Nanne fiel mit einem lauten Schrei nach rückwärts und saß in ihrer ganzen Breite der Nachbarin in den Eierkorb hinein – knitsch-knatsch-knitsch-knatsch –, ihr Rücken färbte sich goldgelb.

Daneben saß die Talg-Sefe. Diese rannte der borstige

Vierbeiner schon von weitem an. Sie fiel vornüber mit dem Kopf in ihren Honighafen, und als sie den Kopf wieder herauszog, weinte sie faustgroße goldgelbe Tränen. Die Schmalz-Moidl wurde von dem Borstentier nur an der Seite gestreift, da kniete sie auch schon mit beiden Knien in ihre dreißig Pfund Butter hinein.

War das ein Heulen und Zähneknirschen und Keifen und Kreischen und Schnattern und Fluchen und Lamentieren auf dem Grünzeug- und Buttermarkt! Eben wollte der borstige Ausreißer sich bei den Frauen empfehlen, als der Bartl schweißtriefend und keuchend auf den Marktplatz hereinwackelte. Als er seine achtzehn Gulden wieder von ferne erblickte, schrie er aus Leibeskräften:

»Haltet ihn! Haltet ihn! Mein Mastschwein, den ungarischen Hund!«

Das war wie ein Signal. Im nächsten Augenblick sah sich das arme dicke Männlein von einem Knäuel wütender Höckerinnen und Obstfrauen umringt, die ihn zerrten und stießen und anschrien:

»Ah so! Bist du der Raup, der Lump, das Schadentier, der Fackenschinder? Wir lassen uns nicht dein damisches Schandvieh auf den Kopf hetzen und in unseren Körben und Töpfen herumspazieren! – Heraus mit dem Geld und zahl den Schaden, sonst kommst du nach Gradiska! – Polizei! – Stadtwachter! – Sperrt den Wampeler in den Turm!«

Der Bartl suchte loszukommen, aber da hängten sich gleich ein Dutzend Weiber an seinen Rock und schrien:

»Halt! Halt! Da gibt's keine Holländer! Zahlen oder sitzen!«

Andere schrien: »Kratzt ihm die Augen aus, dem Fak-
kenschinder! – Schlagt ihm die Pudelmütze herunter!«

Da erschien zum guten Glück ein Stadtwächter, der
den Bartl kannte. Er beschwichtigte die Weiber, indem er
erklärte, daß der Bartl ein wohlhabender Bauer sei und
für alles gutstehe. Nun kam der Bartl los und setzte wieder seinem vierbeinigen Ausreißer nach, der sich unterdessen in eine Sackgasse verlaufen hatte. Da das Borstentier keinen Ausweg mehr fand, rannte es durch eine offe-
ne Tür in ein Herrenhaus hinein. Dort hatte soeben die
Magd den Ofen geöffnet, um einzuheizen; sie wollte gerade anfeuern. Da kam das wütende Schwein zur Türe
herein, sprang über die Magd hinweg und flugs durch das
Loch in den Ofen. Die Magd sank vor Schrecken zu Boden. Doch schon tauchte in Begleitung einer Schar Gas-
senbuben der Bartl auf und fragte nach dem Schwein. Die
Magd zeigte sprachlos in das schwarze Loch, man zündete eine Kerze an und sah den Ausreißer gemütlich im
Ofen sitzen.

Der Bartl langte mit beiden Armen in den Ofen und
suchte das boshafte Vieh an einem Bein zu erfassen; allein
die Arme waren zu kurz, und weiter hineinzwängen
konnte er sich nicht, weil ihn sein wohlernährtes, kugel-
rundes Bäuchlein daran hinderte. Er vermochte nur das
schöne geringelte, lange Schwänzchen des elenden Bor-
stentieres mit den Händen zu erreichen. In seinem Ärger
faßte er herzhaft das Schwänzchen und zog daran aus
Leibeskräften. Das Schwein grunzte und grollte unheimlich. Der Bartl zog noch heftiger, da – knick, knack – es
ist schrecklich zu sagen –, das Schwänzchen blieb ihm in

den Händen, er hatte es wurzweg ausgerissen. Das arme Borstenvieh im Ofen drinnen aber sang herzergreifende, steinerweichende Melodien. Auf den Lärm hin kamen auch der Hausherr und die Hausfrau herzu. Als sie den Hergang der Dinge erfuhren, mußten sie hellauf lachen, der Bartl aber wußte sich keinen Rat. Da blitzte dem Hausherrn ein Gedanke auf; er meinte, man solle einen brennenden Kienspan in den Ofen werfen, dann werde das Tier schon herausfinden. – Gesagt, getan.

Das Schwein war einen Augenblick stockstill, als ob es wieder eine Gescheitheit ausklügeln wollte, dann fuhr es rasend zum Ofenloch heraus. Es war um und um kohlrabenschwarz, so daß der Bartl anfangs meinte, es sei gar nicht sein Schwein, doch kannte er es alsbald an den hohen Beinen. Anstatt nun dem Bartl in die Arme zu fallen, wie dieser gehofft hatte, rannte das Tier den langen Gang hinein in die rückwärtigen Teile des Hauses. Dort stand eine Tür halb offen, die in ein gastliches Schlafzimmer führte. Das Borstenvieh ersah die Gelegenheit und verschwand im Zimmer, alles stürzte hinter ihm her. In einer Ecke des Schlafzimmers stand ein hohes Himmelbett, dessen Vorhänge halb aufgezogen waren. Das Borstentier schien in dem Himmelbett große Ähnlichkeit zu finden mit einem Kotter oder Schweineställchen – ein Blick, ein Sprung – hopps, schwupps, und es lag schon drinnen in den molligen Federn. Jammernd, hoffnungslos stand die Hausfrau vor dem Grabe ihrer Habe; das Schwein aber fühlte sich auf dem weichen Lager unendlich wohl und wälzte sich ein paarmal in dem blinkenden Weißzeug vor schweinswurstiger Wonne.

Den Bartl aber faßte eine unnennbare Wut. Er nahm einen Stock und schlug fürchterlich auf das Tier los. Dieses bekam wieder die alte Raserei, schoß zwischen den Vorhängen heraus, und da es die Türe nicht mehr fand, rannte es auf ein Fenster zu – klirr, klarr –, die Scheiben gingen entzwei, im nächsten Augenblick war das Schandvieh draußen auf der Straße und holländerte der Innbrücke zu. Der Bartl versprach dem Hausherrn, allen Schaden zu vergüten, und eilte dem Unglückstier nach. Bald erfuhr er, daß es nach St. Nikolaus (dazumal genannt: die Kotlacke) hinübergeschlängelt sei, und da sank ihm das Herz in die Hosen. In besagten Stadtteil getraute er sich aus wohlerwogenen Gründen nicht hinüber, und er ging in der traurigsten Stimmung zurück in die Altstadt. Dort traf er den bekannten Stadtwächter, dem er sein ganzes Unglück erzähte. Dieser hieß den armen Mann in einem Gasthaus warten und versprach, dem Viehzeug nachzugehen. – Und richtig, spät am Nachmittag erhielt der Bartl seinen Weihnachtsbraten, allerdings nicht mehr lebendig, sondern tot. Das rasende Tier war in den Höttinger Feldern geschossen worden.

Bei anbrechender Dunkelheit zog der Bartl seinen Weihnachtsbraten auf einem Karren nach Hause. Was sich bei seiner Heimkunft ereignete, darüber wollen wir einen Schleier breiten. Als aber am nächsten Tag ein Stadtwächter ellenlange Rechnungen brachte, kam die Bäuerin außer Rand und Band. Eine ganze Glockenstunde lang schafskopfte und eine zweite Glockenstunde hornochste sie ihren Mann herunter.

Zu berichten ist nur noch, daß der Weihnachtsbraten

auf dem Staderhof den Dienstboten ausgezeichnet geschmeckt hat – minder gut aber dem Bauern und der
Bäuerin. Diesen war er zu stark gesalzen.

DER FLIEGEN-HIAS

Der Steppen-Hias von Ellhausen bildete sich viel ein auf Schönheit und Gestalt und versäumte keine Gelegenheit, sein Licht leuchten zu lassen, das heißt, fein geschniegelt und gebügelt, geputzt und gestutzt sich den Leuten zu zeigen. Da traf es sich, daß eine Nachbarstochter sich zum Sakrament der Ehe entschlossen hatte und den Steppen-Hias als Brautführer begehrte. Der Hias war von dieser Ehre entzückt und versprach, das ehrenvolle Amt auch zu aller Zufriedenheit zu besorgen. – Weniger entzückt war aber des Hiasen Weiblein, die Stine, über das ihrem Manne zugedachte Ehrenamt: erstens, weil sie von einer bitteren Eifersucht geplagt wurde, und zweitens, weil sie das schöne Geld reute; sie wußte nämlich bestimmt, daß ihr Mann bei derlei Gelegenheiten manch blanken Gulden verpulverte. Die Stine ließ sich keineswegs einfallen, ihren Mann von der Brautführerei abzureden; denn sie war überzeugt, daß alles Reden und Wehren nur für die Katz sei – hatte sich der Hias ja schon zu dem festlichen Anlaß ein neues Gewand und ein Paar neue Stiefel gekauft. Sie grübelte aber viel hin und her, wie sie ihrem Mann ein unvermutetes Hindernis in den Weg schieben könnte. – Weiber sind listig, und so hatte auch die Stine bald einen pfiffigen Anschlag erfunden.

Der Hias besaß außer anderen Schrullen und Sparren auch eine unglaubliche, beinahe krankhafte Abneigung gegen alle kleinen summenden Tiere, besonders gegen die

Fliegen. Wenn er in seiner Kammer ein solches Tierlein merkte, dann wurde er nervös, fing an zu zittern, begann eine wilde Jagd nach dem kleinen Drachenvieh und ruhte nicht eher, als bis er jeden Schatten davon ausgerottet hatte. Namentlich an Sonn- und Festtagen in der Früh, bevor er das wichtige Geschäft der Bartkratzerei unternahm, durchforschte er nicht nur alle Fensterläden, sondern auch jeden Winkel und jede Ecke, ob sich nicht etwa ein solch garstiges Fliegenviehzeug irgendwo versteckt halte. Beim Rasiergeschäft war der Hias doppelt kitzlig, und auch nur das leiseste Summen einer Fliege konnte ihn dabei vollständig außer Rand und Band bringen. – Auf diese Fliegen-»Liebschaft« des Mannes baute die Stine ihren Plan.

Der Hochzeitstag war da, und der Hias hatte in den Morgenstunden so lange an seinen neuen Kleidern herumgeklaubt, daß es jetzt höchste Zeit wurde zum Rasieren, wenn er noch zum Brautzug fertig werden wollte. Er schlug in einer Schüssel dichten Seifenschaum, strich kräftig das Messer, hing den Spiegel an das Fenster, legte sich ein Papier zurecht und machte auch pflichtschuldigst eine sorgfältige Forschungsreise im ganzen Zimmer nach etwa verborgenen hintertückischen Fliegentieren; als er nichts Verdächtiges entdeckt hatte, seifte er den unteren Gesichtsteil schneeweiß ein und begann mit Eile das edle Werk der Bartputzerei. Das Ding sperrte sich aber. Der Hias hatte mehr als einen Wochenbart, und das Messer wollte nicht angreifen.

Er fluchte zwischen den Zähnen und strich zu wiederholten Malen das Messer über den Riemen. Da kam plötzlich sein Weib, die Stine, zur Tür herein und sagte:

»Aber, Hias, mach doch schnell. Die Nachbarsdirn ist unten und fragt, ob du nicht fertig seist; sie warten schon auf dich.«

»Geh weiter und laß mich!« schrie der Hias, »ihr Weiber seid überall zum Aufhalten – sag, ich komm bald.«

Die Stine sprach kein Wort mehr, sie zog jedoch heimlich aus ihrer Schürze einen »Scharmitz« aus weißem Papier (eine Papiertüte) und steckte selben leise in die Höhlung hinter dem Ofen, dann schlich sie auf den Zehenspitzen aus der Kammer. – Waren aber in der Papiertüte ein ganzer Schwarm großer und kleiner lebendiger Fliegen, die das Weib im Stall gesammelt hatte.

Der Hias kratzte gerade mit dem Messer an der östlichen Seite, nämlich am linken Ohr herunter, da hörte er plötzlich, noch ganz nebelhaft fern, aber doch sehr deutlich, ein leises Summen. Erregt fuhr er in die Höhe.

»Schau, ist richtig ein solches Rabenvieh da«, schrie er und blickte grimmig im Zimmer herum.

Er hatte aber nicht Zeit, dem Flügeltier nachzujagen, denn die Brautleute warteten, und er war noch lange nicht fertig. Das Summen kam näher – ss ss – und wurde gar zweistimmig. Dem Hias schoß eine jähe Röte über das Antlitz, er fing an nervös zu zittern und stampfte mit dem Fuß; aber er durfte nicht aussetzen, er mußte nur schauen, fertig zu werden, denn drüben beim Nachbarn wurde es immer lauter, und er war noch im Weißen.

Er schabte und kratzte. Jetzt wurde das Summen drei- und vierstimmig – und jetzt setzte sich bereits ein zutunliches Fliegchen, das den weißen Seifenschaum für süßen Rahm ansehen mochte, dem Hias auf die Wange, während eine große Schmeißfliege über seine Nase und Stirn hinauf eine Bergpartie unternahm. In sinnloser Wut schlug der Hias mit der rechten Hand, in der er das Messer hielt, auf seine Wange – die Fliege entkam, aber von der Wange floß alsbald ein rotes Bächlein. Der Hias teufelte, dann schrie er plötzlich auf:

»Wo kommen denn diese verflixten und verhexten Malefiz-Zappelviecher heute alle her? Es ist rein, als ob sie mir's zu Fleiß täten.«

»Sss – sss – umm.«

Da gingen drüben beim Nachbarn etliche Pistolenschüsse los, und drunten vor der Tür hörte der Hias rufen:

»Wo ist denn der Brautführer? Wir müssen gehen, es ist höchste Zeit.«

»Ich komm schon«, schrie der Hias, dann kratzte er fieberhaft weiter.

Aber das Summen wurde immer lauter und vielstimmiger; in allen Tonarten, Dur und Moll, hoch und tief, zart und kräftig, summte und surrte und schwirrte es dem armen Brautführer um die Ohren. Er war nicht mehr imstande, seine Arbeit fortzusetzen. In halber Verzweiflung sprang er im Zimmer herum, fuchtelte und wehrte mit den Armen und schrie dazu:

»Ja hat sich denn heute die ganze Fliegenschaft wider mich verschworen? Da soll doch der Putz mit seinem dreimal gefrorenen Hexenwetter in die versabelte Höllenbrut dreinfahren! Wart, ich will euch zeigen!«

Zugleich schlug er mit dem Handtuch aus Leibeskräften auf die Fensterscheibe, wo sich eben ein paar Fliegen angesetzt hatten. – Tschirr, ging die Fensterscheibe in Stücke.

»Jetzt muß dieses verleimte und vernagelte S . . fenster auch noch zerbrechen!« schäumte der Hias und warf in seinem Zorn das Handtuch durch das durchlöcherte Fenster den Scherben nach.

Draußen vor der Tür schrie jetzt wieder die Stine:

»Aber ich bitt dich, Hias, komm doch; sie erwarten's nimmer, die Braut weint schon.«

»Laß sie weinen, die Geiß, die dumme!« bellte er hinaus; »ich kann mir den Bart nicht herunterlecken wie einen Bärendr . . k.«

Wieder nahm er das Messer zur Hand und schabte auf der westlichen Seite, aber er kam nicht weiter; das Fliegenkonzert wurde immer toller:

»Sss – ss – ss – ss – ssummsumsum – rr – rr – rr«, umschwirrte es seine Ohren, und jetzt kam zu allem

Überfluß noch eine dicke, schwarze Tapphummel zum Fenster hereingetorkelt und brummte den Baß zum vielstimmigen Gesurre.

»Ja was für eine Schmalzhexe hat mir denn heute die ganze ägyptische Fliegenplage auf den Hals gezaubert!« jammerte der Hias. »Nein, nein, ich halt's nicht mehr aus, ich bin hin, ich geh drauf!«

Von der Kirche herunter klangen schon die Glocken und erdröhnten mehrere Böller – da fuhr es dem Hias wie jäher Schreck durch den Leib; er langte wieder nach dem Messer und nahm das Kinn in Angriff. Indem er sich die Haut stramm anzog, öffnete er weit den Mund – da – fft – flogen ihm zwei Fliegen zugleich durch die Mundöffnung hinein. Das Entsetzen gab ihm einen Ruck, und er schnitt sich dabei ein Trumm Kinn weg. – Erst als er den Schmerz merkte, kam er zu sich. Er schrie laut auf, dann begann er fürchterlich zu husten und zu spucken; allein es war bereits zu spät; die Fliegen waren schon in seine Innerlichkeit gerutscht und blieben drinnen. Dem Hias war es zum Erbrechen übel, er meinte immer, die grausigen Tiere im Magen herumsurren zu hören und zu spüren. Er fluchte nicht mehr, sondern stand vernichtet da und suchte mit dem Schnupftuch das Blut am Kinn zu stillen.

Da rief seine Frau wieder draußen vor der Tür:

»Um's Himmels willen, Hias, es ist aus! Sie können nimmer länger warten. Es läutet alle Augenblick zusammen.«

»Geh hinüber und sag, ich kann unmöglich kommen«, stöhnte der Hias; »ich sei krank, schwer krank, ich hab Bauchweh und Ohrensausen und Blutspucken.«

Die Frau ging lachend fort, und bald bewegte sich der Brautzug ohne Brautführer zur Kirche.

Unterdessen hatte sich der Hias wieder einigermaßen gefaßt, und da nun alle seine Hoffnungen auf einen lustigen, ehrenreichen Tag dahin waren, machte er sich in allem Ernst und mit toller Wut auf die Fliegenjagd. Dabei entdeckte er ziemlich bald die Papiertüte hinter dem Ofen, aus der immer noch Fliegen herauskrochen. Jetzt ging ihm aber ein Licht auf.

»O du falsche Schlange!« brüllte er, »aber wart, ich will dir!«

Da ging die Tür auf, und herein trat die Frau.

»Um's Himmels willen«, sagte sie mit einem Blick auf sein Antlitz, »was hast du denn getan? Hast du dich grob geschnitten?«

»Ist nicht so arg«, erwiderte er anscheinend ruhig, »aber das Fliegenvieh muß ich ausrotten in meinem Haus – mit Stumpf und Stingel ausrotten! Schau, da ist wieder eine!«

Dabei schlug er seine flache Hand der Frau klatschend auf die rechte Wange.

»Was, schlagen tust du mich!« heulte die Frau; »was hab ich dir getan?«

»Ich schlag ja nicht dich!« erwiderte er; »es ist eine Fliege auf deiner Wange gesessen, und die hab ich erschlagen. Ich muß alle ausrotten, alle! Schau, und da ist noch eine Fliege!«

Wieder flog seine Hand blitzschnell nieder und klatschte auf die linke Wange der Frau. Die Frau stürzte heulend zur Türe hinaus.

214

Am Abend, als es drüben beim Wirt sehr lustig und laut herging, saßen die Stine und der Hias recht trübselig in ihrer Stube einander gegenüber. Der Hias hatte ein zerschnittenes Gesicht, und die Stine hatte zwei geschwollene Wangen wie Zwölferlaibe. Die Stine sagte kein Wort, und der Hias sagte auch keins. Beiden lag etwas auf dem Magen: dem Hias die Fliegen und der Stine die Feigen. – Erst nach mehreren Wochen waren beider Mägen wieder frei und der Ehehimmel klar.

ADAM UND EVA

Er hieß Adam und sie hieß Eva. Ihr werdet es nicht glauben, aber es ist keine Erfindung, sondern buchstäbliche Wahrheit. Ihre Taufnamen lauteten wirklich so. Wenn ihr hartnäckig daran zweifelt, könnt und müßt ihr euch die Matrikelbücher in Rainegg aufschlagen lassen. Mit dem vollen Namen hieß er Adam Pichler, und er war Kanzlist beim Bezirksgericht in Rainegg. Sie war die älteste Tochter des verwitweten Uhrenmachers Gabl in eben genanntem Städtchen und die Gehilfin ihres Vaters in dessen Uhrenladen. Er war ein geachteter Junggeselle, der zwar nicht mehr zu den Jungen gehörte, gleichwohl aber das heiratsfähige Alter nicht überschritten hatte und immer noch recht flott aussah. Auch ihr tat die Jugend nicht mehr weh, denn sie trug schon dreieinhalb Kreuze auf dem Rücken, doch merkte dem flinken, frischen Mädchen niemand seine fünfunddreißig Jahre an.

Er war im Kanzleidienst ein unübertrefflicher Mann, der von seinen Vorgesetzten nicht nur geschätzt, sondern oft mit besonderem Lob ausgezeichnet wurde. Ganze Berge von Akten häufte er auf, die alle fein säuberlich geschrieben, flott mit Rubrum ausgestattet und registriert waren, so daß auch das schärfste Auge eines Kontrollors nichts daran auszusetzen hatte. Im dienstlichen Verkehr war er äußerst gewandt, und die Amtssprache, oder richtiger die Kanzleisprache, hatte er nicht nur in der Feder, sondern auch so glatt im Mund, daß ihm nie ein Wort fehlte. Im privaten Verkehr aber, daß heißt, in allen Worten und Werken, die ins tägliche Leben hineinreichten, war er linkisch und unbeholfen wie ein Enterich auf dem Grasboden. Namentlich fehlte ihm die Gabe der bürgerlichen Sprache. Da wog er jedes Wort so lange auf der Zunge, bis es ihm in den Schlund hinabrutschte, und dann blieb es endgültig verschluckt und verschlungen. Aus diesem letzten Grunde hatte er es noch nie zu einer Freiwerbung gebracht und war im vierzigsten Jahre seines Alters noch ein lediger Junge. Um solchem Mißstand abzuhelfen, legte sich endlich eine alte Uhr ins Mittel.

Der Kanzlist Adam Pichler war die Pünktlichkeit selber. Beim ersten Schlag der Amtsstunde sperrte er die Kanzlei auf, und ehe noch der letzte Schlag verhallt war, saß er schon drinnen am Schreibtisch und kratzte seine Feder über das Papier. Das Hauptverdienst an der Pünktlichkeit aber hatten zwei Uhren – eine Sackuhr und eine Stockuhr –, von denen die erste, wie der Kanzlist versicherte, während eines vollen Monats genau eine dreißigstel Minute, die zweite höchstens eine dreißigstel Sekunde von der richtigen Zeit abirrten. Nun geschah es, daß die ganz akkurate Stockuhr einen Rheumatismus bekam und im Tag fünf bis zehn Minuten zurückblieb. Entsetzt darüber, brachte der Kanzlist die Erkrankte zu Meister Gabl, dem Uhrendoktor. Dieser erklärte, es handle sich nicht um einen gewöhnlichen Rheumatismus oder um eine Verstopfung, sondern um ein bösartiges Übel, das längst schon im Herzen der alten Rumpel steckte und unbedingt eine längere Kur erfordere ...

Die Kur dauerte zwei Wochen, und Kanzlist Pichler rannte jeden Tag zweimal in den Uhrenladen, um sich nach dem Befinden der Patientin zu erkundigen. Da lernte er nun das Fräulein Eva, die Uhrmacherstochter, kennen, die ihm von Tag zu Tag besser gefiel, so daß er nachgerade sein vierzigjähriges Herz an das Mädchen verlor. Mit keinem Menschen hatte er sich noch so gut unterhalten wie mit dem Fräulein Gabl, und das Angenehmste bei der jeweiligen Unterhaltung war ihm, daß er nichts oder fast nichts zu reden brauchte. Während er fünf Worte sprach, hatte das Fräulein schon fünfhundert gesprochen. So recht zum Bewußtsein, daß er im Uhrmachergeschäft etwas verloren habe, kam ihm erst, als nach vierzehn Tagen die kranke Stockuhr vollkommen ausgeheilt war und flinker denn je in seinem Zimmer ihr Pendel schwang. Zu seinem größten Leidwesen hatte er jetzt keinen Anlaß mehr, in das Uhrenmachergeschäft zu gehen, um dort das Verlorene zu suchen.

Da fiel ihm ein, es könne auch seiner Sackuhr nicht schaden, wenn er sie einmal in eine gründliche Kur gebe. Gesagt, getan. Aber die Sackuhr war schon binnen drei Tagen vollständig kuriert, und in diesem kurzen Zeitraum fand Herr Adam Pichler nicht nur sein verlorenes Herz, sondern verlor dazu noch seinen Kopf. Er kaufte jetzt von seiner Zimmerfrau eine zerbrochene Weckeruhr und eine verrostete Schwarzwälderuhr, von anderen Bekannten eine Kuckucksuhr, eine ausrangierte Penduluhr, eine altertümliche Spieluhr, eine längst aus der Mode gekommene Nürnberger Taschenuhr und brachte in kurzen Zwischenräumen eine nach der anderen zum Uhrenma-

cher Gabl, damit er die störrigen Möbel wieder in Gang
bringe. Meister Gabl schüttelte immer bedenklicher seinen Kopf und schöpfte den nicht unbegründeten Argwohn, daß das Räderwerk im Hirnkasten des Adam Pichler locker geworden sei. Seiner Tochter gegenüber äußerte
er, der Kanzlist leide an einem unheilbaren Uhrenkoller.
Als Herr Adam eines Tages wieder mit einem alters-
schwarzen Uhrwerk daherkam, traf er das Fräulein allein
im Geschäft. Dieses schaute ihn groß an und sagte dann
lachend:

»Um Gottes willen, Herr Pichler, haben Sie ein Uhren-
magazin daheim? Wie kommen Sie denn zu den vielen
Uhren?«

»Ich habe eine große Vorliebe für Uhren«, erklärte er,
»und für alles, was mit den Uhren zusammenhängt.«

Das war die erste zarte Andeutung, womit er dem
Fräulein seine Herzensneigung klarzumachen hoffte.

»Was soll mit den Uhren zusammenhängen? Sie meinen wohl das Schlagwerk?« tat das Fräulein verwundert.

»Nein – nein –, Gott bewahre mich!« stotterte er,
»nach seinem Schlagwerk trag ich kein Verlangen.«

»Sie haben eine Passion für Altertümer, nicht wahr?
Darum fahnden Sie überall nach alten Uhren.«

»Da irren Sie sich, Fräulein. Lieber sind mir diejenigen
mittleren Alters, oder richtiger, die jungen.«

Das sollte eine weitere Zartheit sein, und Herr Adam
beobachtete scharf die Mienen des Fräuleins, was für eine
Wirkung ob seiner Schmeichelei darin zu lesen wäre.
Doch sah er keine andere Wirkung, als daß das Fräulein
ihn ganz verdutzt, ja fast besorgt anschaute. Indessen trat

der Uhrmacher zur Tür herein, und das zarte Gespräch hatte ein Ende.

In den nächsten Tagen kam Herr Adam Pichler zur Einsicht, daß er doch nicht alle jungen, mittelalterlichen und alten Uhren des Städtchens zusammenkaufen, und anderseits, daß ihn ohne die Uhrmacherstochter das Leben nicht mehr freuen könne. Darum entschloß er sich zu einem mannhaften Schritt. Er blieb eines Abends nach den Amtsstunden noch länger in der Kanzlei, legte einen schönen, weißen Kanzleibogen auf den Tisch, falzte ihn in der Mitte, datierte und signierte ihn fein säuberlich und schrieb dann folgendes Bittgesuch darauf nieder:

An Se. Wohlgeboren, den hochgeschätzten Herrn Rudolf Gabl, Uhrenmachermeister in Rainegg.

Der Endesgefertigte erlaubt sich hiemit, an Euer Wohlgeboren eine untertänigste, diensthöfliche Bitte zu richten. Nach langer und reiflicher Erwägung hat sich Gefertigter entschlossen, den ledigen Stand mit dem ehelichen zu vertauschen. Zu dem Behufe bittet er ebenso ehrenernstlich als inständig, Euer Wohlgeboren mögen ihm die Hand Ihrer Tochter, der wohlangesehenen Fräulein Eva, geben. Er stützt seine Bitte auf folgende Gründe:

   a) Bittsteller hat ein Alter erreicht, das ihn befähigt, die Bedingungen eines gedeihlichen Ehestandes wohl zu erfassen, ihm aber nicht mehr gestattet, eine allenfallige Eheschließung noch weiter zu verschieben.

   b) Er bezieht ein monatliches Gehalt von 70 fl., in Worten siebenzig Gulden ö. W., und ist außerdem im Besitze eines väterlichen Erbteiles von 5000 Gulden, worüber er sich jederzeit ausweisen kann und

auf Grund welcher Einkommens- bzw. Vermögenslage er glaubt, eine Familie erhalten zu können.

c) Nicht nur die körperlichen, sondern mehr noch die
sittlichen und häuslichen Eigenschaften der Fräulein
Eva Gabl haben den Bittsteller so sehr für die eben
Genannte eingenommen, daß er niemals eine andere
heirathen kann und im Falle eines abschlägigen Be-
scheides auf jedwelche Heirath verzichten muß.

d) Als letzten, doch weniger stichhältigen Grund
glaubt Gefertigter hervorheben zu dürfen, daß
schon die Taufnamen der zwei vermeintlichen Ehe-
werber – Adam und Eva – als günstige Vorbedeutung gelten können, daß sie einander glücklich machen werden.

Anschließend erlaubt sich der Bittsteller, seine persön-
liche, aber unmaßgebliche Meinung beizufügen, daß er
Euer Wohlgeboren hinlänglich bekannt ist und Sie ihm
Glauben schenken werden, wenn er ehrenwörtlich ver-
sichert, Ihrer Fräulein Tochter jederzeit ein treuer, be-
sorgter Gatte und Euer Wohlgeboren ein unterthänigster,
dienstwilliger Eidam sein zu wollen.

Bezugnehmend auf die oben vorgebrachten Gründe
beziehungsweise auf seine ehrenwörtliche Erklärung
harrt Gefertigter einer ehegefälligsten günstigen Erledi-
gung seiner Bitte entgegen und zeichnet mit dem Aus-
drucke vorzüglicher Hochachtung

Euer Wohlgeboren unterthänigster Diener

Adam Pichler, Kanzlist

Als der Uhrenmachermeister Rudolf Gabl, der neben aller Geschäftstüchtigkeit ein Spaßvogel und Schalk war, das Schriftstück von der Post zugestellt erhielt und durchlas, hosserte er vor Lachen. Eine Zeitlang überlegte er, dann begann er noch krampfhafter zu lachen. Er setzte sich an den Tisch und schrieb folgende Rückäußerung an den amtsläufigen Freiwerber:

Sr. Wohlgeboren, dem ehrengeachteten Herrn Adam Pichler, Bezirksgerichtskanzlisten in Rainegg.

Ihrer diensthöflichen Eingabe ddo. 15. hs., präsent am 16. hs., die für Gefertigten ebenso beachtenswert als ehrend ist, kann leider nicht stattgegeben werden, weil die vorgebrachten Gründe nicht gewichtig genug beziehungsweise nur zum kleinsten Theile stichhältig sind. Und zwar:

a) Sie haben auf das Alter meiner Tochter keine Rücksicht genommen, das für eine gedeihliche allenfallige Eheschließung wohl zu weit fortgeschritten sein dürfte.

b) Da dem Gefertigten die Obsorge für noch sechs andere Kinder obliegt, hat seine Tochter Eva keine beziehungsweise nur eine ganz geringfügige Mitgift zu erwarten, die im argen Mißverhältnis zu der glänzenden Vermögenslage ihres Freiers steht.

c) Sie sind mit meiner Tochter Eva doch zu kurz beziehungsweise zu oberflächlich bekannt, als daß Sie ein klares Urteil über deren körperliche, sittliche und häusliche Eigenschaften sich bilden könnten.

d) In den zwei Taufnamen der Ehekandidaten vermag Gefertigter keine glückliche Vorbedeutung zu finden, denn wie Ihnen sicherlich bekannt sein wird, ist

222

schon einmal ein Adam mit der Eva in schweres Unglück gekommen.

Abgesehen von all diesen Gegengründen sind dem Gefertigten die Gesinnungen seiner Tochter gegenüber Ihrer Bewerbung vollständig unbekannt und ist Gefertigter nicht kompetent, d. h. nicht hinlänglich maßgebend, um in die Lebensabsichten seiner Tochter entscheidend einzugreifen, weshalb er Ihre Bitte nur im verneinenden Sinne erledigen kann.

Gegen diesen Bescheid steht Euer Wohlgeboren der Rekurs offen an die nächsthöhere Instanz, das ist meine Tochter Eva. Jedoch ist die Berufung nicht im schriftlichen Wege, sondern für alle Fälle mündlich einzubringen, und zwar innerhalb vier Wochen vom heutigen Tage an. Ihnen dies zur Kenntnisnahme vorlegend, zeichnet in besonderer Hochachtung

Euer Wohlgeboren ergebenster

Rudolf Gabl, Uhrenmachermeister

Diese Antwort auf seine untertänige Bittschrift weckte im Herzen des Brautwerbers gemischte Gefühle. Anfangs erschrak er, dann stutzte er, und zuletzt kam er wieder in zuversichtliche Stimmung. Rekurrieren (Berufung einlegen) war von jeher seine Freude und seine Stärke gewesen. Dutzende von Berufungen hatte er schon mit Erfolg durchgeführt, und niemand verstand besser, tadellose Rekursgesuche mit befestigten Gründen und entkräftenden Gegengründen abzufassen als der Kanzlist Adam Pichler. Fatal und unangenehm war diesmal nur, daß er den Rekurs nicht schriftlich, sondern mündlich einbringen mußte. Doch zögerte er nicht lange. Am andernächsten Tag war des Kaisers Geburtstag, da mußte er ohnehin seine Festtagsgarderobe anziehen, alle Ämter hatten Ferien, und so war dieser Tag wie geschaffen zur Ausführung des großen Werkes. Frühzeitig am Nachmittag, wo die Geschäfte am wenigsten von Kunden überlaufen waren und der Uhrenmacher Rudolf Gabl gewöhnlich sein Mittagsschläfchen zu persolvieren pflegte, rückte Herr Adam in Frack und Zylinder im Uhrenmacherladen auf. Die Gründe, Untergründe und Gegengründe hatte er alle im Hirn scharf ausgeklügelt und für den Mund zurechtgelegt. Wie er erwartet, traf er die Uhrenmacherstochter allein im Laden. Er klappte seinen Zylinderhut zusammen, schob ihn unter den Arm und machte einen abgehackten Knix, worüber das Fräulein lachen mußte. – Doch schon rief es laut:

»Aber Sie, Herr Pichler, heute sind Sie fein beisammen! Sie kommen wohl gar von einer Hochzeit?«

»Nein, mit der Hochzeit hat es noch sein Bewenden«, entgegnete er, »heute ist nur das Geburtsfest Seiner Majestät.«

»Ah ja, richtig. Aber da haben Sie sich flott herausstaffiert. Sie sind heute um zehn Jahre jünger.«

»Und Sie, Fräulein Gabl, sind laut Taufmatrikel um ein Zwanzigstel Jahrhundert jünger als ich, stehen also noch im schönsten Jugendalter.«

»Daß Herr Pichler so fein schmeicheln könnte, hätt' ich gar nicht gedacht«, lachte das Mädchen; »aber aufrichtig gesprochen, fühle ich mich selber noch ganz jung.«

224

»Das freut mich zu hören, aaah«, atmete er erleichtert auf.

Gottlob, der erste Stein des Anstoßes war schon aus der Welt geschafft. Jetzt galt es dem zweiten. Aber dieser war gänzlich dem Hirnkasten des Herrn Adam entrollt, so daß er ihn nicht mehr finden konnte. Da half ihm unbewußterweise wieder das Fräulein, indem sie sagte:

»Sie werden mich für ein eitles, selbstgefälliges Ding anschauen.«

»Nein, nie, nie!« beteuerte er heftig. »Ich kenne Sie schon lange genug, um sagen zu dürfen, daß ich Sie für ein Frauenzimmer ansehe, das mit den trefflichsten Eigenschaften ausgestattet ist, in jeder Hinsicht, in allen Belangen.«

»Wenn Sie eine so gute Meinung von mir haben, kann ich Ihnen nur dankbar sein.«

Jetzt war der zweite Stein weggewälzt. Das Ding ging ja wie gebuttert. Nun muß schnell der dritte Stein an die Reihe kommen. Diesen konnte aber der Herr Adam trotz angestrengtesten Grübelns in keinem Winkel seines Hirnkastens mehr ausfindig machen. Er schluckte und zwängte an einer Rede und kratzte hinter den Ohren. Wenn er sich doch ein paar Notizen beziehungsweise ein paar kurze Schlagworte aufgeschrieben hätte! . . . Da fragte das Mädchen:

»Sie möchten wohl Ihre Nürnberger Taschenuhr abholen? Leider ist sie noch nicht . . .«

»Die Uhr kann noch ein halbes Jahr und länger hier bleiben«, versicherte er. ». . . heute habe ich die Absicht, den Rekurs anzumelden beziehungsweise einzubringen.«

»Waas? Den Konkurs anmelden wollen Sie?« rief das Mädchen bestürzt.

»Sie mißverstehen mich, Fräulein Gabl. Es handelt sich um keinen Konkurs, sondern um einen Rekurs, das heißt um eine Berufung.«

»Eine Berufung? Was soll das sein?«

»Ich habe an Ihren Herrn Vater eine Eingabe gemacht, die abschlägig beschieden wurde. Der Herr Vater wird Ihnen davon gesagt haben.«

»Nichts hat er mir gesagt! Keine Silbe!« beteuerte das Fräulein.

»Wie? Wie? Wie? . . . Nichts gesagt? . . . Das ist mir unerklärlich . . . Er hätte es Ihnen sagen müssen«, stotterte der Herr Adam in Schrecken und Verwirrung. ». . . Da . . . da . . . da . . . ich bin in furchtbarer Verlegenheit.«

Das Fräulein, dem immer noch das Wort »Konkurs« in den Ohren klang, glaubte nichts anderes, als daß der Kanzlist sich durch seine Uhren- und Altertumsliebhabereien in Schulden gestürzt habe und jetzt in schwerer Geldverlegenheit sei. Mitleidig schaute es den Mann in seiner jämmerlichen Haltung an und sagte dann mahnend:

»Herr Pichler, nehmen Sie mir es nicht übel – aber ich glaube, Sie sollten Ihr schönes Geld nicht für nutzlose Uhren und Altertumssachen wegwerfen und sich in diesen Dingen etwas einschränken.«

»Ja, ja, Fräulein, ich werde mich jederzeit nach Ihren Wünschen richten«, versicherte er; »sie brauchen nur Ihren Willen zu äußern, ich werde stets mich darin fügen.«

»Die Hauptsache wäre jetzt, Ihnen aus Ihrer Verlegenheit zu helfen. Ich will mit dem Vater sprechen.«

»Nein, das hilft nichts. Der Herr Vater hat meine Eingabe schon im verneinenden Sinn erledigt. Mir bleibt nur der Ausweg, mich an Ihr gutes Herz zu wenden.«

»Mein Gott, ich bin ein armes Mädchen – es sind unser viel Kinder –, mein ganzes Vermögen besteht in zweihundert Gulden, die ich von der Mutter geerbt hab.«

»Fräulein, das genügt vollkommen. Zweihundert Gulden sind ein schönes Geld. Und überhaupt, Sie brauchen kein Geld.«

»Man weiß nie, was man braucht. Und dann – dann – Sie würden mir das Kapital vielleicht erst in langer Zeit zurückerstatten können.«

»Zurückerstatten! Zurückerstatten?« stutzte er. »Jederzeit – in einem Monat, in vierzehn Tagen – morgen – heute – wann Sie wollen! Sie brauchen überhaupt keinen Kreuzer Geld mitzubringen. Ich beanspruche keine Mitgift.«

Da wurde die Uhrenmacherstochter puterrot, scharlachrot, brennrot vom Hals bis über die Ohren. Sie riß Mund und Augen auf wie die Sonnenuhr an der Kirchenmauer und schrie:

»Herr Pichler, ich bitte Sie hunderttausendmal um Verzeihung! – Aber Sie sind selber schuld mit Ihrem närrischen Herumreden, daß ich auf den Gedanken kam, Sie wären in Geldverlegenheit und wollten von mir ein Darlehen nehmen.«

»Nein, danke bestens. Meine Vermögensverhältnisse sind durchaus in Ordnung beziehungsweise so ausreichend, daß ich gut eine Familie erhalten kann.«

Das Fräulein wurde abermals rot, jedoch nicht mehr purpurrot, sondern bloß mehr ziegelrot, und fragte schüchtern:

»Was wünschen Sie denn eigentlich von mir, Herr Pichler?«

»Ich möchte Sie freundlichst bitten, Ihren Herrn Vater zu überzeugen, daß zwei Menschen, obwohl sie Adam und Eva heißen, trotzdem miteinander glücklich werden können.«

»Sie, Sie – Herr Pichler, Sie!« schrie das Mädchen stotternd, »Sie sind nicht so dumm, wie Sie . . . Pardon, Sie sind ein Schlaufuchs, Sie haben es faustdick hinter den Ohren.«

»Fräulein Gabl, können Sie meine Bitte erfüllen?«

»Ja, ja . . . sehr gern – wenn ich Ihnen gut genug bin. Aber Sie hätten nicht so lange herumreden, sondern gleich sagen sollen, was Sie herführt, dann wären wir schneller eins geworden.«

Sie reichte ihm die Hand, die er herzhaft drückte.

»Fräulein Gabl, ich danke Ihnen hunderttausendmal«, rief er; »jetzt ist alles gut. Jetzt freut mich das Leben wieder, und ich brauche keine alten Uhren mehr zu kaufen.«

Vier Wochen später hielten die beiden Hochzeit. – Ein Jahr später hatte Frau Eva den Herrn Adam im außeramtlichen Menschenverkehr und in der weltläufigen Umgangssprache schon so gründlich unterrichtet und eingeübt, daß er es mit jedem Roßtäuscher aufnehmen konnte. Und daß die Ehe eine sehr glückliche geworden ist, können ein Dutzend Kinder bezeugen, die daraus hervorgegangen sind und die heute noch leben.

EINE KIRCHTAGSBESCHERUNG

Der Tipsel-Jos, ein lediger Bauer in Dorach, war nicht nur ein schabgeiziger Klemmsack, sondern er hatte es auch pultendick hinter den Ohren, insbesondere wenn es galt, seinen lieben Nächsten in der Wolle zu scheren. Einstmals, in den Kirchtagszeiten, versuchte er, seine zwei Knechte, den Lipp und den Lenz, regelrecht zu kampeln; das Ding hat aber bös angeschlagen. Der Handel ging so: Am Freitag abends zog der Bauer die Knechte in das Hinterstübchen und sagte:

»Übermorgen ist Kirchtag, und da sollt ich von Rechts wegen turmhoch aufkochen lassen – Bratl und Würstln, Krapfen und Strauben –, daß sich der Tisch biegt. Mir ist nichts um die fette Schmauserei, weil ich mir allemal den Magen verstauch und vierzehn Tage die Schnelle Post hab ... Um euch und mich von diesem Übel zu erlösen, hab ich mir's so ausgekopft: Ich laß heuer gar nicht Kirchtag kochen, zahl aber jedem von euch für das entfallene Kirchtagsmahl fünf Kronen blank in die Hand – könnt ihr mit dem Gelde machen, was ihr wollt. – Habt ihr was dagegen?«

»Gar nichts dagegen«, schnalzte freudig der Lipp, »um das Geld kocht uns die Rößlwirtin mehr als ein Gröstl.«

»Und ein Pfiff Wein können wir auch daraufgießen«, stimmte der Lenz bei; »es ist schon recht, Bauer.«

»Also gut, morgen zahl ich die Wichs«, tat schmunzelnd der Tipsel.

Es kam und verging der Samstag, allein der Bauer rührte sich nicht. Nachdem das Abendessen und der Rosenkranz vorüber waren, blieben die Knechte lange Zeit noch in der Stube hocken und kreisteten, als ob sie vom Gallfieber geplagt würden. Der Bauer gab kein Zeichen. Endlich hoben der Lipp und der Lenz die Sitzung auf und rumpelten knurrend über die Stiege. Der Bauer schlich ihnen hurtig nach, und als sie droben im stockfinstern Gang herumtappten, rief er ihnen nach:

»Hoi, wartet ein bissel – ich hätt' bald etwas vergessen –, muß euch ja das Kirchtagsmahl zahlen . . . Und weil ihr brave, fleißige Knechte seid, tu ich noch ein schönes Trinkgeld dazu . . . Da habt ihr ein Zwanzigkronenstückl, und teilt's fein redlich miteinander.«

Mit diesen Worten schritt der Bauer zu seiner Kammertür. Der Lipp meinte nun, es habe der Lenz das Goldstücklein bekommen, und der Lenz meinte, der Lipp habe es empfangen; in der rabenschwarzen Finsternis bemerkte keiner, daß der Tipsel beide Hände in den Hosentaschen vergraben hatte und nicht einen Finger rührte, um etwas herzugeben. Ganz erstaunt über die unerhörte Freigebigkeit des Bauern, brachten die Knechte eine Zeitlang keine Silbe heraus, dann riefen beide zugleich:

»Vergelt's Gott, Bauer! – Vergelt's Gott tausendmal!«

»Nichts zu danken!« erwiderte der Tipsel; »laßt's euch nur morgen beim Rößlwirt fein schmecken – und jetzt gute Nacht!«

Damit trat er, ein Lachen verbeißend, in seine Kammer, legte sich rasch zu Bett und wartete gespannt der Dinge, die da kommen mochten. – Und sie kamen bald. – Drüben in der Knechtkammer ging auf einmal der russisch-türkische Krieg an. – Pums, pums, dröhnte es, als ob die Bettstellen übereinandergekehrt würden, dazu ertönten die grimmigen Rufe: »Du hast das Geld, du Spitzbub!« – »Nein, dir hat er's geben, du Schwindler!«

»Daß du so ein Geldzwacker wärst, hätt' ich nicht gemeint.«

»Du bist ein Gauner.«

Und wieder pums, pums. Der Bauer mußte auf seinem Lager in einen Deckenzipfel beißen, um nicht hellauf zu lachen. Halblaut kicherte er vor sich hin:

»Hihihihi, gescheit muß man sein! . . . Ich erspar mir die teuren Kreuzer für das sündige Kirchtagsmahl und hab noch ein Theater, einen Hauptspaß, eine Mohrenhetz umsonst dazu . . . Hihihihi . . .«

Langsam dämpfte sich drüben der Krieg, und nach einer halben Stunde ruhte das ganze Haus in tiefem Schlummer.

Am nächsten Morgen, als sich die Leute zum Frühmeßgang anschickten, traten beide Knechte zugleich vor den Tipsel-Jos und fragten aus einem Munde:

»Bauer, wem hast du gestern das Goldstückl eingehändigt?« – »Gelt, mir nicht?« Der Gefragte grinste wie ein Dachs und entgegnete scheinbar überrascht:

»Ja das kann ich nicht wissen . . . Einer hat die Hand hergehalten, und dem hab ich's hineingelegt . . . Es ist so kohlrabenrußfinster gewesen, daß ich nicht unterscheiden hab können, wer's ist; aber so viel Treu und Redlichkeit wird doch in der Welt sein, daß keiner den andern betrügt.«

Die Knechte schauten einander an wie zwei stoßende Böcke und wollten den Krieg wieder beginnen, aber der Bauer mahnte, es sei höchste Zeit zur Frühmesse. – Schlappohrig trabten der Lenz und der Lipp davon.

Nach dem Hochamt stießen die beiden im Hausgang des Rößlwirtes wieder zusammen, faßten einander beim Rockkragen, schüttelten sich grimmig und brüllten dazu:

»Du Lugenbeutel, jetzt sollst mir den Pfeffer wachsen hören!«

»Du Neidkragen, ich will dir deinen Judasbart zupfen!«

Da sprang der Rößlwirt, der ein Vetter des Lipp war, herbei und suchte die Raufenden zu trennen, indem er schrie:

»Hoho, Mander, gar zu gern dürft ihr euch nicht haben. Es schickt sich nicht, da bei hellichtem Tag vor allen Leuten einander zu bussen.«

Er packte alle zwei an der Flatter und zog sie hinter sich in den Gaden; dort fragte er, halb lachend, halb grantig:

»Was habt ihr denn heut in euren Hitzhäfen, daß es so frühzeitig schon übergeht?«

Lärmend und einander unterbrechend erzählten die Knechte den Handel mit dem Zwanzigkronenstücklein, das ihnen der Bauer mitsammen geschenkt habe. Der Wirt hörte ruhig zu, auf einmal griff er mit der rechten Hand dem Lipp und mit der linken Hand dem Lenz an das Hirn und rief hossernd:

»Seid ihr noch ein bissel warm unter dem Deckel? . . . Jetzt solche Birn-Palmesel wie euch zwei hab ich mein Lebtag nicht gesehen. – Soweit kennt den Tipsel-Jos doch jede Katz, daß er keinen Nickel, geschweige denn ein Goldstückl herschenkt ... Da habt ihr euch nett schneuzen lassen von ihm.«

»Was? Du meinst, er hat uns nicht die ganzen zwanzig Kronen gegeben?« fragte stutzig der Lipp.

»Schneggen hat er euch gegeben«, versetzte der Wirt, »keinen roten Heller, keinen grauen Zepf! ... Im Dunkeln ist gut munkeln ... Schön das Maul gemacht hat er euch im Finstern und sonst nichts. Und nachher, wie ihr dann übereinander her seid, hat er sich gewiß den Buckel voll angelacht ... Ich kenn den Fuchsgrint.«

Jetzt ging den zwei Knechten ein Licht auf, so groß wie ein Schmalzfeuer, und sie knirschten grimmig mit den Zähnen.

»Kommt nur herein in die Gesindestube«, munterte sie der Wirt auf, »und tut mit uns Kirchtag essen, es kostet nichts ... Später wollen wir dann beraten, wie ihr dem lausigen Filz sein Zwanzigkronenstückl wechseln könnt.«

Des waren die Knechte einverstanden.

Im Tipselhause verging der Kirchtag wie der Aschermittwoch. Abends um 9 Uhr ging der Bauer zur Ruhe und wunderte sich, daß die Knechte noch nicht heimgekommen waren. Er mochte etwa drei Stunden geschlafen haben, als er jäh aus dem Traume aufgeschreckt wurde. Draußen auf der Stiege polterte und krachte es, als ob die Franzosen eingebrochen wären. Ein paar grölende Stimmen schrien dazwischen: »Hellauf und ein Luck drauf!« Der Bauer drehte sich auf dem Lager um und lispelte vor sich hin:

234

»Heilig sind sie's, der Lipp und der Lenz! ... Du gütiger Tappnacher, haben die heut eine Fuhr aufgeladen! –
Wo ihnen etwa das Geld gewachsen ist?«

Da fingen die zwei an bärenmäßig zu brüllen:

»A Kreuz und a Plag muß a jeder Mensch hob'n,
der Himmel steht offen, dös muß i enk sog'n;
für mi ist das größte Kreuz wohl auf der Welt,
daß i gar sovl Schneid han und viel zu viel Geld.«

Und wieder tat es einen Krach, daß der Boden zitterte.
Beide Knechte waren mit gleichen Füßen in die Höhe
und wieder auf die Diele gesprungen. Noch immer rührte
sich kein Bauer; aber die Knechte gaben nicht nach. Sie
fingen jetzt auf dem Gang draußen an zu tanzen und
sagen laut:

»'s Bettelweibele will kirchfahrten gian,
juheihö, juheihö,
's Bettelmandl will a mitgian,
dumdideldeideldö.«

Der Lärm wurde immer größer. Eine Viertelstunde lang
hörte der Bauer zu, da brach ihm aber die Geduld. Er
sprang zornig aus dem Bett und rannte zur Tür hinaus,
indem er schrie:

»Himmelherrschaft, was ist denn das für eine Mode!
Vieh und Leut' können nicht schlafen. – Habt ihr euch
einen solchen Zirm angetrunken, daß ihr nimmer ins Bett
findet?«

Einen Augenblick wurde es mäuschenstill in dem stockfinsteren Gang, als ob niemand da wäre. Der Bauer kommandierte:

»Marsch, ins Bett, und schlaft euch den Tuller aus, daß ihr morgen für etwas seid zum Arbeiten!«

Pitsch – erhielt der Bauer jetzt auf seine rechte Wange eine so zünftige Watsche, daß er ein paar Schritte zurücktaumelte.

»Krautstiefel, was soll das heißen?« schnaubte er. – »Wer hat geschlagen?«

Patsch – schnalzte eine zweite Flumse, die noch pfundiger ausfiel, auf seine linke Wange.

»Siebentunder!« fluchte der Jos, »was untersteht ihr euch? Euern Bauer, euern Schaffer hauen!«

»Wer haut dich denn! Ich merk nichts«, sagte der Lenz – und wiederum klatschte eine Gesalzene auf das Ohr des Bauern nieder.

»Also du, Lipp! Wart, du Süffellump!« schäumte der Bauer.

»Ich weiß nichts, ich hab beide Hände im Hosensack. – Was machst denn du für einen Lärm?« tat der Lipp, und abermals sauste eine Waxige auf den Schädel des Tipsel.

»Höllischer Geißelstecken, das ist zuviel!« raste der Bauer. »Lenz – Lipp – ihr sollt mich kennenlernen – ich bring euch ins Kriminal!«

Nun ging aber ein Zweierdreschen auf den Tipsel hernieder in Pfundnoten – pitsch – patsch – pitsch – patsch – pitsch – patsch – pitsch – patsch. – Dazwischen tönten die Rufe des Bauers:

»Ich will dir, Lenz! – Wart, Lipp!« und dann: »Sei still,

236

Bauer, ich tu dir ja nichts!«, – »Ich tu dir auch nichts – gewiß nichts – gewiß nichts!« Und unentwegt schnalzte es fort – pitsch – patsch – pitsch – patsch – pitsch – patsch.

Endlich fand der Tipsel in der ägyptischen Finsternis ein Loch und kugelte mit Donnergepolter die Stiege hinab. Die zwei Knechte aber huschten in ihre Kammer, verriegelten die Tür und legten sich mäuschenstill zu Bette. Nach einiger Zeit hörten sie auch den Bauern in seine Kammer schlarpfen.

Am nächsten Morgen ging der Sturm frühzeitig los. Der Bauer kam mit einem Gesicht, so blau und rot wie ein Pökelbraten, zum Vorschein und fuhr wetterwild auf die zwei Knechte los, die unschuldig wie Abc-Kinder über die Treppe stapften.

»Kanaillen, verdammte!« herrschte er die beiden an, »jetzt wollen wir Abrechnung halten für das, was heute nacht geschehen ist.«

»Was ist denn geschehen?« tat der Lipp frech. »Weißt du etwas, Lenz?«

»Den Lärm hab ich wohl gehört – aber sonst weiß ich nichts«, versicherte dieser.

»Ihr werdet noch daraufkommen, was geschehen ist und daß ich mich nicht ungestraft von meinen Knechten verprügeln laß . . . Jetzt gleich lauf ich zu Gericht, klag auf schwere Körperverletzung und gib euch beide als Zeugen gegeneinander an«, räsonierte der Bauer; »man wird die Täter schon herausbringen.«

»Als Zeugen?« grinste der Lipp, »da müßt man etwas gesehen haben. Es ist so kohlrabenrußfinster gewesen im

Gang, daß ich rein nicht unterscheiden hab können, wer etwas getan hat.«

»Und ich kann auch nichts anderes bezeugen, als daß ich einen Rauflärm gehört, aber in der stallkatzschwarzen Finsternis nicht gesehen hab, was für Leute hereingekommen sind und aufeinander losgedroschen haben«, äußerte der Lenz; »so viel Treu und Redlichkeit ist schon noch auf der Welt, daß ich den Richter nicht betrüg und aussag, was ich nicht weiß.«

Der Tipsel zahnte wie ein Fuchs im Eisen . . . Lange Zeit sturmte er noch herum, aber schließlich blieb ihm nichts übrig, als die Sache ruhen zu lassen; denn er würde sich zum Schaden nur noch die Schande aufgehalst haben. Am selbigen Morgen kündeten die Knechte auf Lichtmessen den Dienst. Und zum Ausgang – dem Tipsel-Jos ist dieser Kirchtag unvergeßlich geblieben.

EINE LOHNENDE EISENBAHNFAHRT

In das von Fremden viel besuchte Arzental war eine Bahn gebaut und vor kurzem erst mit großem Pomp eröffnet worden. Selbstverständlich drehte sich in diesen Tagen das Talgespräch nur um die neue Bahn. Es wurde viel hin und her disputiert, ob sich der Dampfstellwagen wohl rentiere, ob man auch im Winter fahre, ob man nicht am End' gar noch durch den hohen Gleirer ein Loch bohre und durch das Finkental hinaus an die Hauptstrecke anschließe und so fort. Die unglaubwürdigsten Gerüchte über die neue Bahn verbreitete der Hechten-Much (Michael) von Untermatzberg, der ein Lugenbeutel und Eulenspiegel von Profession war. Wenn irgendwo im ganzen Landgericht ein speckfetter Bär herumgetragen wurde, so hatte ihn unfehlbar der Hechten-Much aufgebunden, so wie auch alle Aufsitzer und Ulkgeschichten am Hechten-Much ihren Stifter hatten.

Eine Woche nach Eröffnung der neuen Bahn saß der Much mit dem Schippen-Ander beim Stanglwirt in Untermatzberg. Der Schippen-Ander war ein lediger Bauer von der Matzleiten, ein abgesagter Feind jeder anstrengenden Arbeit und ein dicker Freund aller Wirte landauf, landab, bei denen sein mageres Bergerhöfl schon zu drei Vierteilen auf der Kreide stand; nebenbei hatte der Ander einen hohlen Kopf und ein großes Maul, auch war er sehr neugierig und leichtgläubig. Und als der Schippen-Ander und der Hechten-Much da beim Stanglwirt saßen, wußte der Much immer hübsche Neuigkeiten von der neuen Bahn zu erzählen.

»Weißt du, Ander«, sagte er lauernd, »die Herren von der Bahn sind pfiffig wie ein Eichkatzl.«

»Wieso denn?« forschte der Ander

»Weißt du, sie haben einen nette Begünstigung herausgegeben. Auf kurzen Strecken fährt man ganz umsonst – nicht bloß umsonst, man bekommt noch Geld heraus; z. B. wenn du von Untermatzberg nach Obermatzberg fährst, brauchst du keinen Knopf zu zahlen, und der Beamte gibt dir noch zwanzig Kreuzer in die Hand – nur fahren mußt du.«

»Hahaha«, lachte der Ander, »das ist wieder einmal eine richtige Pfundslug.«

»Meinetwegen glaubst es oder nicht«, tat der Much gekränkt, »ich habe nichts davon. Aber Lügen laß ich mir keine zumustern, wo ich noch mein Lebtag keinen Schnepf angelogen hab. Jetzt gehst grad hinüber zur Bahn und probierst's! Wenn's nicht so ist, wie ich gesagt hab, zahl ich dir einen Fünfer . . . Die Herren sind pfiffig genug, sie wissen schon, wo's herausschaut.«

»Da möcht ich aber doch wissen«, verwunderte sich der Ander, »wie die Herren pfiffig sind und wo's herausschaut, wenn sie umsonst fahren lassen und noch Geld dazugeben.«

»Da sieht man wieder, daß dir noch dein Lebtag kein Seifensieder aufgegangen ist. Jetzt schau mich an, ich will dir die Sach' erklären . . . Der Handel geht genauso wie das Fuchspassen. Man legt dem Fuchs alle Tag ein Stücklein Fleisch hin als Köder, und zwar jeden Tag etwas näher dem Haus zu. Sobald man ihn dann ganz in der Nähe hat, schießt man ihn über den Haufen . . . So macht's auch die Bahn: Sie wirft den Leuten alleweil ein Stückl Fleisch hin, das heißt, sie läßt sie auf kleinen Strecken umsonst fahren und gibt noch einen lumpigen Zwanzger dazu. Die Leut' gewöhnen sich dann langsam ans Eisenbahnfahren, zuletzt werden sie ganz fiebrig und süchtig aufs Fahren, sie fahren immer weiter und weiter, und jetzt hat die Bahn schon die Füchse. Weißt du, auf den weiten Strecken ist das Fahren sündteuer, und die Bahn bringt hundertfach herein, was sie auf den kurzen Strecken herschenkt. Ich bin schon halbdutzendmal umsonst nach Obermatzberg hinauf und nach Schmitters hinab gefahren.«

»Jetzt geht mir ein Vollmond auf, jetzt glaub ich's«, versicherte der Ander; »man möcht dir's nicht ansehen, Much, daß du so witzig und gescheit bist. – Ja, ja, die Herren sind pfiffig; aber ich will ihnen noch die Augen auswischen . . . Jetzt fahr ich so oft als möglich nach Obermatzberg hinauf, aber keinen Schritt weiter, und schau mir die langen Gesichter an, die die Herren machen. Eigentlich könnt' ich heut schon fahren.«

»Heut wird's zu spät sein. Es fährt nur noch der Abendzug um sieben Uhr.«

»Also dann morgen vormittag.«

»Schon gut; aber auf etwas muß ich dich aufmerksam machen«, sagte pfiffig der Much; »laß dich nicht über den Löffel balbieren! Die Begünstigung ist da, mit Siegel und Unterschrift; aber die Bahnbeamten sind insgesamt Lumpen und Luder. Wenn sie merken, daß einer von der Begünstigung nichts weiß, lassen sie ihn die Karte zahlen und stecken das Geld selber ein. Wenn der Stationsbeamte dir die Karte anrechnen will und das Geld nicht herausgibt, dann sagst einfach: ›Begünstigung Numero sieben!‹ Wirst sehen, was er dann für ein Gesicht macht und wie die Karte herausfliegt.«

»Und was ist mit dem Zwanziger?« fragte der Ander.

»Ah, richtig, das hätt' ich bald vergessen; du mußt noch ein Siegel dazugeben, damit die Herren sehen, daß dir das ganze Geheimnis bekannt ist.«

»Was für ein Siegel?«

»Mit der Nase. Das Freimaurerzeichen. Ganz einfach: du fährst mit dem rechten Zeigefinger über die Nase von rechts nach links. Also merk dir wohl: Zuerst die Worte: Begünstigung Numero sieben, dann ein Schnörkel mit dem Finger über die Nase von rechts nach links, und flott werden die zwanzig Kreuzer herausfliegen. Hast du verstanden?«

»Ja, gut. Ich vergeß es nicht.«

Nach einer Weile trennten sich die beiden Zechbrüder voneinander. Der Schippinger ging frohen Mutes nach Hause, der Hechten-Much aber segelte hinüber zum Stationsgebäude, wo er den jungen Stationsleiter traf. Dieser war ein lustiger Herr, der den Hechten-Much ob seiner Ulkereien gut leiden mochte und auch selbst gern bei einem Kesseltreiben mitwirkte. Lachend erzählte der Much dem Beamten von dem stubengroßen Bären, den er eben dem Schippen-Ander aufgebunden habe, und bat den jungen Herrn, er möchte doch den Spaß nicht verderben, sondern dem Schippen-Ander morgen eine Karte nach

Obermatzberg und dazu noch einen Gratis-Zwanziger herausgeben – er, der Much, wolle die 35 Kreuzer gern bezahlen. Mit Vergnügen ließ sich der Beamte zu dem Spiel herbei und fragte nur, wie der Mann zu erkennen sei. Darauf erklärte der Much, das unfehlbare Erkennungszeichen sei es, wenn einer »Begünstigung Numero sieben« verlange und den Fingerzwickel um die Nase mache.

Am nächsten Mittag stand richtig der Schippen-Ander am Schalter des Stationsgebäudes. Als der junge Stationsleiter den Schieber aufmachte, trat der Ander heran und rief:

»Nach Obermatzberg – dritte!«

»Fünfzehn Kreuzer«, rief der Beamte und suchte nach der Karte.

»Ah, der Kerl meint, ich wär' auf der Brennsuppe dahergeschwommen«, dachte der Ander, laut aber rief er:

»Begünstigung Numero sieben!«

»Ah so, bitte um Entschuldigung«, sagte der Beamte kichernd und warf die Karte aufs Brett heraus, dann drehte er sich schnell um und eilte in einen Winkel, um unbemerkt lachen zu können.

Der Ander war aber nicht zufrieden, sondern guckte zum Schalter hinein, rieb eifrig seinen rechten Zeigefinger an der Nase und schrie:

»Holla, Freimaurerzeichen! Ich bekomm noch zwanzig Kreuzer.«

Da lachte der Beamte hellauf, kam aber gleich herbei und sagte demütig:

»Oh, ich bitte tausendmal um Verzeihung. Leider hab ich auf die Sache ganz vergessen.«

Und freundlich drückte er dem Ander zwei Zehnkreuzerstücke in die Hand. – Dieser lachte:

»Hahaha, das geht ja wie Butter. – Aber ausgeklaubte Spitzbuben seid ihr Bahneler!«

Darauf ging er mit großen Schritten vor der Station auf und nieder, lachte pfiffig vor sich hin und sagte halblaut:

»Gscheit muß man sein!«

Fünf Minuten später saß er im Wagen, und der Zug schnupperte lustig das Tal hinauf. Da wurde der begünstigte Fahrgast immer aufgelegter, und jetzt blitzte ihm gar ein schlauer Gedanke durch den Kopf.

»Teufl eini, Ander«, sagte er, »du könntest eigentlich mit dem Eisenbahnfahren ein hübsches Geschäft machen. Dreimal hinauf nach Obermatzberg und dreimal hinunter nach Untermatzberg in einem Tag geht leicht . . . allemal zwanzig Kreuzer – macht ein' Gulden zwanzig – wär' keine üble Schicht. Nebenbei brauchst du keinen Knochen anzustrengen und kannst lustig herumfahren wie die fremden Herrschaften. – Ander, das machen wir! Alle Tage! . . . Jetzt geht das Privatleben an.«

In Obermatzberg angekommen, fragte der Ander, wann wieder ein Zug nach Untermatzberg gehe, und erhielt die Auskunft, der nächste Zug hinunter fahre genau in einer Stunde. Das war Zeit genug. – Alles in allem gerechnet, hatte der Ander mit seiner Eisenbahnfahrt schon fünfunddreißig Kreuzer verdient, und die konnte er nicht taub im Sack liegenlassen, sondern mußte sie nutzbringend anlegen. Er trank beim Fuchswirt ein Schnäpschen und drei Viertel Wein und kam nach dreiviertel Stunden, etwas angeheitert, wieder in den Bahnhof.

Es waren keine Fahrgäste da, und hinter dem offenen Schalter saß ein alter, bärbeißiger Beamter, der mißmutig in einem Buch herumstöberte und dem Ander nicht die mindeste Aufmerksamkeit schenkte. Endlich stand er doch auf und schaute heraus.

»Nach Untermatzberg – dritte!« verlangte der Ander.

»Fünfzehn Kreuzer!« knurrte der Alte und riß die Karte aus der Tafel.

»Alles sind die gleichen Lumpen«, dachte der Ander, »aber wart nur, Mandl! Ich laß mich von so einem alten Sünder nicht betipeln.«

Er bückte sich zum Schalter, zirkelte heftig mit dem Zeigefinger von rechts nach links über die Nase und schrie:

»Begünstigung Numero sieben!«

»Was wollt Ihr?« schnarrte der Beamte.

»Eine Karte nach Untermatzberg«, der Ander.

»Fünfzehn Kreuzer, bitt ich.«

»Begünstigung Numero sieben – und Siegel über die Nase.«

»Was soll das heißen?«

»Das mußt du wissen, Rotkappeter! Wozu gibt man Vorschriften heraus für freie Fahrt?«

»Habt Ihr einen Freischein?«

»Begünstigung Numero sieben und das da!«

Er strich wieder rasend mit dem Finger von rechts nach links um die Nase.

»Habt Ihr eine Retourkarte?«

»Ich brauch keine Naturkarte.«

»Jetzt frage ich Euch aber zum letztenmal«, räsonierte der Beamte, »was wollt Ihr eigentlich? – Sagt's kurz und bündig oder schert Euch zum T . . . . l!«

»Begünstigung Numero sieben!« stürmte der Ander, »Karte heraus, sonst verklag ich dich beim Pontius Pilatus!«

»Ihr habt noch nichts gezahlt«, schrie der Beamte; »bevor nichts hereinkommt, geht nichts hinaus.«

»Und ich brauch nichts hereinzugeben, ich brauch nichts zu zahlen«, polterte der Ander; »ich weiß schon, was ich weiß . . . Auf kurzen Strecken kostet die Karte nichts, und man bekommt noch zwanzig Kreuzer heraus.«

»Ihr seid ein Narr«, rief der Beamte.

»Und du bist ein Spitzbub, ein alter Sünder, ein Stehler, ein Hehler!« lärmte der Ander.

Nun wurde der Beamte puterrot; er schoß mit seinem grauen Kopf beim oberen Loch heraus und brüllte:

»Mann, was hast du gesagt? Das laß ich mir nicht gefallen. Ich werd . . .«

Weiter kam er nicht. Der Ander hatte mit blitzschnellem Griff die rote Amtsmütze des Beamten erfaßt, riß sie ihm vom Kopf und schrie:

»Karte und Geld heraus – oder sonst keine Kappe mehr!«

Nun verschwand der Beamte, kam aber nach einer Minute schon, begleitet von zwei Stationsdienern, zur Seitentür herein in die Halle. Als der Ander die gegen ihn aufrückende Übermacht erblickte, warf er die rote Mütze weg und schrie:

»Ich will mein Recht! Ich laß mich nicht betipeln!«

»Der Mensch ist ein Narr – ein Irrsinniger«, rief der Beamte.

»Nein, nein, das ist der Schippen-Ander, den kenn ich wohl«, lachte der jüngere Stationsdiener; »Narr ist er keiner, aber stockbesoffen ist er. Auf einen Klafter weit riecht er schon vom Wein.«

Mit diesen Worten packte er den Ander hinten an den Schultern, schob ihn zur Stationstür hinaus und ließ ihn draußen frei, gab ihm aber noch mit dem Stiefel einen so pfundigen Stoß auf die westliche Halbkugel, daß er wie ein Federball in einen Rasenfleck hineinflog und dort seine »Reise mit Begünstigung« abschloß.

Zwei Tage später traf der Ander mit dem Hechten-Much auf der Straße zusammen. Wie ein Bär ging er auf den falschen Freund los.

»Du Lügner! Du Schwindler! Du Betrüger!«

»Du, Kerl, so was laß ich mir nicht sagen. Da möcht ich schon wissen, mit welchem Grund.«

In wilder Aufregung erzählte der Ander, wie es ihm in Obermatzberg ergangen war.

»Das ist nicht möglich«, rief der Much, scheinbar erstaunt; »da muß ein Fehler unterlaufen sein. Wie hast du es gemacht?«

»Genauso, wie du es mir gelehrt hast – Begünstigung Numero sieben und mit dem rechten Zeigefinger über die Nase von rechts nach links – zehnmal – zwangzigmal – hundertmal – alles umsonst.«

Da lachte der Hecht pferdegrell auf:

»O du Stock-, Stein-, Birn-, Palmesel! Jetzt glaub ich's

gern, daß sie dich hinausgeworfen haben. Du hast das
Siegel falsch gemacht. – Auf der Hinfahrt war's richtig. –
Aber auf der Rückfahrt muß man umdrehen. Da streicht
man nicht mit dem rechten Zeigefinger über die Nase,
sondern mit dem linken, und zwar von links nach rechts.
– Wenn du nicht Schotten im Kopf hättest, hätt' dir das
doch einfallen müssen.«

»Das ist eine ganz verzwickte Lumperei, bei der sich
ein ehrlicher Christenmensch nicht auskennt«, schimpfte
der Ander. »Das ganze Bahnwesen mit allem, was drum
und dran hängt, ist eine Schwindelanstalt. Ich will mit
dem Zeug nichts mehr zu tun haben. Keine Spanne weit
fahr ich mit dem Fuhrwerk mehr.«

Tatsächlich hat der Schippen-Ander ein Vierteljahr
lang Wort gehalten. Der Hecht und der junge Stationsbeamte in Untermatzberg aber lachten sich kugelig über
den Spaß.

DER DENGELSTOCK

Der Guglbauer von Reidenbach war ein wunderlicher Kauz, ein Sonderling, wie man landauf, landab keinen zweiten treffen konnte. Er mußte immer und überall etwas Besonderes und Eigenes haben. Bei seinen Arbeiten, in der Kleidung, mit dem Essen und Trinken war er niemals bei anderen Leuten. Um Lichtmessen hatte er immer noch zu dreschen, um Pfingsten zu pflügen und um Micheli Korn zu schneiden. Bei schlechtem Wetter konnte er heuen, bei Sonnenschein Körbe flechten und Besen binden; er konnte auch den ganzen lieben Tag auf dem Heustock schnarchen und die Nacht mit der Laterne Erdäpfel graben. Im Sommer trug er ein dickes und langes Kleid, im Winter ein dünnes und kurzes; bei schönem Wetter stülpte er die Hosen bis über die Knie hinauf, bei Regen und Nässe zog er sie im Kot hinter sich her. Das Frühstück nahm er in der Früh um vier Uhr, und dasselbe bestand aus Knödel und Kraut. Mittag hatte er bei Sonnenaufgang, da löffelte er saure Milch, nachmittags zur Marende kochte er sich »haidene Nocken«, und vor dem Schlafengehen trank er schwarzen Kaffee. Der Guglbauer sagte auch nie wie andere Leute. Wenn er einmal zufällig die gleiche Meinung hatte wie ein Nachbar, so redete er gewiß das Gegenteil davon, und dies nur, um mit niemanden übereinzustimmen. Die Leute lachten viel über ihn und nannten ihn wegen seiner Schrullen und seiner Widerhaarigkeit den Dengelstock. Einzelne glaubten auch, dem Guglbauer fehle es bedeutend im Dachstuhl, will sagen unter dem Hutgupf. – Dem war aber nicht so – der Guglbauer war im Giebel beinfrisch und kerngesund, er hatte es sogar faustdick hinter den Ohren. Den Beweis dafür hat er geliefert, als er einmal auf das Steueramt mußte, um die verspätete Lichtmeßsteuer zu zahlen.

Der Guglbauer kam etwas spät in das Amtsgebäude – wie man zu sagen pflegt, auf den letzten Abdruck –, als der Steuereinnehmer bereits die Schlüssel in der Hand hatte, um die Kanzlei zu sperren. Der Beamte zog seinen fuchsroten, dicken Knebelbart, der aussah wie ein brennender Dornbusch, wild in die Höhe, als der Guglbauer hereinstolperte.

Der Guglbauer machte einen steifen Knicks, der Einnehmer aber bellte giftig hinter dem Tisch heraus:

»Was wünscht Er?«

»Vor allem ein glückseliges neues Jahr!« versicherte der Guglbauer.

»Dummer Bauer«, herrschte der Einnehmer ihn an, »ich frage, was Er von mir will.«

»Ich will von Euch gar nichts, wenn Ihr von mir nichts wollt«, entgegnete der Bauer.

»Ja, was meint Er, ich habe Zeit, mit Ihm zu karessieren? Gleich, wozu ist Er hier?«

»Zum Steuerzahlen, Herr Ausnehmer«, lachte der Bauer.

»Aha, wieder ein solcher Nachzügler!« knirschte der Beamte, »und den ›Ausnehmer‹ verbitt ich mir – Er wird wissen, wie Er mich zu titulieren hat.«

»Oho! Ihr seid doch zuerst der Herausnehmer und dann erst der Einnehmer.«

»Ich laß Ihn einsperren.«

»Herr Einnehmer!«

»Sein Name?«

»Josef Guglbauer von Reidenbach.«

»Welche Steuer?«

»Die Lichtmeßsteuer.«

Der Einnehmer blätterte lange in seinen Büchern, endlich sagte er mürrisch:

»Sieben Gulden dreiundfünfzig macht's.«

Der Guglbauer brachte ein ziemlich umfangreiches Leinwandsäckchen zum Vorschein, das oben mit einer Schnur zugebunden war. Er löste die Schnur und schüttelte den Inhalt des Säckchens auf den Tisch heraus – es waren lauter Kreuzer – alles einzige, kupferne Neukreuzer.

»Sieben Gulden dreiundfünfzig macht's also«, sagte er langsam, »jetzt wollen wir einmal zählen.«

»Ja ist Er denn verrückt?« donnerte der Beamte, »meint Er, hier ist ein Acker, wo man Kreuzer einsät?«

»O beileibe, das mein ich nicht – auf dem Steueramt tät' doch keiner aufgehen.«

»Wo hat Er denn die vielen Kreuzer her?«

»Vom Kaiser, Herr Aus . . ., sag ich, Herr Einnehmer.«

»Hat Er kein größeres Geld?«

»Ich hab mein Lebtag keine größeren Neukreuzer gesehen; wenn sie Euch zu klein sind, müßt Ihr halt dem Kaiser sagen, daß er sie ein andermal größer schneidet.«

»Hat Er keine Silbermünzen, keine Banknoten?« brüllte der Einnehmer.

»Genug daheim«, versicherte der Bauer.

»Warum hat Er sie nicht mitgenommen? ... Die Kreuzer nehm ich nicht an.«

»Dann mögt Ihr die ganze Einnehmerei aufgeben, wenn Ihr dem Kaiser sein Geld nicht annehmt.«

»Verdammter Bauer!« knirschte der Beamte. »Jetzt fang Er einmal an zu zählen!«

Der Guglbauer zählte fein langsam und gemütlich: »Eins und eins sind zwei – und eins sind drei – und eins sind vier – und eins sind fünf – und eins sind sechs ...«

»Ja meint Er denn, ich bin hier zum Kösten(Kastanien-)braten oder zum Einmaleinsabhören?« brüllte der Einnehmer.

»Jetzt habt Ihr mich ganz drausgebracht, Herr Einnehmer«, sagte der Guglbauer, »jetzt muß ich wieder von vorn anheben ... eins und eins sind zwei – und eins sind drei – und eins sind vier – und eins sind fünf ..., wär' ein Gulden.«

»Vorwärts, schnell, schnell!« fieberte der Beamte, »glaubt Er, ich hab meine Zeit zum Maulaffenfeilhalten?«

»Gut Ding braucht Weil', und der Mensch ist kein Eilwagen«, versicherte der Guglbauer; »ein altes Sprichwort sagt: Ein eilender Mensch hat kein Glück.«

»Zum T .... l, ich brauch Seine Lehren und Altweibersprüche nicht ... vorwärts, sage ich, und schnell! Ich will Ihm zählen helfen, damit wir früher an ein Ende kommen!«

»Ich kann's selber am besten«, erklärte der Bauer; »meinetwegen könnt Ihr wohl zählen, aber ich muß selber noch einmal alles nachzählen, ich hab's so im Brauch und möcht niemandem ein Unrecht tun ... eins und eins sind zwei – und eins sind drei – und eins sind vier ...«

Der Beamte zitterte vor Ungeduld und stampfte mit den Füßen. – Endlich hatte der Bauer seine sieben Gulden dreiundfünfzig Kreuzer in kleinen Häufchen auf dem Tisch beisammen. Die übriggebliebenen Kreuzer streifte er wieder in das Säcklein.

»So, jetzt hätten wir's. Alles hat ein End' ... soll ich's noch einmal nachzählen?« fragte er.

»Das ginge mir noch ab!« fauchte der Einnehmer, »glaubt Er, ich soll bis Pfingsten da bei Ihm stehen?«

»Bekomm ich nachher eine Quittung?«

»Das wird Er schon sehen, was Er bekommt!« herrschte der Einnehmer.

Sodann ging er hinter sein Pult und schrieb die Quittung.

Die Feder kreischte und lärmte wie ein gestochenes Huhn, so wild und rasend jagte sie der Einnehmer über das Papier. Endlich war die Quittung fertig. – Jetzt noch Unterschrift, Siegel und Streusand darauf. – Der Einnehmer faltete das Papier hastig zusammen.

»Da wär' die Quittung!« schrie er und warf das Schriftstück über den Tisch heraus auf den Boden, dem Guglbauer gerade vor die Füße. Der Guglbauer hob die Quittung auf, faltete sie auseinander, las sie aufmerksam durch und steckte sie hierauf vorsichtig in die Tasche. Unterdessen hatte der Beamte den Empfang des Geldes in seine Bücher eingetragen. Die Kreuzer lagen noch schön gehäufelt auf dem Tisch.

»Ist jetzt alles in Ordnung?« fragte pfiffig der Guglbauer.

»Ja! . . . und scher Er sich zum T . . . . l!« bellte der Einnehmer.

»Fehlt nachher gar nichts mehr?« forschte der Gugler.

»Nichts, als daß Er mir aus den Augen geht!« brüllte der Beamte.

»So, dann ist's recht«, erklärte der Bauer.

Zugleich fuhr er mit seinem langen Arm hinter die Kreuzer auf dem Tisch und schupfte mit einem blitzartigen Ruck die kupfernen Geldhäuflein auf den Boden hinunter. Die Kreuzer tanzten und kugelten lustig dem Einnehmer um die Füße und rollten in alle Winkel und verkrochen sind in alle Mauslöcher.

»Verfluchter Bauer!« donnerte der Einnehmer außer sich vor Wut, »was soll das heißen?«

»Ja ist's nicht recht so?« tat schelmisch der Gugler. »Ich hab gemeint, es ist da so Brauch – das Geld gehöre auch auf den Boden wie die Quittung.«

»Verdammter Kerl!« raste der Beamte, »ich will Ihn schon noch zahlen machen!«

»Gezahlt ist schon. Ich hab meine Quittung«, sagte spöttisch der Bauer; »aber jetzt muß ich heim. Ich hab wirklich nicht Zeit, da Kösten zu braten und Maulaffen feilzuhalten . . . B'hüt Gott, Herr Einnehmer, und nichts für übel haben! Ein andermal wieder.«

Der Einnehmer ergriff seinen Rohrstock und sprang zwischen Tisch und Pult herüber, der Bauer aber schoß zur Tür hinaus und rannte die Stiege hinunter.

Über eine Stunde lang geisterte und fluchte der Einnehmer noch in seiner Kanzlei herum. Der Guglbauer aber wanderte rüstig heimzu und kicherte lustig vor sich hin.

EINE MIT GELD

Der Rainer in Haneberg hatte einen sehr schönen Hof, ein fast neues Haus, den Stall voll Vieh, mindestens zwanzig Stück, und darüber noch dreißigtausend Gulden Kapital, teils in der Sparkasse, teils außenstehend bei Schuldnern als sicheres Guthaben liegend. Geizig war er nicht, er gab das Geld, wo nötig, unschwer und glatt aus, doch ein Geldliebhaber blieb er zeit seines Lebens. Seine drei Töchter waren längst schon verheiratet, der jüngere Sohn zählte erst fünfzehn Jahre, während der ältere, der als bestimmter Hoferbe galt, sein vierundzwanzigstes Lebensjahr vollendet hatte. Obwohl der Vater schon sechseinhalb Kreuze auf dem Buckel trug, wie er sich ausdrückte, hielt er trotz seiner fünfundsechzig Jahre immer noch das Zepter fest in der Hand und übte ein uneinschränkbares Regiment aus. Einziges Recht und Gesetz im Hause war sein eiserner Wille, gegen den es niemals ein Aufmucksen geben durfte, von keiner Seite und in keiner Richtung.

Eines Tages rief er Jörg, den älteren Sohn, ins hintere Stübchen, hieß ihn sich niedersetzen und blickte ihn eine Zeitlang stumm an. Der Jörg war ein hochgewachsener, schlanker, schön gebauter junger Mann, trug im Gesicht die Züge seines Vaters, hatte schwarze Haare, einen fein gekräuselten schwarzen Schnurrbart und funkelnde kohlschwarze Augen. Schon durch seine Figur machte er Aufsehen, und wo er sich eines Weges sehen ließ, schauten ihm viele Mädchenaugen nach. Auch der Vater war stolz auf ihn. Vom Vater hatte der Jörg außer den Gesichtszügen manche gute und einzelne minder gute Eigenschaften geerbt, unter anderen einen ziemlich harten Kopf. Das wußte der Alte, und darum ging er heute etwas vorsichtig zu Werke. Nach kurzem Räuspern sagte er:

»Jörg, ich habe mit dir zu reden – etwas Wichtiges für dich und für unser ganzes Haus. Du weißt, daß die Mutter nicht mehr jung, etwas schwach bei Kräften und öfters krank ist, so daß sie die Hauswirtschaft nicht mehr allein führen kann. Die Mägde sind störrisch, faul und verlangen immer mehr Lohn. Da wird es notwendig, daß ein Weibsmensch ins Haus kommt, das ganz zur Familie gehört.«

Über das Gesicht des Jörg huschte ein Freudenschimmer, doch erwiderte er in gleichgültigem Ton:

»Wenn der Vater meint, wird es schon so sein.«

»Also, du bist einverstanden? Du willst heiraten?«

»Wenn es dem Vater recht ist, ja.«

»Du darfst dir aber nicht einbilden, daß ich und die Mutter, sobald du heiratest, uns in den Ruhestand begeben und dir alles überlassen, Haus und Hof und das ganze Kommando. Nein, so weit herunter hat's noch nicht geschneit, und so dumm bin ich nicht. Man hat Beispiele genug, daß ein Vater sich vertrauensselig zu früh an den Sohn ausverkauft hat, und bald hernach ist der alte Stockesel auf dem Letten gesessen und hat beim Sohn betteln müssen. Du bist in meinem Testament als Hoferbe eingeschrieben, aber das Heft aus der Hand geb ich nicht. Bauer bleibe ich, solang ich leb.«

»Man wird doch etwas ausmachen und vereinbaren müssen, was ich und meine zukünftige Frau für Pflichten und Rechte im Hausstand haben«, wandte der Sohn ein.

»Das ergibt sich von selbst und bedarf keiner Vereinbarung. Du vertrittst mich in der Wirtschaft, im Handel und Wandel, aber nicht immer und allgemein, sondern in einzelnen Fällen, wenn ich dir die Vollmacht erteile.«

»Etwas Schriftliches möcht ich doch haben.«

»Zum T . . . . l, hast du kein Vertrauen zu deinem Vater? Das Schriftliche ist nicht immer das Sicherste . . . Wenn du darauf bestehst, kann man ja etwas schreiben«, gab zögernd der Alte zu; »aber jetzt sprechen wir von der Heirat, das ist die Hauptsache.«

»Was hat der Vater da für Wünsche?«

»Ich möchte vorerst bloß wissen, ob dir schon ein Weibsmensch, das heißt ein Mädchen, in die Augen gefallen ist, das in unser Haus passen würde.«

»Ja, mir steht eine zu Gesicht, die ich um ihre Hand bitten könnte.«

»Bitten? Bitten? Bitten? – Du Stocktolm! – Der Rainersohn, ein Mensch wie du, tut nicht bitten. Er braucht einer nur die große Gnade anzubieten, daß sie seine Frau werden darf.«

»Nein, um eine Braut muß man werben, wie es Sitte ist.«

»Und wen hast du auf der Mucken? Wer ist die Person? Wie heißt sie?«

»Sie heißt Mariedl und ist die Tochter vom Egham.«

»Waaas? Der Egham Schnepf? – Bist du verrückt? – Du wirst doch keine Dienstmagd heiraten, die ärmer ist als eine Kirchenmaus und von einem Platz zum andern schlenkern muß, um ihrem notigen Vater ein paar Hilfskreuzer zuschanzen zu können, damit er nicht aufschnappt. Mir schuldet ihr Vater hundert Gulden. Sie ist nichts und hat nichts als eine glatte Larve.«

»Oh, sie hat sehr viel. Sie ist nett, gesund, frisch, kräftig, immer friedsam und frohsinnig, arbeitet gern, hat beim Lammwirt gut kochen und wirtschaften gelernt. Und alle Leute rühmen ihr nach, daß sie kreuzbrav und sehr gescheit ist.«

»Und du bist ein blitzdummer Dachs.«

»Das gleicht sich aus. Was ich zu wenig hab an Gescheitheit, das hat sie dann um so mehr.«

Der Alte stutzte über das kecke Wort des Jungen und sagte etwas ruhiger:

»Sei doch vernünftig, du bekommst schon eine Bessere.«

»Zum Beispiel?«

»Zum Beispiel, die Stolltochter, die Ursula.«

»Die Urschel ist mir zu klein und zu wenig schön.«

»Du wirst doch keine Puppe kaufen. Wenn einer im Laden eine Puppe kauft, kann er sagen, diese und diese mag ich nicht, ich will eine größere und schönere.«

»Ich kauf keine Puppe, sondern wenn ich heiraten muß, suche ich mir ein Mädel, mit dem ich glücklich werden kann.«

»Die Eghamische ist bettelarm, während die Stolltochter mindestens fünfzehntausend Gulden mit in die Ehe bringt.«

»Haa, da wäre ich der Verkaufte mein Leben lang!

Aber um fünfzehntausend Gulden geb ich mich nicht her, ich bin schon ein bißchen teurer.«

»Was willst du denn?«

»Ich will eine Braut, die ich mir selbst aussuche.«

»Du bist ganz verrückt in die Betteldirn. Wahrscheinlich habt ihr schon ein langes Gebandel miteinander.«

»Das am allerwenigsten. Wir haben noch keine hundert Worte miteinander gesprochen.«

»Dann verstehe ich rein nicht, warum du so an der Spitzmaus hängst.«

»Soviel ich sehe und höre, hat die Mariedl alle guten Eigenschaften, daß sie mich glücklich machen und auch als Großbäurin in allen Ehren dastehen kann.«

»Aber ich mag sie nicht! Eher fällt der Vollmond oder ein Fuchsstern vom Himmel, als daß mir die Betteldirn ins Haus kommt.«

»Heiraten muß ich, nicht der Vater. Wenn ich mir die Braut nicht selber wählen kann, heirate ich überhaupt nicht.«

»Gut, dann ändere ich mein Testament und setze deinen Bruder, den Franz, zum Hoferben ein.«

»Hahaha, dann werdet Ihr eine ganz junge Braut suchen müssen, eine von zehn, zwölf Jahren.«

»Du, du, du! Du wagst es, deinen Vater zu verspotten?« ergrimmte der Alte.

»Das Verspotten liegt mir fern. Übrigens könnt Ihr tun, was Ihr wollt.«

»Das tu ich auch. Jeder Vater hat das Recht, in die Heirat des Sohnes hineinzureden. Das behalte ich mir vor. Der Gescheitere gibt nach, ich gebe nicht nach.«

»Und ich will nicht der Gescheitere sein als mein Vater. Es wäre doch eine Unehre für Euch, wenn ich nachgeben täte.«

»Gut, dann haben wir ausgeredet in der Sache, ein für allemal!«

Sie schieden voneinander, der Alte hochrot im Gesicht, der Junge scheinbar gleichgültig. Still blieb der Handel indessen nicht. Eine junge Hausmagd, die eine gierige Spürnase besaß und daneben ein so dünnes, scharfes, spitzes Öhrlein, daß sie es in ein Schlüsselloch hineinzustekken vermochte, war Zeugin der Auseinandersetzung gewesen und hatte kaum ein Wort davon überhört. Das vernommene hochinteressante Gespräch zwischen Vater und Sohn durfte sie nicht kalt werden lassen, sondern mußte es brühwarm einer guten Freundin erzählen, natürlich unter dem Siegel der Verschwiegenheit. Die Freundin war nicht so eigennützig, daß sie die empfangenen kostbaren Neuigkeiten für sich allein behielt, sondern teilte sie hochherzig mit drei, vier ihrer Freundinnen. Und innerhalb von vierzehn Tagen ging die Märe schon lustig in der ganzen Gemeinde herum. Der Rainerbauer und Jörg, sein Sohn, wurden kälter und verschlossener gegeneinander, weil jeder den anderen zieh, daß er den gehabten Diskurs ausgeplaudert habe.

*

Auch zu Ohren der Egham-Mariedl war die Sache gedrungen, und sie empfand eine aufrichtige warme Freude daran. Zufällig begegneten sich der Jörg und die Mariedl

260

eines Tages allein auf der Straße. Alle zwei blieben stehen, lachten einander freundlich an, sprachen aber kein Wort. Erst nach einer Weile fragte das Mädchen schelmisch:

»Du, Jörg, ist es wahr, daß du mich ein klein bißchen gern hast?«

»Nicht nur ein klein bißchen, Mariedl, sondern mehr als hundert Kilo«, erwiderte er.

»Und ich dich tausend Kilo, vermag sie schwer zu tragen«, lachte sie.

»Dann will ich dir tragen helfen.«

»Tragen helfen wäre recht, aber wie denn?«

»Indem wir heiraten.«

»Heiraten? Das wird schwer sein.«

»Warum? Magst du mich nicht?«

»Wohl gern, gern, gern, auf der ganzen Welt keinen Menschen lieber als dich.«

»Und ich kann dir das gleiche sagen. Wenn du mir einen Korb gibst, heirate ich überhaupt niemals.«

»Von einem Korb ist keine Rede. Wenn du mich willst, gehöre ich dir, einzig dir . . . Aber ich habe keinen Kreuzer Geld. Alles, was ich verdiene, muß ich dem Vater geben, weil er es notwendig braucht. Ich bin ärmer als eine hohle Nuß.«

»Das macht gar nichts, im Gegenteil, es ist mir lieber, daß du keinen Haufen Geld mitbringst. Ich heirate kein Geld, sondern dich.«

»Was sagt aber dein Vater dazu?«

»Er muß zufrieden sein, wenn ich ein Mädchen heirate, das brav und schön ist.«

»Wenn er aber seine Zustimmung zur Heirat nicht gibt?«

»Dann gehe ich von Hause fort und suche mir einen Verdienst bei der Holzarbeit oder sonstwo; ein kleines Erbtum von der Mutter erhalte ich immerhin. Damit kaufe ich ein Gütchen am Berg, und darauf heiraten wir dann.«

»Ich werde auch schauen, daß ich ein paar Kreuzer auf meine Seite bring.«

»Das darfst du nicht tun, in keinem Fall. Nur zwei, drei Jährlein warten mußt du mir. Kommt Zeit, kommt Rat.«

»Ich warte dir hundert Jahre.«

»So wäre dann alles in Ordnung. Du hast mein Wort, ich das deine, und es soll gelten!«

»Für Zeit und Ewigkeit!« erklärte das Mädchen feierlich.

Sie drückten sich gegenseitig fest die Hand und gingen dann rasch voneinander. So oft sie später irgendwo sich begegneten, sprachen sie wenig oder keine Worte, lachten einander bloß an, merkten aber gut, daß ihre Herzen wärmer denn je füreinander schlugen.

✳

In Haneberg lebte ein sonderbarer Menschenkauz. Er hieß Fridolin Frischauf, war pensionierter Finanzrat, stand im sechsundsechzigsten Lebensjahr und bezog einen monatlichen Ruhegehalt von hundert Gulden. Von den Leuten wurde er allgemein der Fridolin genannt. Seinem Tauf- und seinem Schreibnamen entsprach nicht übel sein Charakter. Er war durchaus friedsam, mit allen Menschen freundlich, griff immer mit beiden Händen zu, wenn es bei einer Arbeit oder einem Unfall einer raschen Hilfeleistung bedurfte. Niemals hatte er einen schlechten Humor, und er besaß viel Witz. Sehr klug, reich an Wissen und Erfahrung, wußte er den Leuten die besten Ratschläge zu erteilen, wenn er darum gefragt wurde. Aber niemals und an niemanden gab er einen Kreuzer Geld her. Nur der eine und der andere strolchende Handwerksbursche erhielt von ihm einen Neukreuzer oder einen Kupfervierer; diese Stücke erwiesen sich aber stets als falsche, nicht mehr gangbare Münzen, wofür die Empfänger dann hinter dem Geber das Kreuzbein abfluchten. In Hinsicht Geld und Dinge von Geldeswert hatte der Fridolin sich zu einem erpichten Geizhals entwickelt. Seine Frau, die er sehr liebte und um die er heute noch trauerte, war vor zehn Jahren gestorben. Von ihr hatte er zwanzigtausend Gulden in bar und drei größere Staatsobligationen geerbt. Nach ihrem Tode gab er die schöne Wohnung in der Stadt auf, zog aufs Land heraus und lebte nun seit acht Jahren in einem engen Dachkämmerchen beim Meißlbauer in Haneberg. Sein Essen nahm er beim Wirt und bestand aus einer Milchsuppe in der Früh, aus einer Hafer- oder Knödelsuppe zu Mittag und einer Brotsuppe am Abend. Als Kleidung trug er ein dickes Lodengewand, das zwar immer anständig und sauber aussah, doch Winter und Sommer das gleiche und schon sehr abgefärbt und mehr als veraltet war. An Schuhen hatte er ein einziges Paar, ein grobes, starkes Bergformat, dem ein billiger Flickschuster immer wieder neue Festigkeit zu verleihen wußte. Das Paar Schuhe ebenso wie der verkrempelte, schon sehr glänzende Kübelhut (Halbzylinder) konnten in nächster

Zeit ihr silbernes Jubiläum feiern. Seine früheren feinen Leinenhemden, die sämtlich zerschlissen und unbrauchbar geworden waren, hatte er mit drei groben rupfenden Hemden vertauscht, von denen er jede Woche eines mit eigenen Händen wusch. Auch die flüchtigen Hosenknöpfe nähte er selber an. Nie trank er ein Glas Wein, dafür aber viel Wasser, dem er gesundbringende Kraft zuschrieb. Vor dem Tode seiner Frau war er ein starker Raucher gewesen. Jetzt rauchte er bloß noch in jeder Woche ein einzige Lange (Virginier) Zigarre, aber nicht auf einmal, sondern in drei Abschnitten, nämlich ein Drittel davon am Sonntag, das zweite Drittel am Mittwoch und das dritte am Freitag. Zwar hielt er auch diesen Genuß für eine große Verschwendung, doch vermochte er trotz aller Anstrengung nicht davon loszuwerden. Was er für Wohnung und Lebensunterhalt ausgab, betrug nicht ein Viertel seiner Pension. Alles Erübrigte legte er in der Sparkasse an, aber nicht in einer, sondern zur Vorsicht in verschiedenen, so daß er nachgerade eine Bibliothek von Sparkassenbüchlein hatte. Auch besaß er ein Bankkonto in Innsbruck und eines in Wien. Zum Überfluß machte er noch einen Haupttreffer in der Dombaulotterie – 30.000 Gulden, stand in der Zeitung zu lesen. Der Fridolin war ohne Zweifel der reichste Mann in ganz Haneberg, und doch lebte er wie der mittelloseste Bettler. Oft fragten ihn die Leute, was er denn mit dem ungeheuer vielen Geld mache. Darauf antwortete er, was Geld sei, wisse er gar nicht, er habe keines. Wenn sie ihm aber seine Einnahmen und die Kapitalien vorrechneten, erklärte er, ein kluger, vorsichtiger Mann lege stets etwas zurück, damit er nicht in seinen alten Tagen blutt und bloß dastehe. Es könnten Ereignisse eintreffen, Mißwachs, Hungersnot, Krankheiten, Krieg und dergleichen, wo man froh sein müsse um einen kleinen Notbetrag. Er wollte unter keinen Umständen einmal der Gemeinde im Sack liegen und zur Last fallen. Im ganzen und großen war der Fridolin gesund, nur litt er an einem hartnäckigen Gelenksrheumatismus, doch ließ er es sich nicht im Traum einfallen, einen Arzt zu Rate zu ziehen. Aber eines Tages geschah ein großes Wunder, der Fridolin Frischauf machte Testament. Er schrieb es fein säuberlich und genau auf ein dickes, weißes Papier, war jedoch damit nicht zufrieden, sondern zog noch drei männliche Zeugen bei, zur Vorsicht, sagte er; denn es sei oft schon ein schriftliches Testament verlorengegangen, und nur durch mündliche Zeugschaft habe man die Gewähr voller Sicherheit. Das Testament war kurz und lautete:

»Ich ernenne zu meiner Universalerbin die Maria Stiegl, Eghamstochter in Haneberg, und vermache ihr mein sämtliches Vermögen, das nach meinem Tode vorhanden ist, mit Fundus instructus. Die Erbin wird aber verpflichtet, sobald sie das Erbe in Empfang genommen hat, tausend Gulden an die Ortsarmen abzugeben. Dieses Testament ist mein einziges und letztes und kann durch kein neues außer Kraft gesetzt oder verändert werden. – Fridolin Frischauf, Finanzrat i. R.«

Die drei Zeugen waren höchst verwundert über die Zuwendung des großen, schönes Erbes an die Eghamstochter, die dem Erblasser doch gänzlich fernstand. Dieser erklärte ihnen aber:

»Ich habe kein Weib und kein Kind, keine Kindeskinder, keine Kusinler und Kusininnen, überhaupt keinen gesetzmäßigen Erben bis ins vierte und zehnte Geschlecht. Meine Frau war die Firmpatin der Maria Stiegl. Diese ist arm und kann noch als die einzige gelten, die uns ein wenig nahesteht. Gerade meiner lieben verstorbenen Frau zu Ehren will ich der Eghamstochter die letzte große Patenkindsfreude machen.«

Die drei Zeugen waren der Gemeindevorsteher, der Bruggenwirt und der Schneidermeister Senftel. Ihnen band der Fridolin die strenge Verpflichtung auf, über den Inhalt seines Testamentes unverbrüchliche Verschwiegenheit zu wahren. Das versprachen ihm alle auf die Hand. Doch Schweigen ist Gold, Reden immerhin noch Silber. Der Senftelschneider verfertigte Mannsgewandungen, im Notfall auch Frauenkleider, und er selber hatte einen Kittel an. Dessen Säcke waren so schütter, daß sie auch das zarteste Geheimnis nicht festzuhalten vermochten, ohne daß es flüchtig wurde. Alsbald geschah es auch, daß dem Schneider das Wunder vom Testament des Fridolin samt Inhalt und Wortlaut entschlüpfte und in ganz Haneberg sich frei von Haus zu Haus herumtrieb. Und nachdem das Geheimnis schon an den Tag gekommen war, hielten auch die beiden anderen Zeugen nicht mehr dicht, sondern bestätigten notgedrungen die Tasachen, um den Schneider nicht als Lügner dastehen zu lassen. Der Fridolin schien über den Wortbruch der Testamentszeugen doch sehr ungehalten zu sein; doch mochte er den Lauf der Dinge vorhergesehen haben.

An einem der nächsten Tage rief er die Eghamstochter

Mariedl zu sich, las ihr das Testament vor, überreichte es ihr dann und sagte:

»Da Mariedl, nimm das Schriftstück und behalte es gut auf, damit es nicht verlorengeht. Es ist ein Geschenk deiner Firmpatin. Bleibe brav, werde eine gute christliche Hausfrau, so daß wir Ehre an dir erleben. Vorläufig erhältst du kein Geld; das verwalte ich noch selber. Nach meinem Tode gehört alles, was ich besitze, dir.«

Das Mädchen küßte dem Manne weinend die Hand und hörte nicht auf zu danken. Dieser unterbrach sie aber mit den Worten:

»Mir hast du gar nichts zu danken. Was ich getan habe, ist gern geschehen. Hoffentlich schlägt es zu deinem Glück aus. Gott behüte dich!«

Und er ließ das Mädchen zur Türe hinaus.

*

In der folgenden Zeit erhielt die Mariedl schon mehrere Heiratsanträge, die es glatt ablehnte.

Als der alte Rainerbauer, dem das Testament des Fridolin wie ein Triebradl im Kopf herumging, Kunde von Heiratswerbern an die Eghamstochter erhielt, litt es ihn nicht mehr länger. Er rief wieder Jörg, seinen älteren Sohn, zog ihn aber nicht in das hintere Stübchen, sondern in die obere Kammer, die eine Doppeltür hatte, und dort entwickelte sich folgendes Gespräch zwischen den beiden:

»Hast du gehört, wie es mit der Eghamstochter, der Mariedl steht?« fragte der Alte.

»Ja«, erwiderte der Junge, »sie ist steinreich geworden.«

»Und was tust du jetzt?«

»Nichts. Mich geht die Sache nichts an.«

»Du hast sie doch heiraten wollen.«

»Das ist vorüber.«

»Vorüber? Warum? Mag sie dich nicht mehr?«

»Ich hab sie nicht gefragt und frag sie nimmer.«

»Dann schnappt sie dir ein anderer vor der Nase weg, und du hast das Nachsehen, den Schaden.«

»Was für einen Schaden?«

»Das ungeheuer viele Geld, das sie erbt, geht dir verloren.«

»Mir geht kein Geld verloren, weil ich keines gesucht hab.«

»Du Esel! Wenn hunderttausend Gulden frei auf dem Wege liegen, klaubt sie der erste auf, der sie findet.«

»Ich klaub sie nicht auf, weil ich kein Geld, sondern ein Mädchen heirate.«

»Das Mädchen ist bei dem Geld dabei. Du mußt bloß nach der Hand des Mädchens greifen, dann hast du beides.«

»Ich will mir aber nicht mein Leben lang das Weibergeld unter die Nase reiben lassen.«

»Wir haben schon auch etwas. Wenn wir alles zusammenrechnen, was wir besitzen, mag es schon auch an die hunderttausend reichen. Das eine wiegt dann das andere auf.«

»Wir brauchen das fremde Geld überhaupt nicht.«

»Du Hornochs, es ist doch kein fremdes Geld! Was der Frau gehört, gehört auch dem Mann. Kein Mensch wird schließlich fragen, was wir brauchen, sondern was wir haben.«

»Alle Leute werden sagen, es sei kurios, daß just immer die großen Geldhaufen zusammenfinden.«

»Laß den Bach rauschen und die Leut plauschen. Die Hauptsache ist, daß du die Mariedl bekommst. Halt um ihre Hand an, aber schnell.«

»Das kann ich nicht, es ist unmöglich. Die Verhältnisse haben sich geändert.«

»Wieso geändert? Ah, jetzt kenn ich mich aus. Du bist ein weilwärtiger Mensch. Du hast schon wieder eine andere auf der Mucken.«

»Ich hab nie an eine andere gedacht.«

»Warum sollst du dann nicht mehr um sie werben?«

»Ich hab ihr vor einem halben Jahr abgesagt, das heißt, sie stehengelassen, weil sie kein Geld hatte. Wenn ich jetzt, wo sie steinreich ist, daherkomme und sie ums Heiraten bitte, kann sie nichts anderes glauben, als daß ich nicht sie, sondern bloß ihr Geld aufheiraten will. Dann gibt sie mir einen glatten Korb.«

»Das hat keine Gefahr. Du mußt nur hingehen, ihr schön tun, sie fragen, ob sie dich nicht mehr ein bißchen liebhat. Dann gibt ein Wort das andere, und es kommt alles in Ordnung.«

»Ich kann nicht, ich bring's nicht zuwege, ich tät' mich über die Ohren hinauf schämen, ich brächte kein Wort heraus.«

»Es ist aber notwendig, durchaus notwendig, es hat furchtbar Eile. Du mußt mit ihr reden, es gibt kein anderes Mittel.«

»Nein, ich bin nicht imstande. Aber es gäbe schon noch ein anderes Mittel. Es könnte statt meiner allenfalls ja der Vater die Werbung anbringen.«

»Du Stockstiefel! Es tu doch nicht ich heiraten, sondern du.«

»Das kommt aufs gleiche hinaus. Oft schon hat ein Vater um die Braut geworben für den Sohn. Ihr seid klug, wißt überall Rat, versteht schön zu reden; ich bin viel zu geschämig, zu linkisch, zu wortarm, ich tät' alles verpatzen.«

Der Alte schwieg und hielt eine Zeitlang den Kopf zwischen beiden Händen. Nach einer Weile sagte er kurz:

»Du kannst jetzt gehen. Ich werde nachdenken. Morgen oder übermorgen reden wir noch einmal über die Sache.«

Aber so lange vermochte der Alte nicht zu warten. Die Ungeduld, die Angst, die Sucht nach dem Geld trieben ihn, noch am selben Tag sich die reiche Schwiegertochter zu sichern. Er paßte eine Gelegenheit ab, mit dem Eghamsmädchen auf dem Weg allein zusammenzutreffen, was ihm unschwer gelang. Nach einem kurzen, gleichgültigen Gespräch begann er das Mädchen zu umschmeicheln, dick und dünn, lobte dessen Schönheit, Frömmigkeit, Arbeitslust und Wirtschaftlichkeit, dessen Verläßlichkeit, Tüchtigkeit in allen Zweigen. Und so rückte er denn langsam dem Ziel näher. Wenn er die Mariedl früher so gekannt hätte wie jetzt, wäre sie längst schon befreundet miteinander geworden, versicherte er. Als die Mariedl beharrlich schwieg, steigerte er sein Lob, erhob das Mädchen über alle Sterne des Himmels und ging dann mutig unmittelbar auf sein Ziel los. Jeder Bursch in Haneberg, das heißt jeder Besitzerssohn, erklärte er, müßte es sich als höchstes Glück schätzen, wenn er so ein Mädchen wie die Egham-Mariedl als Frau bekäme. Auch sein Sohn, der Jörg, habe, soviel er, der Vater, merke, eine stille, tiefe Neigung zu ihr gefaßt. Aber er sei ein etwas zugeknöpfter, redfauler, linkischer junger Mensch, der sich selbst niemals zu helfen wisse. Und erst jetzt, wo sie eine so reiche Erbin geworden sei, würde er es absolut nicht wagen, ihr näherzutreten und mit ihr zu sprechen. Da würden ihm die Worte im Hals zusammenstocken wie eine süße Milch im Essighafen. Zwar spiele das Geld bei ihnen, den Rainers, gar keine Rolle. Sie hätten selber schon auch etwas – Zeug und Sachen und klingendes Gut – aber auf Geld sei nie ihr Sinnen gerichtet gewesen, das Geld sei ihnen vollkommen gleichgültig, dem Jörg und namentlich ihm, dem Vater. Die Hauptsache wäre, daß zwei junge Menschen die Eigenschaften hätten, einander glücklich zu machen. – Um seine lange Rede endlich zu unterbrechen, fiel ihm das Mädchen ins Wort, indem sie sagte:

»Vater Rainer, das Ding nimmt sich ja geradeso aus, als ob Ihr mir einen Heiratsantrag stellen wolltet.«

»Ja und nein«, stotterte er; »ich wollte nur einmal schauen, wie du dich zur Sache verhalten würdest.«

»Da muß dein Sohn, der Jörg, schon selber kommen. Ihn geht es doch vor allem an.«

»Er ist ein Traumichnicht und fürchtet, daß er einen Korb bekomme.«

»Das wird sich schon finden. Wir müssen uns vorerst doch besser kennenlernen. Zu sprechen braucht er nicht viel, reden werde schon ich.«

»Gut. Sehr gut. Du bist das schönste, das liebste, das allerbeste Mädchen, das mir unter die Augen gefallen ist. – Der Jörg wird heute noch erscheinen.«

»Heute ist es nicht mehr nötig. Vielleicht morgen, übermorgen oder einmal in der Woche.«

Der Jörg kam am nächsten Tag gegen Abend. Als er und die Mariedl sich gegenüberstanden, lachten sie einander hellauf ins Gesicht. Hatten sie doch ehedem schon die ganze Angelegenheit gründlich besprochen und die Heirat vereinbart. Dem Jörg war bloß darum zu tun gewesen, den Vater als seinen Brautwerber einzustellen, um späterhin für allenfallsige Zukömmlichkeiten einen guten Trumpf in der Hand zu haben.

»Was hat dir dein Vater von mir berichtet?« fragte die Mariedl neugierig.

»Du hast ihm über alle Maßen gefallen«, erwiderte der Jörg; »er ist ganz begeistert für dich. Eine schönere und bessere Schwiegertochter könnte er sich gar nicht wünschen, sagte er. Daß ich von dir das Jawort erhalte, daran zweifelte er nicht im mindesten. Er hat mir auch dreihundert Gulden gegeben, die ich dir einhändigen soll. Du werdest zur Zeit kaum die Mittel in der Hand haben, um dir alles Nötige anzuschaffen.«

»Um Gottes willen, soviel Geld! Wofür denn?«

»Du mußt doch ein sehr schönes Brautkleid haben und vieles andere, was sich für die Heirat einer zukünftigen Großbäuerin ziemt.«

272

»Ich habe gemeint, dein Vater sei gei . . ., heißt das, sehr sparsam und lasse ungern ein Geld her.«

»Geizig oder übermäßig sparsam ist er durchaus nicht. Er schaut hauptsächlich auf große Einkünfte in Handel und Wandel. Im kleinen wirft er das Geld oft hinaus. Er will sich sehen lassen und den Leuten zeigen, daß wir etwas haben und nicht auf der Krautsuppe dahergeschwommen sind.«

»Mit mir ist er recht nett und freundlich gewesen.«

»Er ist ein guter Mann und sorgt bestens für uns alle. Nur muß man sich hie und da, soweit es erlaubt ist, ein bißchen wehren, weil er einen harten Kopf hat.«

»Einen ganz weichen Kopf hast du auch nicht«, sagte das Mädchen schelmisch lächelnd.

»Hehehe«, kicherte er, »wenn wir zwei einmal zusammengehören, werden wir schon daraufkommen, wer den weicheren oder härteren Kopf hat, ich oder du.«

»Ich hab nie einen Kopf aufgesetzt.«

»Ich auch nicht – bloß einmal gegen den Vater, und das geschah deinetwegen.«

»Auf den Kopf kommt es gar nicht einmal an, sondern aufs Herz, daß man einander gern hat.«

»Mein Herz pumpert vor lauter Lieb' wie ein Gerstenstampf. Wenn du die Ohren aufmachst, kannst du es hören.«

»Und das meinige brennt so hellauf, daß es sicher das deinige schon angezündet hat – paß nur auf.«

Sie lachten einander glücklich an. Nach einer Weile fragte das Mädchen:

»Jörg, wann machen wir denn Ernst?«

»Sobald es dir recht ist, mein Lieb.«

»Je schneller, je lieber.«

»Gut, dann gehen wir nächste Woche zum Pfarrer, und spätestens in drei Wochen lassen wir es zusammenläuten.«

So geschah es auch. Am Dienstag nach Sankt-Peters-Tag gab es in Haneberg eine prunkvolle Hochzeit. Die Mariedl war nicht nur schön, sondern trug auch ein so wundervolles, fast kostbares Kleid und funkelnde goldene Ohrringlein, daß aller Augen an ihr haften blieben. Ohrringe hatte man bis jetzt nie welche an ihr gesehen. Am Dorfplatz spielte die Musikkapelle, und beim Hochzeitsamt sang der verstärkte Kirchenchor, in einemfort donnerten die Böller. Den Herrn Fridolin hatte man zur Hochzeit eingeladen, doch entschuldigte er sich, daß er nicht kommen könne, weil er kein Brautgeschenk habe und in keinem Laden ein entsprechendes zu erhalten gewesen sei. Die Hochzeitstafel war jedoch mehr als voll besetzt. So viele Gäste wie bei diesem Brautmahl hatte man in Haneberg noch nie gesehen. Das Essen war so reichhaltig und köstlich, daß auch das üppigste Kirchtagsmahl sich mit ihm nicht hätte messen können; der Wein floß in Strömen. Die ganze Festlichkeit mit Um und Auf hatte der alte Rainer so haben wollen. Von ihm wurde alles bestellt und bezahlt. Nach dem Mahl ging auch der »Tamische Hansi« (tanznärrisch) rundum und um. Es machte einigen Lärm, hielt aber nicht lange an, weil die Braut nicht tanzen konnte. Vor Anbruch der Nacht gingen die Neuvermählten, gefolgt von ihren Angehörigen, nach Hause. Daheim in ihrem Zimmer umarmten und küßten sich die beiden das erste Mal.

274

Es verflossen drei Jahre. Mariedl, die Jungbäuerin, hatte sich am Rainerhof voll eingelebt. Sie ging der Schwiegermutter kräftig an die Hand, bat sie in allen Dingen um Rat und Weisung, griff dann klug und flink zu und arbeitete unermüdlich wie eine Dienstmagd. Jede Handarbeit – Nähen, Stricken, Bügeln usw. – hatte sie trefflich los, verstand gut zu kochen und sparsam zu wirtschaften. Immer war sie frisch und heiter, keinem ehrlichen Spaß abhold. Mit allen Leuten, auch den Dienstboten, verkehrte sie freundlich, erhob keine Ansprüche und ließ niemals durch ein Wort oder ein Zeichen merken, daß sie sich auf ihren zu erwartenden großen Reichtum etwas einbilde. Daß ihr Mann sie vergötterte, war verständlich; aber auch der Schwiegervater schaute ihrem Tun und Lassen mit sichtlichem Wohlgefallen zu, und die Schwiegermutter hegte fast eine Liebe zu ihr, als wäre sie nichts anderes als ihre leibliche Tochter. Wenn die Junge einmal Geschäfte halber einen Tag lang fortbleiben mußte, wurde sie von allen vermißt. Vor zwei Jahren war ein herziges Englein zum offenen Fenster hereingeflattert, hatte sich ohne Umstände in eine längst schon vorbereitete Wiege gelegt und auf den Namen Jörgele taufen lassen. Die jungen Eltern hatten eine Riesenfreude an dem Sprößling. Dieser entwickelte mit zwei Jahren schon ein solch lebhaftes Wesen, daß er immerfort überwacht werden mußte. Die Wache übernahmen zum großen Teil die Großeltern, die in das Büblein schier abgöttisch vernarrt waren. Da trat nun ein Ereignis ein, das sich traurig, zugleich aber auch höchst lustig auswirkte.

Der große Erblasser, Herr Fridolin Frischauf, litt mehr

und mehr an seinem hartnäckigen Gelenksrheumatismus, der schon einige eher schwere Herzanfälle zur Folge gehabt hatte. Auf den Rat eines geistlichen Freundes begab er sich nach Brixen, wo er bei den Kreuzschwestern eine Unterkunft fand und mehrere Monate lang betreut und sorgsam gepflegt wurde. Vor zwei Wochen kehrte er nach Haneberg zurück, im Glauben, daß er ganz oder wenigstens halb geheilt sei. Daheim verschlimmerte sich das Übel wieder, die Herzanfälle nahmen zu, so daß er das Bett hüten mußte. Die alte Bäuerin vom Meißlhof, wo er seine Wohnung hatte, pflegte ihn, so gut sie es vermochte. Weil ihr sein Zustand nicht gefiel, drängte sie darauf, den Doktor kommen zu lassen. Nur ungern, aber notgedrungen, gab es der Kranke schließlich zu. Der Doktor stellte einen außergewöhnlichen Kräfteverfall fest, der unheilbar sei und jeden Tag das Ende herbeiführen könne. Nun empfing der Kranke mit großer Andacht die Sterbesakramente und dreimal noch die heilige Kommunion. Am vierten Tag starb er gottergeben eines ruhigen, seligen Todes. Vorher hatte er noch der Meißlbäuerin für die Pflege seine eben eingetroffene Monatspension übergeben und dazu fünfzehn Gulden mit dem Auftrag, ihm ein einfaches, sehr einfaches Begräbnis anzuschaffen. Damit war aber der alte Rainerbauer nicht einverstanden. Er veranstaltete ein so großartiges Begräbnis, wie es nur für ein solches der reichsten Besitzer Brauch war.

Merkwürdigerweise nahmen an dem Leichenbegängnis und den Sterbegottesdiensten mehr Menschen teil, als man in Haneberg je gesehen hatte. Am selben Tage noch erschien beim Meißlbauern in der Wohnung des Fridolin eine Gerichtskommission, um das Vermögen des Dahingeschiedenen sicherzustellen. Die Kommission fand aber an Geld und Geldeswert nichts, gar nichts, keine Gulden, keine Sechser, keinen Vierer, keinen Kreuzer, keinen Knopf, kein Haftel, Null Komma nix 0,0. Nur ein Sparkassenbüchlein lag vor, vollgeschrieben mit größeren und kleineren Einlagen, aber alle waren gelöscht, das heißt, abgehoben, die letzte vor einem Monat – also auch hier Null Komma nix. Der Fundus instructus bestand aus einem alten, löcherigen Regendach und einer halbblinden Augenbrille. Nirgends fand man einen Schuldschein oder eine Quittung oder die geringste Aufschreibung über Guthaben oder Verpflichtungen. Was konnte man noch suchen? Nullum – nichts. Der Befund erregte ungeheures Aufsehen. Stand es doch fest und sicher, daß der Fridolin ein sehr großes Vermögen besessen hatte. Mit Windeseile verbreitete sich die Nachricht von der überraschenden Sachlage in ganz Haneberg und setzte tausend Zungen in Bewegung. Der alte Rainer zwinkerte fieberhaft bald mit dem rechten, bald mit dem linken Auge, was er immer tat, wenn ihm ein Geschäft über die Achsel gerutscht war, die Mariedl ließ ihren Kopf hängen, Jörg, der Jungbauer, lachte aber hellauf. Den Alten litt es nicht zu Hause. Er stellte Nachforschungen in der Umgebung an, ohne Erfolg. Wo mochte das Geld verkappt liegen? Gefressen konnte es der Geizhals nicht haben, auch nicht in den Bach geworfen, vielleicht aber vergraben, weil er es nicht mitnehmen konnte. Doch waren immerhin noch weitere Untersuchungen nötig. Der Rainer begab sich auf Reisen. In Innsbruck, in Brixen, in Bozen, in Wien entdeckte er in Sparkassen und Banken bedeutende Einlagen und Konten des Fridolin Frischauf, aber alle Beträge waren abgehoben, vollkommen ausgeschöpft. Verdrossen, enttäuscht kehrte der Sucher nach Hause zurück. Dort waren aber schon Stimmen laut geworden, daß Langfinger das Kapitaliennest aufgestöbert und die goldenen Eier mochten eingesackelt haben. Schon wurden einzelne Namen leise genannt. Da griff die Polizei ein, stellte Verhöre an, verhaftete sogar zwei, drei anrüchige Burschen, mußte sie jedoch wieder freilassen, weil gegen sie keine festen Schuldbeweise zu ermitteln waren. Der Bezirksrichter unternahm einen letzten Schritt. Er ließ in den Zeitungen einen Aufruf erscheinen, worin er den Sachverhalt kurz erläuterte und alle Personen, die irgendwelche Auskunft über das verschollene Vermögen des pensionierten Finanzrates Fridolin Frischauf geben könnten, dringend bat, sich zu melden. Es sei durchaus notwendig, um Menschen, die unschuldig sein mochten, vom Verdacht zu entlasten und vor gerichtlichen Schritten zu sichern.

Das hatte Erfolg. Nach vierzehn Tagen meldete sich ein Waisenhaus in Laibach und gab bekannt, vom genannten Finanzrat Frischauf ein Geschenk von 2000 Gulden erhalten zu haben, und ein Unterstützungsverein für afrikanische Missionen meldete die Schenkung von 4000 Gulden. Schließlich teilte eine kirchliche Behörde in Wien mit, daß der Herr Fridolin Frischauf in einem großen Wiener Außenbezirk den Bau einer Notkirche veranlaßt und die Kosten vollständig aus seinen Mitteln bestritten habe. Auch sei vor sechs Monaten noch von ihm eine Schenkung von 1000 Gulden eingetroffen für eine zweite

Notkirche mit dem Versprechen, sobald es ihm irgend möglich sei, weitere Beträge folgen zu lassen.

Nun lag alles klar zu Tage. In Haneberg kannten das Staunen und die Bewunderung für den außerordentlichen Mann keine Grenzen. Sein Gehaben und Gebaren waren doch mehr als heldenhaft. Mit sich selber hatte er aufs äußerste gegeizt und sich das fürs Leben fast Unentbehrliche versagt, um Werken der Barmherzigkeit und Frömmigkeit allerreichlichst zu helfen. Daß er in Haneberg und Umgebung nichts verschenkte, durfte kaum wundernehmen. Offenbar wollte er daheim seinen Ruf als Geizhals retten, um beim Herrgott nicht in Verruf zu kommen, wenn durch Menschenlob sein Verdienst geschmälert würde. Aber was hatte es für eine Bewandtnis mit seinem Testament an die Egham-Mariedl, jetzt Jungbäuerin auf dem Rainerhof? Auch das war nicht unschwer zu enträtseln. Er hatte vernommen, daß der Heirat des Rainer Jörg mit der Eghamstochter einzig das unüberwindliche Hindernis der Armut des Mädchens entgegenstehe. Und doch war die Mariedl eine sehr geschickte, arbeitsame, sittlich reine, fromme Jungfrau, zudem das Patenkind seiner geliebten Frau. Und der Jörg war ein rechtlicher, biederer, religiöser Jungmann. Wenn die Ehe zwischen beiden zustande kam, mochte zweifellos der Aufbau einer neuen, braven, christlichen Familie gesichert erscheinen. Durch die testamentarische Zuwendung seines Vermögens an die Eghamstochter konnte das Ehehindernis beseitigt werden, und die zwei jungen Leute fanden ihr Glück. Einigermaßen spielte bei der Sache auch der Humor des Fridolin mit. Er war ein Schlauch, und es kitzelte ihn das Vergnügen, die Leute ein wenig zu narren und der ganzen Gemeinde nach seinem Tode noch einen Spaß zu bereiten. Einen Schaden erlitt niemand dabei. Er selbst wußte sicher und hatte es schon vorausbestimmt, daß nach seinem Tode vom ganzen großen Vermögen kein Schnepf mehr vorhanden sei. Damit verfiel das Testament samt all seinen Bestimmungen. Die Rainerischen aber hatten Besitz und Geld genug, so daß sie die Enttäuschung leicht verschmerzen konnten.

Seinen Zweck mit dem Testament hatte der Fridolin vollkommen erreicht. Am Rainerhof wuchs eine neue glückliche, brave Familie heran, und in ganz Haneberg wurde viele Wochen lang über den Streich des toten vermeintlichen Geizhalses gelacht. Etwas gedrückt und traurig war die Jungbäuerin Mariedl. Der Jörg umarmte sie aber und sagte lachend:

»Du Narrl, du hast ja nichts verloren, weil du nichts in der Hand gehabt hast. Und mir bist du jetzt, frei und ungebunden, zehnmal, wenn möglich, noch lieber, als wenn du einen schweren Geldsack hinter dir herschleppen müßtest. Alle Leute wissen und werden es von jetzt an noch klarer sehen, daß ich dich und kein Geld geheiratet habe.«

Dem Vater gegenüber heckte der Jörg spaßhalber ein anderes Schanzl ein. Eines Abends sagte er zu dem Alten:

»Vater, jetzt haben wir die Wassersuppe.«

»Was für eine Wassersuppe?« tat der Alte unwirsch.

»Ja – wohl die hunderttausend Gulden, fitsch, futsch.«

»Dafür hast du eine gute Frau – die Mariedl.«

»Die aber kein Geld hat.«

»Früher hast du immer aufs Geld gepfiffen.«

»Früher ja. Wenn man älter ist, wird man gescheiter. Man sollte doch eine mit Geld heiraten.«

»Dann hättest du dich um eine andere umschauen sollen.«

»Ich hab mich um gar keine umgeschaut. Um die Mariedl geworben habt Ihr, Vater, nicht ich.«

»Ja, ja, weil du ein Teigaff bist und kein Maul aufgebracht hast. Reut dich etwa jetzt der Handel?«

»Mich reut er nicht; aber Euch, Vater, wird er reuen.«

»Warum mich?«

»Weil ich mir denke, es wird Euch furchtbar leid tun, daß Ihr statt um die Mariedl nicht um die Stolltochter Ursula geworben habt, die sichere fünfzehntausend Gulden ins Haus gebracht hätte.«

»Du Heuochs, auf lächerliche fünfzehntausend Gulden steht der alte Rainer niemals an. Übrigens ist mir die Mariedl recht in jeder Weise. Ich wüßte mir keine bessere Schwiegertochter und wünsch mir keine andere. Hast du dich über sie zu beklagen?«

»Nicht im mindesten, im Gegenteil! Die Mariedl ist mir lieb und wert; aber fünfzehntausend Gulden sind nicht überall aufzuklauben.«

»Du hast überhaupt nirgendwo etwas aufzuklauben. Herr im Hause bin ich, und solang ich lebe, gehört alles mir. Was dir gehört, mit dem kannst du dir eine Brennsuppe kaufen.«

»Eine Brennsuppe ist besser als eine Wassersuppe.«

»So, so? Grasaff, du grüner! Wenn du mich fexen willst, bist du zu spät aufgestanden. Und bild dir ja nicht ein, daß ich dir von heut auf morgen das ganze Gröstl überlasse.«

Mit diesen Worten ging der Alte erzürnt davon. Er hegte den Argwohn, der Jörg wolle es erzwingen, ihm das volle Hofwesen abzutreten. Da aber der Sohn einen solchen Anspruch nicht erhob und die Schwiegertochter immer gleich freundlich und liebenswürdig blieb, wurde die Verstimmung des Vaters rasch behoben.

Wenn im Gasthaus schadenfrohe Menschen den alten Rainer ob der ihm enthuschten Erbschaft neckten, versicherte er im Brustton der Aufrichtigkeit:

»Auf das närrische Geld hab ich niemals gespitzt, im tiefsten Herzwinkel nicht, sondern einzig auf die schöne, brave, tüchtige Schwiegertochter! Einen Zuschuß von Geld haben und hatten wir niemals nötig. Die Mariedl ist in ihrem kleinen Finger allein mehr wert als hunderttausend Gulden.«

FÜNF KILO ZUWAAGE

Der Tomanbauer in Ulmen hatte eine stattliche Reihe braunschwarzer Speckseiten nebst einem Rahmen voll geräucherter Würste in seinem Gaden hängen. Da das Fenster zum Gaden allzeit offenstand, guckten die Selchwaren recht verführerisch auf die Straße hinab und zogen manchem Vorübergehenden das Wasser im Munde zusammen. Noch lockender war der köstliche Duft, den die Fleischkammer ausströmte. Dieser Duft übte auf Lenzl, des Nachbars Maxen Kleinknecht, eine um so größere Gewalt aus, als der Lenzl von jeher ein Leckermaul war, das seine großen, weißen Zähne gern in fremde Brocken grub. Immer stärker wurde die Versuchung, der Lenzl konnte nicht mehr widerstehen, und in rabenschwarzer Mitternacht kletterte er vom Garten zur Fleischkammer des Nachbars hinauf, um einige der reizendsten Henkel aus ihrem finsteren Kerker zu erlösen. Aber der Tomanbauer hatte einen leichten Schlaf. Schon das Rascheln an der Mauer weckte ihn, und als er nun ein Knacken im Gaden vernahm, sprang er jäh aus dem Bette, schoß in seine Kleider, nahm die doppelläufige Büchse von der Wand, rannte die Stiege hinab und durch die Haustüre ins Freie, um dem Schelm den Rückweg abzuschneiden. Allein dieser hatte auch Wind bekommen und befand sich schon auf der Flucht. Als der Toman um das Hauseck bog, sah er einen Schatten über den Garten huschen.

»Halt, stehenbleiben, sonst schieß ich!« rief er gebiete-risch, zugleich feuerte er einen Büchsenlauf in die Höhe. Drüben an der Gartenmauer tat es einen leisen Schrei, die Sträucher rauschten, und ein schwarzer Knollen haspelte über die Markung. Als der Toman sich dem Platze näher-te, fand er einen Sack, der mit Würsten, Speck und Fleischhenkeln vollgestopft war, und neben dem Sack ei-nen Hut. Offenbar hatte der Dieb beim mühsamen Über-klettern der Mauer, durch den Schuß erschreckt, seine Beute fallen lassen, und der Hut war ihm von den Schleh-dornzweigen abgestreift worden. Der Tomanbauer trug die gefundenen Sachen in die Stube, dort machte er Licht und erkannte den schäbigen Hut mit dem aufgesteckten Eichhornschweif unfehlbar als dem Lenzl, Nachbars Knechtlein, gehörig; der Sack mit den eingeschoppten Fleischstücken war ein Polsterüberzug der an seinen rot eingemärkelten Buchstaben sich als Nachbar Maxens Ei-gentum auswies. Lachend verschloß der Toman die ge-fundenen Dinge in einem Kasten, dann ging er wieder zu Bett und dachte nach, wie er die Schelmerei ahnden könnte. Alsbald blitzte ein köstlicher Einfall durch seinen grauen Kopf, und lachend schlief der Alte wieder ein.

Am nächsten Morgen rief der Toman den Maxenbauer, zeigte ihm den nächtlichen Fund und sagte:

»Du, Philipp, sei so gut, tu deinem Knecht Lenzl zu wissen, er möge die verlorenen Sachen schnell bei mir holen, sonst trag ich sie nach Angermarkt hinab und lasse ihm dieselben durch das Bezirksgericht einhändigen.«

Ergrimmt rannte der Max nach Hause, ließ ein fürch-terliches Blitz- und Donnerwetter über das Knechtlein

ergehen und richtete ihm zum Schlusse getreulich die
Post des Toman aus.

Den ganzen Tag wartete dieser vergebens auf den
Lenzl, erst spät am Abend rückte das Knechtlein an. Auf
den Zehenspitzen kam er dahergeschlichen und pochte
leise an die Türe. Der Toman selber machte ihm auf und
grüßte laut:

»Ah, guten Abend, Lenzl, bist du wohl da? Geh nur

herein in die Stube, wir wollen unsern Handel in aller Liebe und Freundschaft ausmachen.«

Auf dem Stubentisch lag der Polsterüberzug mit den Fleischwaren.

»Schau, Lenzl«, sprach der Toman süßfreundlich, »diesen Sack mit Inhalt hab ich letzte Nacht in meinem Garten gefunden, nebst einem grauen Hut, auf dem ein Eichhornschweifl steckt. Ist dir vielleicht bekannt, wer die Dinger verloren haben möcht'?«

Das Knechtlein stand trotzig da, ohne ein Wort zu sagen.

»Schau, auf der Polsterüberziehe steht der Name des Maxenbauers rot ausgenäht: Ph. M., das heißt Philipp Murner«, fuhr der Toman fort, »dein Schaffer hat auch bereits erklärt, daß die Ziehe ihm gehört, und den grauen Lumpenhut mit dem Eichhornschweif kennt jedes Kind in der Gemeinde. Es handelt sich gerade darum, ob wir das Eigentumsrecht an den Dingen müssen behördlich feststellen lassen.«

»Bitt' schön, gebt mir die Sachen«, flehte das Knechtlein.

»Freilich geben, freilich, ich behalt kein fremdes Eigentum! Gottlob wissen wir jetzt, daß die Gegenstände dir gehören!« lächelte der Alte; »aber mit dem Inhalt da in der Polsterziehe hast du dich schwer strapazieren müssen, und dafür gebührt dir ein Lohn. Es fragt sich bloß, ob du kurzerhand von mir eine Bezahlung annimmst oder ob ich sie dir vom Gericht soll überweisen lassen.«

»Die Fleischsachen sind ja alle da, ich hab Euch keinen Schaden gemacht«, verteidigte sich der Lenzl.

»Schaden hast du mir keinen gemacht, aber den guten Willen dazu hast du gehabt, und viele Mühe hast aufgewendet; der gute Wille und die Arbeit müssen bezahlt werden, das tu ich nicht anders«, bestand schmunzelnd der Toman; »wir wollen den Sack mit dem Fleisch jetzt wägen, damit ich haargenau sehe, wieviel Lohn dir rechtens zukommt.«

Er befestigte die Eisenwaage am Ständer, hakte den Fleischsack ein, regelte das Gewicht und las die Ziffer ab.

»Fünf Kilo wiegt der Pantsch, abgestrichen fünf Kilo«, sagte er tückisch, »und genau fünf Kilo bezahle ich in gangbarer Münze, wenn du zufrieden bist . . . Leg dich grad her auf die Bank; ich will die Sache schnell begleichen, dann sind wir quitt, und niemand hat einen Grund zur Nachrede.«

Mit diesen Worten zog er ein hagebuchenes Stöcklein hinter dem Spiegel hervor und ließ es mehrmals durch die Luft sausen. Als das Knechtlein merkte, daß der Handel sich auf eine gemeine Wichserei zuspitzte, bäumte er sich zornig auf und protestierte:

»Ich laß mich nicht hauen, um alles in der Welt laß ich mich nicht hauen!«

»Auch recht«, sagte der Toman gelassen, indem er das Stöcklein wieder hinter den Spiegel schob, »dann haben wir beide nichts mehr auszumachen. Ich trag die Schmuggelware auf das Bezirksgericht in Angermarkt, und du kannst dich vom Gericht auszahlen lassen; kommst dort auch besser zu, denn auf eine Woche Dunkelarrest für jedes Kilo darfst du rechnen. Macht in summa fünf Wochen Kerkerhaft, und dabei hast du Zeit nachzuden-

ken, was die Leute über deine böhmischen Künste sprechen.«

»Habt Erbarmen«, jammerte das Knechtlein, »ich tu's
gewiß nimmer.«

»Ich tu's auch nimmer, sobald du deinen Lohn hast«,
versicherte der Toman: »Es ist kein Spaß, solch schwere
Münze auszugeben.«

Nach vielem Drehen und Sperren streckte sich das
Knechtlein endlich auf die Bank hin, mit der Schattenseite
nach oben, und flehte:

»Macht's gnädig, lieber Toman, macht's gnädig!«

»Freilich gnädig«, erwiderte dieser, »ich zahl dir akkurat, was du verdient hast.«

Zugleich holte er weit aus und ließ das Stäblein pfündig
auf Lenzls hinteres Kronland niederfallen.

Klatsch – machte es, und der Toman zählte laut:

»Ein Kilo!«

Wiederum – klatsch – und

»Zwei Kilo!« zählte der Toman.

Schon beim ersten Schlag hatte das Knechtlein angefangen zu singen, beim zweiten sprang es jäh in die Höhe
und lärmte:

»Es ist furchtbar … schrecklich! … Ihr haut zentner-
weis … ich krieg zuviel!«

»Oha, Mandl«, lachte der Toman, »diese Münzen wie-
gen just ein Kilo, nicht mehr. Zwei hast du empfangen; tu
dich nicht zieren, und nimm auch die übrigen, ich laß mir
nichts schenken.«

»Und ich laß mich nicht weiter hauen, ich bin mehr als
genug bestraft.«

»Auch recht; dann hast du zwei Kilo umsonst bekommen, und das Gericht zahlt dich noch für alle fünf Kilo aus.«

Es gab ein langes Spreizen und Handeln, dann legte sich das Knechtlein mit einem Seufzer abermals auf die Bank.

»Jetzt hab ich vergessen, wieviel du schon empfangen hast«, sagte der Toman, »ich glaube, ein Kilo.«

»Nein, nein, zwei Kilo hab ich erhalten«, schrie das Knechtlein.

»Schau, Lenzl, du verstehst gut zu merken, ich hätt's nicht mehr gewußt!« kicherte der Toman; »von jetzt an zählst du aber selber, denn ich hab ein schlechtes Gedächtnis und tu mich gern verrechnen.«

Und wiederum prasselte der Stock auf Lenzls Hintergau – klatsch.

»Zähl!« schrie der Bauer.

»Drei Kilo! – Aaah . . .« stöhnte das Knechtlein.

Klatsch.

»Vier Kilo! – ooh, oooh«, winselte der Lenzl.

Klatsch.

»Fünf Kilo! – oeh – oeh – oeh – oeeh!« brüllte das Knechtlein, dann schnellte es von der Bank auf und hielt sich jammernd beide Hände an die Stelle, mit welcher es die Zahlung eingenommen hatte.

»Von Rechts wegen sollte ich dir noch ein Trinkgeld ausfolgen«, äußerte der Toman, »denn du hast Nachtschicht gemacht, und solche ist teuer.«

»Um Gottes willen, Nachbar, laßt's gut sein«, bat der Lenzl, »ich hab genug erhalten.«

»Wenn du zufrieden bist, tust du mir schön danken, auf daß nicht hinterdrein das Gered' umgeht, ich hätt' dich zu kurz kommen lassen.«

»Vergelt's Gott, Nachbar, zu tausendmal!«

»Recht, recht – ist gern geschehen, Lenzl!«

Nun sperrte der Toman den Kasten auf und nahm aus demselben Lenzls Hut. Die Fleischwaren leerte er aus dem Sack auf den Tisch. Dann reichte er mit einem feinen Lächeln dem Knechtlein Hut und Polsterüberzug, indem er erklärte:

»So, jetzt ist die Rechnung ein für allemal beglichen; wenn du reinen Mund hältst, erfragt kein Mensch etwas von der Geschichte.«

Kopfhängend und leise wimmernd torkelte der Lenzl aus dem Hause. Die Kur hat ihm aber gut angeschlagen, denn von dieser Stunde an wurde ihm die Adamsgabel nie mehr zu lang, und er hat die böhmische Kunst gänzlich verlernt.

Einer mit Geld

Na, das gibt's nicht. Ein jeder Hungerleider und Lotterbauer kriegt meine Tochter mit dem schönen Hof nicht. Da muß mir einer schon fünf blanke Tausender auf den Tisch legen, wenn er das Madl haben will – ja, das muß er, und sonst gibt's keine Würsteln!«

So brodelte der reiche Helmbauer von Breitegg allemal, sooft sich ein neuer Bewerber um sein einziges Kind, die Erbtochter Gretl, einstellte. Die Tausender waren aber in Breitegg sehr dünn gesät, und darum blieben die Freier bald ganz aus. Nur ein einziger verlor den Mut nicht, der Besenbinder-Karl, ein armer Hascher hinten und vorn, der noch nie einen ganzen Zehner im Vermögen gehabt, dafür aber einen hellen Kopf und Kurasche für zwanzig besaß. – Dem Mutigen ist das Glück hold, und wer das Glück hat, führt die Braut heim.

Eines schönen Tages war der Karl droben auf dem Berg, um Besenruten zu schneiden, und stand just hinter dem Zaun der langen Waldwiese, die dem Helmbauer gehörte. Da sah er plötzlich den Helmbauer mit einem schweren Sack auf dem Rücken und mit einem Pickel in der Hand daherkommen. Der alte Graukopf blieb fortwährend stehen und spähte wie ein Fuchs zwischen die Büsche und Sträucher. Das kam dem Besenbinder verdächtig vor; er legte sich der Länge nach im Buschwerk nieder, um nicht gesehen zu werden, aber doch so, daß er den Alten genau beobachten konnte. Dieser suchte eine

Zeitlang herum, endlich schien er den richtigen Platz gefunden zu haben – es war ein Steingeröll unter einem hohen Lärchenbaum. Er räumte die Steine schnell weg, grub mit seinem Pickel ein tiefes Loch – spähte angelegentlich nach allen Richtungen – und tat dann seinen Sack auf, in dem ein bauchiger Hafen zum Vorschein kam. Den Hafen senkte er in das Loch, schichtete die Erde darauf, und darüber die Steine ganz in derselben Lage, die sie früher gehabt hatten. Dann wischte er sich den Schweiß von der Stirne, spähte abermals scharf umher und schlich wie ein Dieb davon. Der Besenbinder-Karl blieb noch gut eine halbe Stunde zwischen den Sträuchern liegen, dann erhob er sich vorsichtig, spähte ebenfalls umher, und als er die Luft vollkommen rein fand, schritt er rasch zur Untersuchung, was für Tote der Helmbauer unter der Lärche begraben habe. Das Loch war bald wieder aufgemacht, der Hafen kam zum Vorschein und – Himmelherrschaft! – er war gestrichen voll Silbertaler.

Warum der Helmbauer einen solchen Schatz von Silbergeld da heroben vergrub, wußte sich der Besenbinder gut zu erklären. Der Helmer hatte eine tiefgewurzelte Abneigung gegen alles Papiergeld; denn Banknoten sind nur Schuldscheine des Kaisers, und der Kaiser kann leicht »pfnatschen« (bankrott gehen). Darum wechselte der alte Geldfuchs alle Banknoten jeweils in Silbertaler um. Diese vertraute er aber keineswegs einer Sparkasse an, sondern hütete sie daheim in einer eisenbeschlagenen Kiste. Sparkassen sind nur Versuchsanstalten für Langfinger, meinte er. Nun war aber letzte Woche beim Krämer im Dorf eingebrochen worden, und das versetzte den Helmer so in Schrecken, daß er seinen Schatz im Hause nicht mehr sicher hatte und er kein anderes Mittel wußte, als ihn in der Waldwiese zu vergraben.

»Hahaha«, lachte der Karl, »solch silberne Roller dürften nicht tot im Grabe liegen, sie müssen auferstehen, arbeiten und Früchte tragen. Ich wüßte einen feinen Handel – alles in Ehren.«

In der folgenden Nacht behob der Besenbinder auch den Schatz, und zwei Tage nachher wechselte er die schweren Taler auf der Bank in X. in sechzig papierene Hunderter um. – Eine Woche später stand der Karl auch schon festlich gekleidet in des Helmbauers Stube und warb in aller Form um die Gretl.

»Ja, was meinst denn«, schnaubte der Bauer, »so einem Menschen, der auf der Brennsuppe daherschwimmt, geb ich meine Tochter? Das muß einer mit Geld sein.«

»Ist auch einer!« tat der Karl stolz.

»Ja, wo denn? Auf dem Besenstiel?«

»Nein, Helmbauer, unterm Rockfutter!«

Mit diesen Worten lüpfte der Besenbinder seine Brieftasche und zählte die großen Banknoten auf den Tisch. Der Bauer riß die Augen auf und fragte:

»Um's Himmels willen, Karl, wo hast du das viele Geld her?«

»Wohl aus meiner Brieftasche.«

»Hast du's geliehen? Hast du Verpflichtungen darauf?«

»Gar keine andern, als deine Tochter zu heiraten.«

»Und was willst du mit dem Geld anfangen?«

»Ich stelle es dir zur freien Verfügung – aber erst am

Tage nach der Hochzeit, wenn ich deine Tochter geheiratet hab. Kannst mit dem Kapital nachher machen, was du willst. Es gehört dir.«

Dem geizigen Bauer stach das Geld scharf in die Augen, und je länger er es anschaute, desto höher stieg seine Begierde. Wenn er es nur behalten durfte, die Herkunft war ihm gleichgültig.

»Karl, man wird aber mit dem Geld wohl gewiß keine Ungelegenheiten bekommen?« fragte er ängstlich.

»Nicht die mindesten«, versicherte der Besenbinder, »wenn nur du keine machst.«

Er mache schon ganz gewiß keine, beteuerte der Alte und rief dann die Gretl. Die Gretl machte noch weniger Schwierigkeiten, denn sie hätte längst schon gerne geheiratet, und den Besenbinder-Karl mochte sie besonders gut leiden.

So wurde denn der Bund geschlossen. Vierzehn Tage später war große Hochzeit. Die Leute schüttelten ihre Köpfe, der Helmbauer sagte nicht viel, aber lächelte pfiffig vor sich hin – noch pfiffiger lächelte Karl, der Bräutigam.

Am Tage nach der Hochzeit übergab der junge Ehemann die sechzig Hunderter seinem Schwiegervater zur freien Verfügung. Zwei Tage später rannte der Helmbauer in die Stadt hinaus auf die Bank, um das Papier in schwere Silbertaler umzuwechseln, die man doch ungefährdet und sicher vergraben konnte. Die Herren auf der Bank schüttelten die Köpfe und sagten, es wäre doch spaßig; vor drei Wochen sei ein Bursche dagewesen, der habe sechstausend Silbergulden in Papier eingewechselt, und jetzt komme wieder einer mit Papier und wolle Silber. Dem Helmbauer wurde ganz schwulig zumute. Er ließ sich den Burschen genau beschreiben, und da ging ihm ein Seifensieder auf. Schnurstracks lief er heim und den Berg hinauf, und da traf er richtig sein schönes Geldnest bodenleer an. Wutschnaubend rannte er seiner Behausung zu, wo ihm der Schwiegersohn gerade entgegenkam.

»Du Lump! Du Schelm! Du Räuber!« schrie er, »du hast mein Geld gestohlen.«

»Ja wie denn, wo denn?« tat dieser frech.

»Droben auf dem Berg – im Hafen!«

»Das mag wohl sein«, lachte der junge Mann, »aber ich hab's dir auch wieder zurückgegeben. Vorgestern früh hab ich dir's auf den letzten Heller auf den Tisch gezählt. – Du verlierst nicht einmal einen Zins.«

»Das Geld solltest du mir aber für meine Tochter zahlen«, schäumte der Bauer.

»Du, Schwiegervater, weiß du was?« sagte gleichgültig der Karl, »bei uns in christlichen Ländern tut man die Leute nicht verkaufen wie drunten im wilden Afrika.

Rechte Leute sind mit Geld auch nicht zu bezahlen, und die Gretl ist ein rechtes Mensch. – Die Gretl hat auch einen braven Mann bekommen, der den Kopf am rechten Fleck hat, und ein solcher Mann ist mehr wert als 6000 Gulden!«

Der Helmbauer machte ein fürchterliches Gesicht, aber der Handel war geschlossen und ging nicht mehr zurück. Der Helmer hatte einen Schwiegersohn mit Geld bekommen.

ZWEI BRÜDER

Sie waren die einzigen Söhne des reichen Scheidegger; sie waren in ein und derselben Stunde geboren, auf die Namen Philipp und Jakob getauft worden und standen allbereits im fünfzigsten Lebensjahr. Auf das Heiraten hatten beide vergessen – so erklärten sie, als es fünfzig schlug –, und jetzt sei es zu spät; übrigens, meinte der Philipp, er brauche kein Weibsmensch, er habe schon seinen Jaggl, und der Jakob versicherte, um alle Königstöchter Ägyptens sei ihm der Lippl nicht feil. Das Verhältnis zwischen beiden war das denkbar schönste; in all den fünfzig Jahren ihres brüderlichen Zusammenlebens waren der Friede und die Einigkeit unter ihnen nicht ein einziges Mal gestört worden. Um das Recht der Erstgeburt hatten sie keinen Grund zu streiten; die väterlichen Güter zu teilen, war ihnen niemals eingefallen; sie führten beide den Titel eines Schaffers und Bauers, sie kommandierten und folgten beide, sie schliefen beide in einer Kammer, ihre Betten stießen aneinander, und zwar so, daß die zwei Kopfenden sich berührten, sie hatten ihre Hemden, Strümpfe und Schuhe, häufig die übrigen Kleidungsstücke gemeinsam, ja so weit ging die edle Brüderlichkeit, daß beide mitsammen einen und denselben Geldbeutel besaßen – die eine Woche lang trug ihn der Philipp im Hosensack, die andere der Jakob. Jeder machte es sich zur Ehrensache, sooft das Schatzmeisteramt auf ihn gefallen war, den Bruder mit der leeren Tasche ins

Gasthaus zu führen und ihn ordentlich zu bewirten, ihm auch kräftig vor-, zu- und nachzutrinken, damit ja niemand auf den falschen Argwohn käme, als ob sie nicht harmonierten. Wenn der eine sich einen Pudel erworben hatte, ließ der andere sich nicht lumpen, er wollte auch ein Haustier mitführen und kaufte sich einen Affen – das geschah aber selten; die beiden sparten wie die Hamster und hausten wie der Tag.

Eines Abends waren sie spät vom Markte heimgekommen. Der Philipp hatte einen ausgezeichneten Handel gemacht, den Geldbeutel trug aber der Jakob in der Tasche. Beim Hirschenwirt gab der Jakob nicht nach, bis er den Philipp in die Schenkstube hineingedrängt hatte. Der Wirt merkte, daß die beiden heute im guten Zeichen seien, er führte gleich sein schweres Geschütz auf – den dunklen Bozner Lagrein. Der Jakob trank hin, der Philipp trank her, der Wirt füllte eifrig nach. Über eine Stunde wurde dem Jakob

so punkerlich und wunderlich,
so schlampig und absunderlich,

der Philipp aber glaubte immer, zwei Gläser vor sich zu haben. Nach einer weiteren Stunde erhoben sich die beiden; der Jakob stand auf sehr schwachen Füßen, dem Philipp hingegen schnappten immer die Knie nach vorne, so daß er sich kranklachen mußte. Der Jakob glaubte, der Philipp habe sich etwas übernommen; der Philipp entschuldigte sich beim Wirt, daß der Jakob sich einen kleinen Schwammer angetrunken habe.

Jeder wollte den anderen führen. Mit gegenseitiger Unterstützung kamen sie endlich über die Schwelle der Wirtsstube, und dann pflügten sie wacker die Dorfstraße hinauf. Vor ihrem Hause angelangt, sangen sie noch zweistimmig in kräftiger Weise das Lied:

> »Zwei Rippen, zwei Rappen,
> zwei Federn auf'm Huet –
> sein unser zwei Brüder,
> tuet koaner koa guet.«

Hierauf drangen sie ins Haus und fanden richtig ihre Kammer. Der Jakob, der überhaupt sehr an Zerstreuung litt, vergaß heute, sich der Kleider zu entledigen. Er ging mit Stiefel und Sporn, mit Hut und Regendach ins Bett. Der Philipp streifte sich wohl die Schuhe von den Füßen, die übrigen Kleider aber brachte er trotz aller Anstrengung nicht vom Leibe, denn es war sehr finster. So blieb ihm nichts übrig, als in vollem Staat unter die Decke zu kriechen. Weil es aber eine stockrabenschwarze Finsternis hatte, verfehlte er seine Liegestätte und geriet in Jakobs Bett, wo dieser bereits kräftig schnarchte.

Er legte sich in seiner altgewohnten Richtung nieder – und so kamen seine Füße neben dem brüderlichen Kopf und sein Kopf neben Jakobs Füßen zu ruhen. Den Mangel eines Kopfpolsters spürte er nicht, und bald schnarchte er mit dem Bruder um die Wette. Die Musik war recht lieblich anzuhören. Es klang beiläufig so, als ob zwei scharfe Sägen einen dickgründigen Prügel bearbeiteten. Einige Stunden mochten die zwei gesägt haben, da stieß dem Jakob sein Instrument plötzlich auf einen zähen Ast; er raspelte und knackte und knarrte und stockte – und dann noch ein Röcheln – ein Riß – der Jakob wachte auf. – Er drehte sich um – da stieß er auf etwas Hartes. Er griff danach und merkte zu seinem Schrecken, daß noch ein anderer neben ihm im Bette liege.

Sofort dachte er an Räuber, Diebe und Mörder. Der Philipp war durch die Berührung ebenfalls erwacht und tat einen tiefen Atemzug.

»Lippl, Lippl – hoi Lippl!« flüsterte der Jakob.

»Was gibt's denn, Jaggl?« fragte der andere.

»Du, Lippl – in meinem Bett neben mir liegt einer, ein langer, dicker Kerl!«

»Das bildest dir ein, Jaggl! – Hat dich etwa die Trud gedruckt?« (Alpdrücken.)

»Nein, nein – es ist ein Mensch – ein Kerl – ein Räuber!«

Einen Augenblick schwiegen die beiden – da flüsterte plötzlich der Philipp:

»Jaggl, Jaggl. Neben mir liegt auch einer!«

»Heiliger Sankt Fritz!« winselte der Jakob, »eine ganze Räuberbande!«

»Machen wir Lärm – wecken wir die Knechte!«

»Beileibe nicht . . . Die Kerle haben gewiß Messer bei sich . . . bis die Knechte da wären, hätten sie uns längst kaltgemacht!«

»Was stellen wir denn in Gottes Namen an . . . Ich zittere wie eine Rute.«

»Du, Lippl, ich mein, die Spitzbuben schlafen . . . machen wir uns heimlich fort!«

»Jaggl, Jaggl, der meinige rührt sich!«

»Lippl, der meinige auch ... o heiliger Sankt Fritz, er packt mich!«

»Schmeiß ihn heraus, Jaggl ... Hin sind wir sowieso!« In der Verzweiflung packte der Jakob den Eindringling mit kräftigen Fäusten, und im nächsten Augenblick flog der Philipp weit hinaus auf den Boden.

»Jaggl, Jaggl«, schrie der Philipp, »der meine hat mich herausgeschmissen!«

»Lippl, wehr dich – pack ihn – würg ihn!« mahnte der Jakob.

Es bedurfte nicht der Mahnung. Der Lippl hatte den vermeinten Räuber im Bette schon gefaßt und bearbeitete ihn mit seinen Fäusten. Dieser aber wehrte sich tapfer mit den Zähnen und mit den Händen. Die zwei Brüder schlugen, würgten, bissen, kratzten sich, und zugleich schrien beide wie die Zahnbrecher:

»Knechte, auf, zu Hilfe! – Räuber, Diebe, Mörder! – Ach weh, ach weh ... Lippl, hilf mir! ... Jaggl, wehr dich!«

Es krachte und schnalzte und schmatzte ... pitsch ... patsch ... pitsch ... patsch ... Endlich erschienen, mit Gabeln und Stöcken versehen, die erschreckten Knechte. Einer trug eine Laterne. Als sie die raufenden Brüder sahen, wußten sie anfangs nicht, was sie denken sollten.

Die Brüder ließen aber gleich voneinander, als sie sich beim Scheine der Laterne in die Augen blickten.

»Jaggl, bist du's?« fragte bestürzt der Philipp.

»Lippl, ich hab gemeint, du bist ein Räuber!« schrie der Jaggl.

Die Knechte lachten, aber die zwei Brüder ließen es sich nicht nehmen, daß Räuber im Hause seien. Die Knechte mußten unter die Bettstätten leuchten, alle Winkel durchstöbern – von den Räubern war keine Spur zu entdecken. Endlich gewahrte der Philipp, daß seine Liegestätte noch unberührt sei, und nun dämmerte ihm ein großer Komet auf. Er flüsterte dem Jakob etwas in die Ohren, dann sagte er zu den Knechten:

»Leute, geht nur schlafen; ich mein, es ist alles nur ein Geisterspuk gewesen.«

»Ja, ja, es wird schon so sein«, meinte der Großknecht, »es tut schon längere Zeit geistern im Hause.«

Nach einer Viertelstunde lag wieder tiefer Frieden über dem Scheideggerhof.

Am nächsten Tag schnitten der Philipp und der Jakob klägliche Gesichter. Das erstemal in ihrem Leben blickten sie sich mit scheelen Augen an; ein jeder rieb sich die blauen Flecken auf seiner Kehrseite und biß unmutig die

Zähne zusammen. Drunten am Brunnen aber sang der
Kühbub:

>>Der Mensch hat ein' Geist,
hat der Schullehrer g'sagt;
und daß der Wein auch ein' hat,
hab i selber derfragt. –

Und wenn die zwei rauf'n,
so hat's fast den Schein,
als ob halt der Weingeist
tät' der Stärkere sein.<<

Die »Reimmichl«-Geschichte

Von Rudolf Holzer, Sexten

Am Ende des vorigen Jahrhunderts lebte im Unterdorf in Sexten ein alter Mann namens Michl, ein echtes Tiroler Original. Die Leute nannten ihn den Gasa, da er in seinen jungen Jahren zwanzig Sommer hindurch die Ziegen der St. Veiter Nachbarschaft im Fischleintal gehütet hatte. Bei einem guten Bekannten in St. Veit (so hieß Sexten – bestehend aus den Ortsteilen St. Veit und Moos – bis zum Ersten Weltkrieg 1914–1918) hatte er das Schusterhandwerk erlernt. Als er die Motzer-Moidl heiratete, gab er das Hüten auf und kaufte sich mit seinen Ersparnissen das Unter-Inner-Schmiedergütl, wobei auch seine Frau mit einem guten Batzen ererbten Geldes beim Kauf mithalf. Seit mehr als dreißig Jahren bewirtschaftete der alte Michl das kleine Bauerngütl und war nebenher noch Schuster für die Unterdörfler. Fleißig war er, der alte Gasa. Frühmorgens, wenn andere noch im Bett lagen, klopfte und hämmerte er in seiner Schusterstube, denn Arbeit hatte er in Hülle und Fülle. Dabei war ihm auch sein ältester Sohn, der gleichfalls Michl hieß und vor einigen Jahren ins Hauswesen eingeheiratet hatte, behilflich.

Zum alten Gasa brachten die Unterdörfler nicht nur das verschiedenartigste Schuhzeug zum Flicken, bei ihm holten sie sich auch Rat, wenn jemand krank war. Bei Magenweh oder Rheumatismus, bei verstauchtem Bein oder Rückenschmerzen, immer besaß der Michl eine schmerzlindernde Salbe oder ein Pflaster. Sogar Zähne ließ mancher Knecht bei ihm reißen. Nicht minder geschickt und bekannt war er als Viehdoktor, den man jederzeit holen konnte, auch am Sonntag oder sogar in der Nacht.

Der Michl hatte seine Schusterwerkstatt in der alten, holzgetäfelten Stube, die meist recht düster war, weil das Tageslicht nur durch ganz kleine Gucker eindrang. In der Ecke unter dem Herrgottswinkel, wo stets ein Lichtlein brannte, stand die Schusterbühne. Nebenan auf dem schweren Tisch wurden die geflickten Schuhe geordnet nebeneinander hingestellt, während darunter viel Schuhzeug auf die Reparatur wartete. Hinter der Stubentür machte sich der dickleibige Bauernofen breit, um den eine breite Ofenbank führte. Auf ihr machte der alte Michl nach dem Mittagessen ein kurzes Nickerchen. Nachher flickte er weiter, pfiff und sang seine munteren Weisen, daß man ihn bis auf die Straße hörte. Sein Sohn, der ihm am Schustertisch gegenübersaß, schaffte meistens schweigend. Wenn Kunden kamen, war es der Vater, der sie bediente. Er hatte für jeden ein freundliches Wort oder eine witzige Bemerkung. Im Laufe des Nachmittages trafen sich hier die Nachbarn zu einem gemeinsamen Plausch. Hier zu Unter-Inner-Schmieder war eine dorfbekannte Gosse. Der alte Schmied Weber fand sich ebenso täglich ein wie der Schlosser Starke, der Schmied Thomas, der Bode Valtl und andere Bauern und Knechte des Unterdorfes. Dabei wurden die Tagesneuigkeiten vorgebracht und eifrig durchdiskutiert. Es wurde viel erzählt und gelacht. Wenn aber der alte Gasa von seinen Jugenderlebnissen auspackte, herrschte in der Stube eine solche Stille, daß man eine Nadel hätte fallen hören. Keiner reimte so spannend und lebendig zusammen wie er. Jede kleinste Einzelheit wußte er vom Ausrücken der Sextner Scharfschützen in den Jahren 1848 und 1866. Kein Wunder – er war selbst als Schütze dabeigewesen. Sein ältester Bruder, der Hansl, hatte die Fahne beim Marsch auf den Kreuzberg vorausgetragen. Als die Walschen angriffen, setzte er sich besonders tapfer zur Wehr und erhielt dafür eine ehrenvolle Auszeichnung. Ganz Ohr waren die Zuhörer, wenn der Michl erzählte, wie er beim Ziegensuchen im Fischleintal sich einmal im Dreischustergebiet verstiegen hatte. Solche und noch viele andere Geschichten gab der Michl den Gossern zum besten.

In den ersten Septembertagen des Jahres 1892 wurde der vor einem Jahr zum Priester geweihte Sebastian Rieger als Hilfskooperator nach Sexten versetzt. Er fand durch seine jugendliche Begeisterung schnell zu den Herzen der Sextner, die noch voll tiefer Gläubigkeit und Religiosität waren. Die Leute liebten den jungen Herrn und wären für ihn durchs Feuer gegangen. Überall wollten sie ihn sehen, wo ein Fest gefeiert wurde. Für Weihnachten verfaßte er ein weihnachtliches Hirtenspiel und führte es mehrmals mit seinen Schülern im Widum auf. Groß war die Freude der Eltern, und der Kooperator war glücklich über die gelungene Aufführung, aber nicht lange. Noch in den Weihnachtsferien erwischte der Pfarrer die »Maria« beim Schlittenfahren. Für dieses nicht-»marianische«

Betragen wanderte die Schülerin einige Stunden in den Schulkotter.

Während der Zeit, als Sebastian Rieger in Sexten die Kooperatorenstelle innehatte, wurde in der Bischofstadt Brixen von einem Kreis katholischer Männer unter der Führung des Theologieprofessors Aemilian Schöpfer eine Zeitung aus der Taufe gehoben. Es war der »Tiroler Volksbote«, ein volkstümlich gehaltenes Blättchen. Es erschien alle zwei Wochen und fand schnell in viele Häuser Eingang. Pfarrer Bachlechner empfahl den Bauern die Zeitung, und so gehörte das Bötl bald in vielen Familien zur beliebten Lektüre. Auch zu Gasa im Unterdorf las man gerne im Volksboten.

Für dieses neue Blatt lieferte Sebastian Rieger öfters Beiträge und volkstümliche Erzählungen, die er aber nicht mit dem vollen Namen, sondern nur mit R. oder S. R. zeichnete. Die ersten Geschichten fanden bei den einfachen Leuten gleich Anklang. Sie fühlten, daß der Schreiber das bäuerliche Volk genau kannte und auch von Herzen liebte. In Sexten jedoch wußte noch niemand, daß der Herr Kooperator für den Volksboten Beiträge schrieb, bis sich folgender Vorfall ereignete:

Pfarrer und Kooperator ließen ihr Schuhwerk auch beim alten Michl reparieren, zumal dieser bei Geistlichen nur ein Vaterunser als Flicklohn forderte. So geschah es, daß Sebastian Rieger öfters zu Unterschmieder einkehrte und rasch merkte, welches Erzählertalent der Michl war. Dieser freute sich darüber, und die Geschichten sprudelten aus ihm heraus wie das Wasser aus den Quellen, wenn der Herr, wie er den Kooperator nannte, ihm mit Augen und Ohren lauschte. Vor allem die Geistergeschichten hatten es ihm angetan. Wer nicht vor Geistern gefeit war, den packte das Gruseln, sobald der Michl vom geldgierigen Fuchswirt oder vom Geisterkofel im Vierschwalde erzählte. Solch spannende Reimereien waren für den Kooperator der geeignete Stoff zu seinen Geschichten.

Als der Herr eines Tages wieder einkehrte, wurde er vom Michl mit einem besonders höflichen »Grüß Gott« empfangen. Dieser reichte ihm gleich den neuen, aber vom Lesen schon etwas zerknitterten Volksboten hin und meinte: »Lesen Sie, Herr Hochwürden!« Dem Kooperator genügte ein kurzer Blick zur Überschrift, und er schaute den Michl mit schmunzelndem Gesicht an. »Sie sind mir ein netter Reimmichl!« sprach der alte Gasa, worauf alle Anwesenden in schallendes Gelächter ausbrachen. Im Bötl stand nämlich eine Geschichte, die der Michl vor nicht gar zu langer Zeit dem Kooperator erzählt hatte. Bald wußte es das ganze Dorf: Die schönen Geschichten im Volksboten schreibt unser Kooperator. Und von nun an wurde das Blattl in Sexten noch eifriger gelesen.

Sebastian Rieger begann auf diese Anregung hin im »Tiroler Volksboten« eine Reihe von Aufsätzen und Volksgeschichten zu veröffentlichen unter der Überschrift »Was der Reimmichl erzählt«. Sie machten beim Volk großes Aufsehen, und das Blatt fand neue Leser. Noch war der Verfasser unbekannt, aber allmählich ging der Name Reimmichl im Volksmund auf den Schreiber über und blieb ihm zeitlebens.

Sexten und sein urwüchsiges Bauernvolk hatte der junge Sebastian Rieger während seines zweijährigen Wirkens als Hilfspriester so liebgewonnen, daß er bis zu seinem Tode davon erzählte.

INHALT

In der Reihe

EDITION
HAUSBUCH

bisher erschienen:

Das große Peter Rosegger Hausbuch
Das große Karl Heinrich Waggerl Hausbuch
Das große Adalbert Stifter Hausbuch
Das große Reimmichl Hausbuch

Diese Reihe wird fortgesetzt!